DO (P)MDB À ANC

A Oposição Legal e a Constituição de 1988

CIP-BRASIL. CATALOGAÇÃO NA PUBLICAÇÃO
SINDICATO NACIONAL DOS EDITORES DE LIVROS, RJ

R571p
Rocha, Antonio Sérgio de Carvalho, 1959-
Do (P)MDB à ANC a oposição legal e a Constituição de 1988 / Antonio Sérgio de Carvalho Rocha, Sandra Cruz. - 1. ed. - São Paulo : Letras Jurídicas, 2022.
304p. ; 23 cm.

Inclui bibliografia
ISBN 978-65-89565-15-4

1. Direito político. 2. História e política. 3. Partidos políticos. 4. (P)MDB. 5. MDB. I. Cruz, Sandra. II. Título.

22-77788 CDD: 320.981
CDU: 32(81)

Gabriela Faray Ferreira Lopes - Bibliotecária CRB-7/6643

16/05/2022 19/05/2022

ANTÔNIO SÉRGIO ROCHA
SANDRA CRUZ

DO (P)MDB À ANC

A Oposição Legal e a Constituição de 1988

1ª Edição – 2022 – São Paulo – SP

LETRAS Jurídicas

Diagramação
Cícero Silva

Montagem de Capa
Cícero Silva

Revisão
Willians Calazans

Editor Responsável
Claudio P. Freire

1ª Edição - 2022 - São Paulo - SP

LETRAS Jurídicas

Rua Eduardo Prado, 28 – Casa 1 – Vila Bocaina
CEP 09310-500 – Mauá-SP
Tel./Fax (11) 3107-6501 – Celular (11) 99352-5354
Site: www.letrasjuridicas.com.br
E-mail: vendas@letrasjuridicas.com.br

Impressão no Brasil

APRESENTAÇÃO DA OBRA

Este trabalho testou empiricamente a versão corrente de que o conteúdo dos dispositivos presentes na Constituição Federal de 1988 resultou, sobretudo, do que podemos denominar de *Projeto Democrático* do (P) MDB, tal como foi se constituindo e sendo veiculado em seus programas partidários desde 1971 (quando a "Carta de Recife" exigiu explicitamente a convocação de uma Assembleia Constituinte) até 1982, quando o partido divulga o documento *Esperança e Mudança*, em que, de modo claro, apresenta um sistemático e pormenorizado programa de governo, prevendo sua transição da condição de Oposição Legal para se tornar alternativa efetiva de poder político no país. Para isso, recuperamos os principais elementos da longa e atribulada trajetória institucional da Oposição Legal, desde a sua instituição pelos novos detentores do poder até a sua avassaladora vitória nas eleições de 1986, conquistando a maioria dos governos estaduais e da bancada na Assembleia Nacional Constituinte de 1987-88. Este trabalho é restrito à Ordem Econômica e à Ordem Social, áreas temáticas que reputamos centrais do programa do (P)MDB.

Os Autores

PREFÁCIO

Apresentar a obra *Do (P)MDB à ANC: a Oposição Legal e a Constituição de 1988*, escrita pelos amigos Antônio Sérgio Rocha e Sandra Maria Batista da Cruz, é, ao mesmo, uma honra e um desafio.

De um lado, é uma honra por ver frutificar o trabalho de mais de uma década de pesquisas intensas sobre o período pré-Assembleia Nacional Constituinte (ANC). Com sua perspicácia única, Antônio Sérgio notou que todo o referencial teórico sobre o tema, seja na ciência política, seja na história, direito, economia ou sociologia, possuía como recorte histórico a própria ANC, estudando e compreendendo o funcionamento da Assembleia Constituinte ou os momentos históricos posteriores à promulgação da Constituição Federal, em 5 de outubro de 1988.

Também foi notado que todos estes trabalhos ou se baseavam no texto normativo da Constituição Federal, ou, quando muito, em notas taquigráficas do Congresso Nacional, não existindo uma base de dados organizada e confiável para compreender como o Brasil construiu o caminho até a Assembleia Nacional Constituinte, iniciada em 1º de fevereiro de 1987.

Para solucionar tal lacuna, foi necessário o desenvolvimento de uma metodologia de pesquisa própria, estruturada a partir de métodos e procedimentos metodológicos de várias áreas do conhecimento, passando da história oral para técnicas de gravação e filmagem. Com isso, foi desenvolvida uma técnica inédita de historiografia político-constitucional.

Lembrando o poeta espanhol António Machado, “Caminante, no hay camino, el camino se hace al caminhar” (popularizado no Brasil com a música “Enquanto houver Sol”, da banda Titãs), Antônio Sérgio foi construindo sua obra durante a caminhada e, no percurso, amealhando alunos e parceiros – dentre eles, Sandra Maria Batista da Cruz, que teve o privilégio de ser orientanda de Antônio Sérgio no ciclo de Mestrado do Programa de Pós-Graduação em Ciências Sociais na Universidade Federal de São Paulo, nascendo aí a parceria acadêmica que resultou no livro *Do (P)MDB à ANC: a Oposição Legal e a Constituição de 1988*.

De outro lado, apresentar esta obra é um desafio intelectual pela qualidade e acurácia do livro. O texto apresenta um recorte histórico que vai de momentos anteriores à criação (artificial) do MDB até o seu papel de destaque na Assembleia Nacional Constituinte, contendo informações relevantes que talvez nem o próprio Partido Político em questão tenha conhecimento.

O texto demonstra que a criação do MDB não é somente decorrente do Ato Institucional n. 2, mas sim o resultado de um movimento de forças políticas altamente atuante durante a ditadura civil-militar. Isto levou à criação de um caldo de cultura político – único na história brasileira – que impingiu uma atuação fluida ao MDB e que impactou diretamente o caminho até a ANC.

E este movimento fluido que caracterizou a evolução histórica do MDB é identificado e apontado no presente livro, vez que esta fluidez esteve presente nas pautas e bandeiras defendidas pelo MDB (PMDB, desde 1980) durante a ANC. As contradições internas do (P)MDB foram transportadas para o texto final da Constituição Federal de 1988, contradições legais essas que eram as contradições políticas internas do próprio (P)MDB.

Não bastasse a reflexão trazida pelo livro sobre este ponto, a obra identifica com maestria como estas contradições foram resolvidas, especialmente atrás da habilidade política (e democrática) de Ulysses Guimarães. O "Senhor Diretas", como ficou conhecido, teve um papel central na caminhada do (P)MDB na abertura política do Brasil e, também, na construção das condições políticas para a convocação da Assembleia Nacional Constituinte.

Ao refletir sobre o livro, observa-se que não é uma pesquisa sobre o passado, mas sim sobre o presente, estando aí a genialidade desta obra. O funcionamento do Congresso Nacional, a relação entre os Poderes da República, a atuação dos partidos políticos e muito mais decorrem deste momento histórico pré-Assembleia Nacional Constituinte, como a pesquisa de Sandra Cruz demonstra sobejamente.

Trata-se de uma leitura obrigatória para quem deseja compreender a política contemporânea no Brasil, com suas regras, instituições e relações de Poder, seja este político ou econômico. O livro é uma obra ímpar da Ciência Política e deve estar presente em qualquer biblioteca.

Boa leitura a todos!

DANIEL FRANCISCO NAGAO MENEZES

Professor do Programa de Pós-Graduação em Direito Político e Econômico da Universidade Presbiteriana Mackenzie

Creio na palavra ainda quando viril ou injusta, porque acredito na força das ideias e no diálogo que é seu livre embate. Creio no regime democrático, que não se confunde com a anarquia, mas que em instante algum possa rotular ou mascarar a tirania. Creio no Parlamento, ainda que com suas demasias e fraquezas, que só desaparecerão se o sustentarmos livre, soberano e independente. Creio na liberdade, este vínculo entre o homem e a eternidade, essa condição indispensável para situar o ser à imagem e semelhança de seu criador.

Deputado Mário Covas (MDB/SP), 12 de dezembro de 1968

LISTA DE SIGLAS EMPREGADAS NESTE LIVRO

a.a	ao ano
ADCT	Ato das Disposições Constitucionais Provisórias
AI-5	Ato Institucional nº 5
ANC	Assembleia Nacional Constituinte
Arena	Aliança Renovadora Nacional
BNH	Banco Nacional da Habitação
BNDE	Banco Nacional de Desenvolvimento Econômico
Cedec	Centro de Estudos de Cultura Contemporânea
Cebrap	Centro Brasileiro de Análise e Planejamento
CF/88	Constituição Federal de 1988
Contag	Confederação Nacional dos Trabalhadores na Agricultura
Diap	Departamento Intersindical de Assessoria Parlamentar
E&M	Programa *Esperança e Mudança*
FFAA	Forças Armadas
FGTS	Fundo de Garantia por Tempo de Serviço
II PND	II Plano Nacional de Desenvolvimento
Inamps	Instituto Nacional de Assistência Médica da Previdência Social
Incra	Instituto Nacional de Colonização e Reforma Agrária
INPC	Índice Nacional de Preços ao Consumidor
IR	Imposto de Renda
MDB	Movimento Democrático Brasileiro
Mobral	Movimento Brasileiro de Alfabetização
Pasep	Programa de Formação do Patrimônio do Servidor Público
PCB	Partido Comunista Brasileiro
PC do B	Partido Comunista do Brasil
PDC	Partido Democrata Cristão
PDS	Partido Democrático Social
PDT	Partido Democrático Trabalhista
PFL	Partido da Frente Liberal
PSB	Partido Socialista Brasileiro
PIS	Programa de Integração Social
Planasa	Plano Nacional de Saneamento Básico

PNRA	Plano Nacional de Reforma Agrária
PMDB	Partido do Movimento Democrático Brasileiro
PP	Partido Popular
PSDB	Partido da Social Democracia Brasileira
PT	Partido dos Trabalhadores
PTB	Partido Trabalhista Brasileiro
RI/ANC	Regimento Interno da Assembleia Nacional Constituinte
RI/CD	Regimento Interno da Câmara dos Deputados Federais
RI/CE	Regimento Interno da Comissão Econômica
SFH	Sistema Financeiro Habitacional
SUS	Sistema Único de Saúde
TDAs	Títulos da Dívida Agrária
TSE	Tribunal Superior Eleitoral
UDN	União Democrática Nacional
UDR	União Democrática Ruralista

SUMÁRIO

INTRODUÇÃO

No período anterior à Constituinte, após o fim de 21 anos de regime autoritário no Brasil, pairava no ar a inquietação de que o documento constitucional a ser elaborado possivelmente seria marcadamente conservador, dados os eventos que circundavam sua execução: ao invés da convocatória por uma Assembleia Nacional Constituinte (ANC) exclusiva e soberana, optou-se por uma Constituinte Congressual, o que poderia fazer com que os membros do Congresso Nacional, eleitos em 1986, sofressem influência do poder econômico que financiou suas campanhas, os tornando fadados a perseguir interesses desta estirpe em ambas as frentes, não mais apenas na legislatura congressual, mas também na Constituinte; condição que também alcançaria os partidos, parte relevante quanto à distribuição proporcional dos parlamentares entre as Comissões para aprovar as alterações constitucionais substanciais; além de possivelmente afetar a Comissão Afonso Arinos, que teria como objetivo elaborar o Anteprojeto Constitucional a partir da visão acolhida por membros da elite jurídica, política e econômica – os assim chamados "notáveis". Havia, portanto, escassa esperança progressista a trilhar as linhas que prescreveriam o futuro redemocratizado do país.

Mas essa perspectiva não se confirmou. A Constituinte se instalou em Brasília e, ao longo de cerca de vinte meses, foi tema quase diário de embates entre os atores e o público em geral, os quais aprovariam uma Constituição garantidora de direitos individuais, mas também difusos, vislumbrando na justiça social o princípio fundamental a ser perseguido nessa nova etapa.

É visão corrente e reiterada – na literatura acadêmica, assim como na percepção geral – de que a Constituição Federal de 1988 (CF 88) foi a "Constituição do (P)MDB"[1]. Entretanto, tal avaliação nunca foi objeto de exame empírico sistemático, no qual se cotejassem os programas partidários que delinearam o *ideário peemedebista* para a redemocratização com

[1] Ao longo do texto, usaremos a sigla (P)MDB para denotar as linhas de continuidade entre o MDB e o PMDB.

os votos, emendas e outras manifestações políticas ocorridas nas atividades da ANC de 1987-1988. O presente livro intenta suprir parcialmente essa lacuna.

Considerando que os partidos políticos foram os "artífices da Constituição Federal de 1988" (conforme cabalmente demonstrado por Coelho, 1999), escolhemos estudar em detalhes a participação do (P)MDB e a eventual influência de seu ideário na elaboração e no resultado da ANC. Para isso, reconstruímos a gênese e a trajetória da Oposição Legal ao regime autoritário.

O ponto de arranque do MDB se traduz na formação de uma agremiação partidária artificialmente edificada, composta a partir da promulgação do Ato Complementar nº 4, no qual se prescreveriam regras draconianas para a formação de partidos políticos, resultando na criação de apenas duas frentes partidárias, extinguindo-se assim os partidos e concentrando parte dos congressistas na oposição, enquanto a maioria migraria para o representante partidário governista. A cota de 120 congressistas seria aplicada como requisito para a formação da agremiação partidária, porém, a concretização desse número somente seria obtida com a indução feita pelo próprio Governo Castello Branco, que determinaria a alguns parlamentares dos partidos então extintos que se filiassem ao partido oposicionista em formação.

É preciso notar que, ao longo da trajetória institucional do MDB, houve um importante alargamento do ideário original. Em seus primórdios, a agremiação denunciaria a violação sistemática dos direitos humanos e a falta de legitimidade da coalizão militar que empalmara o poder em 1964, via que traria inicialmente escasso retorno eleitoral. Mas, em 1971, ocorreria uma tentativa de inflexão nos rumos da sigla; em seu congresso anual, sediado naquele ano no Recife, a facção mais combativa de seus integrantes (mais tarde denominados de "autênticos") apresentaria nada menos que uma proposta convocatória de uma Assembleia Constituinte, para restaurar o Estado Democrático de Direito no país – documento que seria intitulado de "Carta de Recife". A partir daí, os ditos "autênticos" vocalizariam as denúncias das sistemáticas violações do regime militar nas tribunas legislativas, promovendo infatigavelmente a busca por desestruturar o sistema autoritário.

Mas a inflexão decisiva nos rumos da agremiação ocorreria em 1974, quando o deputado federal Ulysses Guimarães (MDB-SP), destacada liderança oposicionista, visitou o Centro Brasileiro de Análise e Planejamento (Cebrap) e o Departamento de Economia da Universidade Estadual de

Campinas (Unicamp)[2], convidando economistas, sociólogos, demógrafos e outros cientistas sociais a colaborar com o programa político do MDB. Desse convite e do trabalho conjunto resultaria o documento *Constituinte com Anistia* (1978).

Os dois eventos citados, o encontro com os intelectuais e a formação da oposição autêntica, propulsionariam a lapidação da nova caracterização emedebista como *oposição efetiva*, o que instigaria a criação de três objetivos que seriam perseguidos pelo MDB: a proposta de convocação de uma Constituinte, instrumento fundamental na redemocratização de um país; a anticandidatura à Presidência da República por Ulysses Guimarães, em 1973, que simbolizaria o início do percurso do partido em busca do poder, denunciando as atrocidades do regime autoritário (ainda que seu objetivo inicial se concentrasse apenas nas denúncias, a anticandidatura ganharia novos rumos em mãos de Ulysses Guimarães); e a criação de programas de Governo que destacariam modelos de políticas públicas que teriam como ênfase promover, concretamente, a justiça social no país. Assim, com o empuxo advindo do lançamento da anticandidatura em 1973, a assessoria técnica dos intelectuais do Cebrap fez com que a crítica da política econômica e social (e mais ainda: crítica cabal e sistemática ao próprio modelo econômico do autoritarismo) do regime militar passasse a galvanizar a opinião pública, rendendo ao partido uma massa crescente de votos e apoios. Nesse âmbito, a reestruturação do MDB como *oposição efetiva* transformaria o que podemos chamar de "partido biônico" em um ator decisivo, se destituindo da natureza de títere, que o regime lhe atribuiu, para protagonista da história, quando passaria a ser uma real alternativa de poder no país.

Ampliando ainda o escopo de suas críticas, em 1982 o (P)MDB publicou um amplo e ambicioso programa de governo denominado *Esperança*

---

2 Em entrevista ao Cedec, a professora e cientista social Maria Hermínia Tavares de Almeida (DCP/USP) confirmou sua participação na elaboração de dois programas do MDB – um deles, *Constituinte com Anistia*. Já o professor e economista Luiz Gonzaga Belluzzo afirmou, em entrevista concedida ao Centro de Estudos de Cultura Contemporânea (Cedec), que Ulysses Guimarães teria pessoalmente procurado o Departamento de Economia da Universidade e solicitado colaboração com o programa do partido. Belluzzo então teria participado ativamente como formulador de propostas do MDB (e, posteriormente, do PMDB), como a inclusão do seguro-desemprego no Decreto-Lei nº 2.284, de 10 de março de 1986, que instituía o Plano Cruzado. Kinzo (1988) também faz alusão à entrevista com Fernando Henrique Cardoso (PSDB-SP), na qual confirma a participação de alguns integrantes do Cebrap na elaboração do programa do MDB após visita de Ulysses Guimarães à instituição.

e Mudança (E&M), já apontando a autoconfiança da legenda no seu acesso pela via eleitoral. É parte central deste livro fazer o cotejamento sistemático desse documento e do programa partidário *Constituinte com Anistia* com o texto final da CF 88, tendo como foco as Comissões da Ordem Econômica e da Ordem Social.

No que se refere à ANC, é importante destacar que o processo constituinte brasileiro foi protagonizado por personagens que edificaram estruturas constitucionais que emergiram em um período de redemocratização, após 21 anos de ditadura e ferrenho autoritarismo no Brasil. Ao longo de vinte meses, parlamentares e assessores debateram e instituíram o que seria a Carta Política garantidora de direitos e restritiva de abusos.

A visão corrente, portanto, passou a ser a de que a CF 88 refletiria o ideário do partido de Oposição Legal à ditadura – (P)MDB –, que não se resumiu apenas em clamar pela democratização, mas em perseguir princípios social-democráticos que perpassariam o documento constitucional, impactando sua carta de direitos ao inserir políticas sociais inclusivas na Ordem Social e prescrever na Ordem Econômica uma perspectiva nacional-desenvolvimentista.

O reconhecimento da influência programática do PMDB (e, por conseguinte, do MDB) na elaboração da CF 88 se propagaria como hipótese comum, ao denotar-se que o documento constitucional arquitetado teria sido instrumentalizado pelas mãos peemedebistas. É digno de nota como os meios de comunicação definiram os momentos de entorno constitucional: "Ulysses faz sua a festa da promulgação" (manchete da *Folha de S. Paulo*, 1988, p. 1); "Ulysses Guimarães, o Senhor Constituição" (*Revista Veja*, 1988, p. 32).

O ideário, do qual o (P)MDB se mostra portador, possui algumas linhas de continuidade na política brasileira, em especial com o Governo Vargas desde a década de 1930; com Celso Furtado, que defenderia a opção pelo mercado interno e o consideraria como parte indissociável do patrimônio nacional; com a Comissão Econômica para a América Latina e o Caribe (Cepal) e sua teoria sobre centro-periferia; e com os escritos do Instituto Superior de Estudos Brasileiros (Iseb), que insistiria no papel intervencionista do Estado. A adesão do MDB ao ideário social-democrata e nacional-desenvolvimentista começa a se delinear com a presença dos intelectuais desde 1974, quando fornecem auxílio técnico quanto à instrumentação teórica que deveria guiar os filiados rumo ao combate e superação da ditadura militar.

Não obstante não se tratar de um partido homogêneo, dado o fato de que grupos heteróclitos atuavam no partido desde sua origem, se digladiando quanto às decisões tomadas por parte deste em relação ao nível de embate ou moderação a ser empreendido frente às medidas governamentais, as proposições adotadas pelo partido em seus programas partidários *Constituinte com Anistia* e *E&M* expressavam a criação de um capitalismo nacional redistributivo e inclusivo.

Compete, destarte, a este trabalho de pesquisa veiculado neste livro apresentar ao eleitor(a) em que medida a CF 88 decorre do ideário (pe)emedebista, considerando como expressão desse ideário os programas partidários publicados em forma de revista, dos quais emergiram propostas de governo: *Constituinte com anistia* e *E&M* – este já publicado sob a sigla partidária PMDB. Efetivou-se ainda a análise dos Anais da ANC, de modo a tentar flagrar as intervenções dos membros do (P)MDB e, a partir desse ponto, identificar quais foram as proposições (pe)emedebistas adentraram a CF 88 e, por outro lado, aquelas outras que não foram recepcionadas. Assim, o que intentamos demonstrar na presente obra, de maneira precisa e sistemática, é a contribuição efetiva do "ideário do (P)MDB" no processo constituinte de 1987-1988, programas partidários afinal insculpidos, em letra, mas também em espírito, no texto da Constituição Brasileira que instaurou um Estado Democrático e Social de Direito no país.

I

MDB, A OPOSIÇÃO LEGAL

"Ficam extintos os atuais Partidos Políticos e cancelados os respectivos registros" (BRASIL, 1965). Foi com esse dispositivo do Ato Institucional nº 2 que o presidente Castello Branco extinguiu o pluripartidarismo no país e em seguida decretou o Ato Complementar nº 4, que estabeleceria como prazo 45 dias para a criação de organizações provisórias que funcionariam como partidos políticos. Essa determinação interferiria em um dos instrumentos representativos fundamentais da democracia: a criação de partidos políticos a partir do poder emanado pelo povo, ou seja, é a sociedade que estabelece quais tipos de partidos correspondem à representação de seus interesses para que continuem a exercer suas atividades diárias; quando o Estado cria partidos, interrompe esse processo representativo.

Com isso, deparamo-nos com o primeiro ponto que denota a artificialidade do sistema partidário brasileiro: a criação de partidos do "Estado para a sociedade", e não pela via societal, impedindo a organização política da sociedade.

O segundo item que pode ser enumerado quanto à artificialidade do sistema partidário está na resolução que dissolve os partidos através de um ato de força, sem que a sociedade tenha apresentado sinais de que estaria de acordo com o término ou continuidade destes partidos, não havendo, portanto, qualquer ação empreendida por estes que funcionasse como repúdio pela sociedade.

Trata-se assim de partidos com funcionamento consentido pelo Estado: uma "oposição consentida", terceiro ponto. No caso brasileiro, houve a peculiaridade de, além de criar tais partidos: oposição e "situação", cassar os direitos políticos de todas as lideranças que não interessassem à predominância do regime autoritário, ato que alcançou inclusive partidários que ideologicamente estariam à direita, como Jânio Quadros (PTB-MT).

Por fim, como quarto item, a artificialidade do sistema que se criou foi notória inclusive quanto às normas estabelecidas pelo próprio regime, que, ao definir a necessidade de que cada partido contasse com 120 representantes para que pudesse funcionar, o presidente Castello Branco se viu obrigado a "convidar" políticos eleitos que tiveram seus partidos extintos e que desejavam ingressar na Aliança Renovadora Nacional (Arena) a se filiarem ao MDB, para que este tivesse número regimental e se fundamentasse como organização partidária.

Foi no interior dessa estrutura – artificial e coercitiva – que foi criado o MDB, a oposição consentida pelo novo regime político, que estaria dentro dos parâmetros legais de funcionamento. A sua existência perduraria ao longo de todo o "ciclo dos generais" (1964-1985), e persistindo mesmo quando o bipartidarismo deu lugar ao pluripartidarismo, mais uma vez sob determinação militar.

1.1 A "fabricação" de um partido

O MDB seria estruturado inicialmente apenas por políticos dóceis à vulgarmente denominada "revolução redentora", o que faria com que a oposição assim fundamentada não funcionasse efetivamente como oposição. Há ainda o fato de que ingressaram no MDB políticos de partidos oposicionistas que tinham históricas rivalidades entre si, seja por impedimentos impostos pelo novo regime quanto à sua entrada na Arena, seja porque, apesar de rivais, coadunarem quanto à resistência ao golpe, mas não haver qualquer relação orgânica entre os partidários. Essa artificialidade acabaria por ser sentida pelos eleitores, e o fracasso do MDB no âmbito eleitoral se perfez por algumas eleições. Além disso, todas as funções governativas estavam impedidas de ser executadas, restando aos emedebistas apenas legitimar os atos praticados pelo regime através da votação – mesmo quando votavam contrariamente –, já que não havia número regimental suficiente por parte dos oposicionistas para derrubar medidas postas em votação. Mais adiante, o alto número de votos nulos e em branco demonstraria o descontentamento da população em relação ao governo militar, mas não havia identificação com o MDB a ponto de dar-lhes cadeiras através de votos. Essas situações tenderiam a levar alguns partidários emedebistas a considerar a autodissolução da frente partidária.

O primeiro estudo acadêmico de fôlego publicado sobre o MDB foi realizado por Kinzo (1988) e trouxe em seu arcabouço a ideia de que na fundação desse partido teriam sido admitidas tendências ideológicas diversas, como oposicionistas ao regime autoritário e políticos que não eram necessariamente opositores, mas queriam rivalizar com inimigos locais que adentraram a Arena. Isso pelo fato de que o MDB era a única frente oposicionista com existência legal no país. Esses fatores fizeram com que coexistissem conservadores, liberais, social-democratas, reformistas e quadros à esquerda, destacando a heterogeneidade política que seria uma das marcas do MDB e que, por vezes, dificultaria o consenso em torno de questões que deveriam mobilizar a oposição. No citado estudo de Kinzo, o MDB é analisado minuciosamente no período entre 1966 e 1979, tendo se fortalecido por lutar contra o regime, em busca do restabelecimento democrático, muito mais do que por apresentar-se como um canalizador de classes (KINZO, 1988, p. 10), já que durante parte do governo autoritário estaria impedido de obter maioria nas eleições que se propunha a participar, servindo assim como palco de legitimação do regime em questão, mas não sem desestruturar as regras do jogo que por diversas vezes tiveram de ser alteradas para conter o ímpeto do crescimento partidário oposicionista.

Como organização provisória e sob a função de conferir legitimidade ao regime autoritário, Benevides (1986) aponta o fato de que o MDB, ao reunir egressos de partidos extintos, acolheria inclusive udenistas, recebendo o apodo de "oposição moderada". As duas tabelas a seguir mostram a heterogeneidade política que presidiu a formação do MDB.

Tabela 1 – Câmara dos Deputados

Composição partidária do MDB

PTB	78
PSD	43
UDN	9
PDC	6
PTN	4
MRT	3
PSP	2
PRT	2
PSB	2
TOTAL	**149**

Fonte: Schmitt (2000).

Tabela 2 – Senado Federal

Composição partidária do MDB

PTB	11
PSD	4
UDN	1
PTN	1
MRT	1
Sem partido	1
TOTAL	**20**

Fonte: Schmitt (2000).

Em 10 de fevereiro de 1966, o deputado Vieira de Melo (MDB-BA), primeiro líder do MDB na Câmara dos Deputados, leu na tribuna da Câmara o que seria o manifesto da oposição aprovado na primeira reunião do Diretório Nacional e do Comitê Executivo do MDB. No conteúdo estavam definidas as metas do partido, como a luta pelo sistema democrático e representativo, estabelecendo eleições diretas em todos os níveis e autonomia legislativa e judiciária, além de criticar as práticas antidemocráticas do Governo Castello Branco e sua política econômico-financeira. Em 24 de março de 1966, o MDB foi reconhecido legalmente como organização partidária pelo Tribunal Superior Eleitoral (TSE). A frente partidária que se formaria dali consistia em uma confluência de variadas tendências, considerando que os 13 partidos políticos que foram extintos tinham apenas duas opções para manter-se na vida política: governo com a Arena ou oposição com o MDB, tendo de conviver mediante diferentes ideologias em uma estrutura que parecia muito mais uma "colcha de retalhos" (KINZO, 1988, p. 31).

Os grupos ou facções contidas no interior do MDB não eram discerníveis com facilidade, especialmente se considerarmos que os objetivos do partido como oposição estavam relacionados à questão da luta pela democracia, ficando em um aspecto secundário questões que poderiam ocasionar divergência dentro do partido, como os problemas sobre políticas socioeconômicas do governo, ainda que não tenha deixado de criticá-las. Essa condição se deu pelo fato de que o MDB não tinha inicialmente como perspectiva assumir o poder e implementar plano de governo. Assim, conservadores e liberais coexistiam na agremiação com elementos vinculados ao Partido Comunista Brasileiro (PCB) sem que isso ocasionasse grandes conflitos. Nesse ponto, Kinzo (1988, p. 55-56) afirma ainda que o PCB teria sido a única organização de esquerda que teria apoiado o MDB desde a sua fundação, o que lhe permitiu eleger seus próprios candidatos para o Legislativo, sob a sigla do MDB. Outros militantes de esquerda também se integraram e concorreram por cadeiras nas Assembleias Legislativas, inclusive, os militantes que atuavam na luta armada que se mostraram contrários à composição do MDB inicialmente, no final do período bipartidário, acabaram por "reconhecer neste partido um meio efetivo de oposição". Kinzo (1988) afirma, no entanto, que o apoio e a participação das organizações de esquerda no MDB não eram resultado de negociação; isso acontecia porque a liderança liberal não impedia ninguém de se filiar, ponto que corroborava a artificialidade partidária, ao mostrar-se desprendida de qualquer traço ideológico que naturalmente exerce a engrenagem dos partidos. Gutemberg (1994, p. 102) assim menciona a composição do MDB:

> A história do MDB era curta e pouco impressionante. Para começar, o partido havia sido formado de maneira compulsória. Em 1965, parlamentares dos vários partidos existentes (PTB, PSD, UDN, PSP, PDC, PL, PR, PTN, PRP, PSB, PR), e que haviam sido cassados pelo vendaval do Ato Institucional nº 1, ficaram órfãos de suas siglas históricas, todas extintas, e obrigados a optar entre apenas dois partidos, carimbados como pró-governo e oposição. O Ato Institucional nº 2 estabeleceu o bipartidarismo. A maioria dos políticos optou pelo partido do governo. Os que preferiram a legenda oposicionista dividiam-se nitidamente em dois grupos: os resistentes e os rejeitados. Ao núcleo oposicionista que fazia do MDB um instrumento de resistência moral e ideológica, de desafio à ditadura, juntou-se o grupo bem mais numeroso formado pelos rejeitados, que não tinham conseguido espaço nos diretórios da Arena dos seus estados, já ocupados por seus adversários locais. [...] só restou a esses rejeitados a humilhação de se abrigarem na oposição.
>
> A resistência do MDB era, desta maneira, conspurcada pelos governistas rejeitados.

Ainda segundo dados de Gutemberg (1994, p. 106), os oposicionistas "à força", rejeitados pela ditadura, constituíam mais de um terço das primeiras bancadas do MDB. Este fato poderia explicar a baixa popularidade do partido auferida nas eleições parlamentares de 1966 e 1970: "Nem os eleitores oposicionistas os aceitaram, nem os seus eleitores tradicionais os acompanharam". Em um relato surpreendente, Gutemberg faz referência a um relato do senador Daniel Krieger (Arena-RS), udenista encarregado pelo presidente Castello Branco de organizar a Arena, que teria tido a função de expurgar políticos não desejáveis ou mesmo viabilizar a formação da oposição. Em seus relatos:

> O Senador Daniel Krieger [...] precisou usar de persuasão e paciência para convencer muitos aderentes indesejáveis ao governo a se inscreveram no MDB. Quase pedia por amor de Deus. Mostrava-lhes, com evidente constrangimento, que seus adversários estaduais haviam sido escolhidos pelos militares para controlar regionalmente a legenda governista e a convivência certamente lhes seria insuportável na Arena. "O sistema optou por seus inimigos, não há o que fazer, vão para a oposição", tangia-os Krieger, tentando chamá-los aos brios. Krieger travou diálogos assim sobretudo com dois tradicionais senadores pessedistas: Rui Careiro, da Paraíba, e Góis Monteiro, de Alagoas – em cujos estados a Arena foi entregue a seus inimigos históricos da extinta UDN, Rui Palmeira e Arnon de Mello, em Alagoas; João Agripino, na Paraíba (GUTEMBERG, 1994, p. 106).

Um dos problemas enfrentados pelo MDB estaria em fincar bases eleitorais. Embora os formadores de opinião, segundo Gutemberg, apontassem a opinião pública como cada vez mais oposicionista, os números nas eleições não acompanhavam essas afirmações. "Não era por fraude eleitoral que a Arena ampliava suas bancadas. O MDB não conseguia se comunicar com os eleitores. Sem dúvida, a culpa se devia à ausência de uma estratégia" (GUTEMBERG, 1994, p. 102). Reverter os votos brancos parecia tratar-se de tarefa inalcançável, Gutemberg cita os casos do Rio Grande e Maranhão, nos quais os votos brancos já eram quase majoritários, enquanto no Rio Grande do Sul os votos em branco impediram a vitória do candidato oposicionista Paulo Brossard (MDB-RS), no Maranhão faltou pouco para superarem os votos obtidos pelo candidato da Arena, Henrique La Roque (Arena-MA).

Para Kinzo (1988, p. 57-58), a maior divergência interna no MDB estaria vinculada ao modo como o papel de oposição ao regime autoritário deveria ser articulado, opondo dois grandes grupos: os "moderados" e o grupo dos "imaturos" ou "radicais", como eram chamados por destacados membros do Governo Castello Branco. Os "moderados" eram maioria no partido e acreditavam que a moderação era a melhor estratégia para fazer frente ao regime; eram políticos experientes e tradicionais, que viam nos ditos imaturos traços de rebeldia inconsequente. Havia entre eles ainda alguns membros que apenas desejavam estar o mais próximo possível do governo; dentre os elementos que simpatizavam com os moderados, podemos considerar os conservadores e liberais. Os "imaturos", que tomaram posse em 1967, defendiam um papel mais oposicionista e agressivo em relação ao regime, seus membros se identificavam com um posicionamento mais à esquerda e assumiam um papel mais combativo, apesar de acolherem o apoio de alguns políticos mais antigos em seu grupo. Esse mesmo segmento ideológico em 1971 passaria a ser chamado de "autêntico", em 1975 de "neoautêntico" e em 1979 de "tendência popular". Esses grupos não constituíam facções definidas e não eram monolíticos em sua linha político-ideológica: as diferenças entre eles surgiam no decorrer de eventos políticos. Kinzo (1988, p. 57-58) aponta para o fato de que:

> [...] havia vários políticos liberais ou reformistas – como algumas figuras ex-pessedistas e ex-petebistas – que se identificavam com o grupo mais combativo. Por outro lado, havia elementos considerados de esquerda, especialmente os vinculados ao PCB, que sempre tendiam a apoiar as posições do grupo moderado. E a razão para isso, de acordo com a *rationale* e o pragmatismo do PCB, era a de que consideravam o desempenho do grupo radical uma força desagregadora dentro do MDB, já que, através de suas pressões para que o partido assumisse posições mais radicais, o grupo produzia conflitos internos que prejudicavam a unidade da frente.

O MDB conseguiu manter uma imagem de confiabilidade em relação à frente oposicionista tendo os "moderados" na liderança do partido. A insistência de um grupo mais radical, por outro lado, também se evidenciava como benéfico para a legitimidade do partido mediante os eleitores, já que, como oposição, o MDB deveria fazer frente ao regime, mostrando-se incisivo e combatente em alguns momentos (KINZO, 1988, p. 57-58). Como minoria, os "imaturos" utilizavam o MDB como instrumento político para que sua voz ecoasse, já que não contavam com outros meios oficiais para isso. Os "moderados", por sua vez, controlavam o MDB e permitiam a participação dos radicais, desde que a imagem do partido se mantivesse sólida.

1.2 Do malogro nas eleições à tentativa de autodissolução

Convencidos de que o MDB na prática funcionava apenas como um instrumento de legitimação do regime autoritário, a ideia de autodissolução da agremiação partidária entre seus membros mostrar-se-ia patente, especialmente pelas dificuldades de prosseguir com a oposição em um ambiente no qual todas as ações políticas sofriam constante cerceamento por parte dos detentores do poder. Mas essa ideia ficou apenas na retórica (ainda que fosse proposta novamente, *a posteriori*), já que o fim do MDB coadunaria com o fim da carreira de muitos políticos que possuíam cadeira parlamentar após a promulgação do Ato Complementar nº 17, de julho de 1966, decretado por Castello Branco, que punia com suspensão dos direitos políticos os parlamentares que renunciassem por conta da autodissolução do partido. Por vezes, o MDB optou pelo movimento obstrucionista; isso porque não pretendia servir de uma espécie de "biombo" para escamotear a natureza autoritária do regime. Mas essa medida não parecia ter impacto na opinião pública: muitos parlamentares do MDB eram, inclusive, contra a abstenção – o que demonstrava heterogeneidade e falta de consenso. Nas palavras de Kinzo (1988, p. 98):

> [...] pouco poderia se esperar do MDB em termos de oposição ativa durante aquele período. O partido havia sido criado pelos parlamentares que tinham escapado dos expurgos "revolucionários"; assim, poucos eram os políticos que realmente se opunham ao movimento de 1964, sem mencionar o fato de que qualquer ação audaciosa de um deputado significaria arriscar-se a perder seu mandato. A indecisão do MDB era, também, produto da incerteza quanto ao futuro do partido. Indicativo disto era o fato de o próprio presidente do partido, Senador Oscar Passos, ter sugerido em junho de 1966 a autodissolução do MDB, por considerar que inexistiam condições para o partido concorrer às eleições legislativas a se realizarem em novembro.

Havia descrédito com o MDB por parte do eleitorado e na própria base parlamentar, mas o Governo concorria para que isso acontecesse, já que não permitia discursos públicos, cassou parlamentares nos municípios durante campanha eleitoral, e a Arena fazia propaganda contrária ao MDB, tratando-o como uma agremiação subversiva (KINZO, 1988, p. 102-103). O Congresso Nacional apenas homologava as decisões do Executivo;

havia uma debilidade numérica do MDB que impedia a apreciação que tendesse a refutar e arquivar projetos do Governo.

A autodissolução do MDB voltaria a ser tema de debate no partido após a promulgação do Ato Institucional nº 5 (AI-5), quando o Congresso Nacional foi fechado por recusar-se a aprovar determinações do regime autoritário que buscavam processar o deputado Márcio Moreira Alves (MDB-RJ) por discursar criticando os atos truculentos do Governo e convocar a população a distanciar-se dos militares.

Durante o tempo em que o Congresso esteve fechado, o MDB tentou se organizar no âmbito partidário. Kinzo (1988, p. 128-130) menciona que o Ato Complementar no qual estabelecia as datas para que os partidos se organizassem já havia sido promulgado há quatro anos. No entanto, como não havia ainda entrado em vigor, o MDB tentava cumprir os requisitos da lei orgânica dos partidos políticos, o que poderia ser problemático para ambas as agremiações. As cassações e o temor de pertencer a um partido de oposição em um regime militar, diversas vezes associado ao movimento subversivo, inviabilizava a construção da filiação partidária. Nesse momento, pela segunda vez, Kinzo (1988, p. 130) menciona a possibilidade de "autodissolução" do MDB. Para que isso não acontecesse, procurou-se o Governo, que acabou por flexibilizar as normas nos diretórios municipais, considerando que a existência de um partido único cada vez mais aproximaria o regime de um governo ditatorial, imagem que constantemente tentava ser afastada pelos governos militares, que prometiam a normalização democrática em algum momento do futuro.

Para alguns de seus membros, dissolver o MDB parecia ser a prática mais acertada para impedir o papel vexatório imposto pelo regime no que se refere à tentativa de legitimação de seus atos. Mas há ainda outro ponto que merece destaque: o emergir da luta armada, que identificava na própria agremiação emedebista práticas que davam legitimidade ao autoritarismo, já que não havia papel relevante de combate ativo às ações designadas pelo Governo. Tratava-se de jovens (sobretudo, universitários) que acreditaram no terreno das armas como único meio para reverter a repressão, desacreditando assim no instrumento democrático eleitoral que ainda vigorava em meio ao militarismo.

O debate da autodissolução partidária esteve, assim, presente em dois momentos ao longo da trajetória do MDB e acabou por não se concretizar devido intervenções, direta e indireta, do regime autoritário – seja por promulgar leis que dificultavam o término do partido (ao suspender os direitos políticos dos parlamentares que renunciassem nessas condições), seja ao flexibilizar as leis que infringiam determinações para que a agremiação se consolidasse como partido. Fica evidente, assim, que o Governo não tencionava prosseguir com um sistema de partido único, ou executar medidas que aderissem ao arranjo corporativista, no qual o Estado destitui instituições políticas como os partidos, eleições, parlamento ou Constituição, eliminando a intermediação entre Estado e sociedade e instaurando a relação direta entre ambos, disposições essas que poderiam ter sido adotadas por ele a qualquer tempo, impedindo a continuidade de partidos concorrentes que tentassem exaurir o modelo adotado pelo regime autoritário.

Em meio a esses dois conturbados períodos para o MDB, os "imaturos" adentraram a via política oposicionista no Congresso Nacional com as eleições de 1966. Tratando-se de jovens parlamentares que, ao influenciarem ações mais combativas dos integrantes da oposição, acabaram por forçar o regime autoritário a tomar medidas drásticas, como o fechamento do Congresso Nacional, que serviria como estímulo ao MDB para repensar a possibilidade de autodissolução partidária. O desenrolar desses atos ocorreu devido ao fato de que as reivindicações dos "imaturos" passaram a ser atendidas pelos "moderados", o que pode ser percebido na Convenção Nacional do MDB em junho de 1967, com a aprovação do novo programa e de um Estatuto partidário, abrindo espaço para o reconhecimento dos novos parlamentares que teriam conquistado cadeiras nos Diretórios Nacional e Regionais. Essa nova característica do partido, e o fato de que a democratização estaria apenas no espectro de promessa, fez com que a frente parlamentar também passasse a pensar na ampliação da base popular nessa Convenção, o que levou à criação de uma Comissão de Mobilização Popular. Essas novas condições passariam a reorientar o MDB em relação a sua atuação como oposição, "passando de uma postura de mera aceitação ou complacência com relação aos radicais, que agiam por sua própria conta e risco, para uma quase identificação com eles" (KINZO, 1988, p. 109-110).

Esse movimento que crescia no MDB e parecia incandescer os oposicionistas também serviria de estopim para a promulgação do AI-5. A intensificação da crise ocorreu após o apoio proferido por parlamentares do MDB em relação aos protestos estudantis que exigiam o retorno da democracia, quando o partido passou a agir de forma mais audaciosa. Esse fator "era indicativo de que o partido de oposição legal estava transgredindo os limites estabelecidos pelo regime" (KINZO, 1988, p. 115). Em 30 de agosto de 1968, militares invadiram a Universidade de Brasília; alguns parlamentares do MDB marcaram presença na universidade nesse dia, para tentar dialogar com as tropas armadas, mas acabaram sendo feridos. Esse ato causou consternação no país. O Congresso Nacional, receoso quanto à truculência do regime, instalou uma Comissão Parlamentar para investigar os responsáveis pela invasão e violência ocorrida. Articulou-se a assinatura de um abaixo-assinado, tendo a concordância da maioria dos congressistas da Arena. O deputado Márcio Moreira Alves, em 3 de setembro de 1968, fez um discurso na Câmara contra esse ataque, além de fazer um apelo ao povo para que não participasse dos desfiles militares que ocorreriam em 7 de setembro de 1968 e para que as mulheres se recusassem a namorar oficiais – o que fez com que o governo movesse um processo contra ele no Judiciário por dois meses, tendo sido enviado à Câmara dos Deputados em seguida. O Governo Costa e Silva realizou então manobras para que o processo favorável à cassação do deputado Márcio Moreira Alves fosse aceito na Câmara dos Deputados. Para isso, trocou nove membros da Comissão de Justiça. O presidente dessa Comissão, deputado Djalma Marinho (Arena-RN), acabou renunciando, e o MDB recorreu à obstrução para protelar a decisão, acreditando que o recesso de final de ano auxiliaria no arrefecimento dos ânimos. Mas a votação acabou ocorrendo em 12 de dezembro de 1968, e a Câmara dos Deputados rejeitou o pedido por 270 votos, contando inclusive com votos da Arena para alcançar esse número. No dia seguinte, o Ato Institucional nº 5 foi decretado pelo Governo Costa e Silva. O Legislativo voltaria às atividades apenas em 25 de outubro de 1969, reduzido de 475 para 380 membros. No Congresso Nacional, o MDB tinha perdido 45% de seu quadro, sem contar as cassações em âmbito municipal e estadual (KINZO, 1988, p. 116-117).

Com a decretação do AI-5, o MDB não viu alternativas a não ser voltar a ser "dócil". E os dilemas estratégicos voltaram a aparecer:

> [...] o partido de oposição defrontava-se com o problema de definir uma estratégia de ação que se interpusesse entre a moderação e a radicalização. As mudanças de comportamento do MDB para uma direção ou para outra seriam não apenas decorrência dos caminhos tomados pelo regime, mas também produto da eficácia de diferentes facções do partido em tornar a sua orientação política específica numa linha oficial do partido (KINZO, 1988, p. 129).

O espaço de ação do MDB no sistema político variava conforme o regime apresentava momentos de compressão e descompressão, submetendo a oposição a coexistir em um sistema de "movimentos pendulares de abertura e fechamento do regime" (KINZO, 1988, p. 128). A atuação do partido alterou-se, então: de um comportamento mais radical, que teria predominado no MDB até o final de 1968, para a moderação entre 1969 e 1970, estratégia essa readequada em face da repressão e o fechamento do Congresso Nacional. A posição moderada, no entanto, não poderia ser inexpressiva, já que o MDB tinha a função de canalizar os votos daqueles que estariam descontentes com o Governo. A mudança de comportamento do MDB, ainda que possa ter auxiliado em sua sobrevivência, foi certamente danosa em relação às eleições de 1970, momento no qual Kinzo (1988, p. 133) menciona ter havido uma "derrota fragorosa". O MDB elegeu 5 das 46 vagas de senadores em disputa e ganhou apenas 28% das cadeiras na Câmara dos Deputados – o que não se deveu ao compromisso da população com o regime, já que houve grande número de votos brancos e nulos, chegando a 30% do total na Câmara dos Deputados. Esse resultado demonstrava que não somente o regime tinha responsabilidade pelo pífio resultado alcançado pelo MDB, mas também que essa agremiação apresentava um comportamento submisso:

> O MDB, que fora punido pelo regime por ter assumido uma posição mais radical na crise política de 1968, acabou por ser também punido pelo eleitorado em 1970 por ir longe demais em sua atitude de moderação (KINZO, 1988, p. 137).

A diferença de votos obtida na Câmara dos Deputados – 223 a 87 – desqualificava a oposição para operar quaisquer recursos regimentais de resistência, como obstruções e outros tipos de protestos, cujos requerimentos exigiam quórum mínimo de um terço (GUTEMBERG, 1994, p. 106).

O MDB então se propõe a mudar sua orientação em prol da construção de uma imagem oposicionista mais condizente com seu papel (KINZO, 1988, p. 137). Como a docilidade do MDB garantia sua sobrevivência partidária frente ao regime, mas impedia seu reconhecimento como oposição frente aos eleitores e, portanto, não galgava crescimento político, novas frentes com espírito aguerrido adentrariam o MDB, infundindo-lhe novo elã de combate ao regime discricionário.

1.3 Um alento: a bancada dos "autênticos" no MDB

Após a reabertura do Congresso Nacional em 1969 e a derrota eleitoral na eleição seguinte, o MDB retomaria a caracterização de oposição – desta vez, de forma efetiva –, após dois eventos específicos: a vitória de jovens parlamentares nas eleições de 1970, que instigariam um posicionamento mais combativo por parte do MDB, embora tenham enfrentado severa oposição por parte de seus pares; e o convite aos intelectuais e acadêmicos para conduzirem a frente partidária sob uma perspectiva programática, elegendo políticas públicas sociais e econômicas que entrariam em ação mediante a retomada do poder político pela sociedade. Os chamados "autênticos" tiveram participação determinante em dois aspectos: na defesa de convocação de uma Assembleia Nacional Constituinte e no lançamento da anticandidatura de Ulysses Guimarães para Presidência da República em 1973, que surtiria efeitos nas eleições de 1974, enquanto a participação dos intelectuais transformaria os documentos programáticos do partido, galgando degraus para a chegada ao poder através da defesa da justiça social.

Inicialmente, o termo "ortodoxo" designou o grupo de parlamentares que adentrara o Congresso Nacional nas eleições de 1970. Mas, com o auxílio de uma psicóloga, namorada de Francisco Pinto (MDB-BA) (NADER, 1998, p. 169-170), e da criatividade do jornalista Evandro Paranaguá, do jornal *O Globo*, o grupo foi renomeado de "autêntico". No ano seguinte às eleições, o grupo já começara a fazer barulho em um congresso partidário no Recife (PE), ocorrido em julho de 1971, quando apresentaria como proposta aos demais membros do MDB a convocação de uma ANC legítima, para iniciar a redemocratização. A pauta dos "autênticos", embora tenha sido aprovada no Manifesto, recebeu resistência de políticos importantes e experientes, como Tancredo Neves (MDB-MG). Logo a admissão de uma ANC passaria a constar em documentos programáticos importantes e se tornaria defesa constante do MDB, como no documento *Constituinte com Anistia*, de 1978. A almejada Assembleia Constituinte, no entanto, ainda tardaria nada menos que nove anos para ser instalada, enquanto a anistia teria início no ano seguinte. O grupo que se mostrou contrário à proposta dos "autênticos" tentava se manter nos marcos da legalidade do regime, estabelecidos pela Constituição de 1967, considerada menos repressiva que sua Emenda nº 1/69, que havia constitucionalizados os atos de exceção até então exarados pelo regime. Esse manifesto se chamou

"Carta de Recife" (KINZO, 1988, p. 140), o que gerou conflitos internos, mais do que a radicalização do partido. Os "autênticos" obtiveram 14 dos 49 cargos em disputa no Diretório Nacional, além da publicação da revisão do programa partidário, que passou a incluir um diagnóstico da situação econômica do Brasil, conforme reivindicação do novo grupo parlamentar.

Mas o aceite da proposta de execução da ANC não seria o único problema para os "autênticos": a entrada desses jovens no MDB trazia consigo a vontade de transformar o regime e não se render ao autoritarismo: enfrentar a função de legitimação do regime autoritário que ocorria através do MDB como organização partidária artificial seria uma das tarefas mais árduas do grupo. Lysâneas Maciel (MDB-MG) assim descreve sua percepção, ao entrar em contato com os demais membros emedebistas já eleitos (NADER, 1998, p. 285):

> Ao chegar à Câmara, já nas primeiras horas, percebi que o MDB defendia a seguinte tese: não contestar as coisas importantes para assegurar o direito de, mais tarde, defender e falar sobre coisas supérfluas. Quero dizer que o MDB foi criado apenas para fazer *pendant* com a Arena e, que na verdade não era um partido de oposição. Analisando o quadro, vi que seria fácil e cômodo adaptar-me a isto, fingindo exercer mandato parlamentar, ou seja, apoiar um dos 2.500 projetos que o governo mandava e que eram votados integralmente. [...] Preocupava-me o fato de, ao prestar este papel, estar coonestando a ditadura, dando a impressão, ao mundo inteiro e à própria nação, de que existia um partido de oposição democrática no país.

A denúncia inicial dos "autênticos" concentrava-se na defesa aos direitos humanos, mas não apenas. Amaury Muller (MDB-RS) (NADER, 1998, p. 71) menciona como, mesmo sujeito a violência de toda ordem, o grupo não se furtava de realizar denúncias na tribuna quanto ao empobrecimento da população, à entrega de riquezas ao capital estrangeiro e à violação aos direitos humanos. Esse posicionamento por vezes teve como consequência a cassação de mandatos e direitos políticos, e foi mediante essa realidade que o grupo decidiu pelo lançamento de uma espécie de anticandidatura às eleições presidenciais, que funcionaria como contraponto ao candidato imposto pelo regime militar para candidatar-se à Presidência da República. Embora tivesse ciência de que não havia chances de vencer, a anticandidatura de Ulysses Guimarães possibilitaria ao MDB dispor de espaço e tempo nos meios de comunicação para proceder com as denúncias e demonstrar a farsa da eleição indireta por um Colégio Eleitoral, sem qualquer legitimidade ou representatividade.

O discurso teve papel relevante na atuação dos "autênticos" e demais parlamentares, que decidiram por denunciar o regime autoritário. Isso porque a "função vocalizadora" do parlamento passou a ser o único canal para os emedebistas se pronunciarem, dado o fato de que a função governativa, na qual o Congresso Nacional funciona com liberdade para emendar projetos de lei ou orçamento, estaria desativada pelo regime. Os discursos permitiam ao MDB exercer parte da função representativa a qual se propunha, considerando tratar-se de uma das poucas instituições que ainda funcionavam parcialmente frente à "mordaça", que censurava jornais e demais meios de comunicação. Mas a repressão aos discursos dos parlamentares mostrava-se rigorosa, como ocorrera com o deputado Francisco Pinto ao ser preso por supostamente insultar o Chefe de Estado de uma "nação amiga" – o então Presidente do Chile Augusto Pinochet, que estivera em visita ao Brasil.

Logo, o discurso dos "autênticos" ultrapassaria as tribunas e tomaria forma com a anticandidatura de Ulysses Guimarães à Presidência da República, quando começariam a atuar em outras frentes, aumentando o alcance de seu discurso com o tempo de propaganda na televisão e rádio e com a caravana de Ulysses a rodar pelos quatro cantos do país.

II

O PERÍODO 1971-1974: A VERTEBRAÇÃO DO MDB

O período compreendido entre 1971 e 1974 deslocaria o MDB de sua posição inicial, quando transitaria de oposição dócil à oposição efetiva. Os fatores que impulsionariam essa mudança estariam basicamente centrados na admissão dos "autênticos" e na nova formulação pela qual a legenda oposicionista após adoção de novas medidas sociais e econômicas em seus documentos programáticos – o que desencadearia reações positivas junto ao eleitorado, resultando nos surpreendentes resultados obtidos no pleito eleitoral de 1974.

Em 1971, Ulysses Guimarães se tornaria presidente do MDB e Pedroso Horta se tornaria líder do partido na Câmara dos Deputados, com ambos na liderança (especialmente Pedroso Horta, que, apesar de moderado, mostrava-se afeito ao posicionamento dos "autênticos" de embate ao autoritarismo) seria impresso um caráter menos omisso ao regime, ainda que não agressivo, o que demonstrava a intenção do MDB em mudar de posicionamento, incitando seus membros a criticar determinados atos do regime, como fazia em relação aos investimentos estrangeiros que invadiam o país. Nesse mesmo ano, a ideia de instituir uma nova Constituição, em moldes democráticos, seria apresentada no Recife e logo tomaria forma em diversas publicações do MDB.

Para efetivar essa nova postura, o MDB passou a mostrar-se mais ativo, realizando reuniões regionais e publicando manifestos. Começa, assim, um novo período partidário, com um MDB mais expressivo, lançando mão de expedientes e táticas que granjeassem o reconhecimento da sociedade como perspectiva de mudança. Em meio a atos que cassavam os políticos que se atrevessem a subir na tribuna para discursar contra o regime, o MDB lançou manuais e programas partidários, passando a ser reconhecido no meio acadêmico e político como propositor de políticas públicas e econômicas a serem adotadas quando chegasse ao poder – além de fazer sua voz ecoar nas ruas através do anticandidato presidencial, meios subjetivos que usavam a retórica como meio de ação, quando atos mais objetivos sofriam intervenções repressivas por parte do regime autoritário.

A virada oposicionista ocorreu com as eleições de 1974, quando o MDB começaria a tomar corpo como oposição e assumir um papel importante frente à sociedade, que trocaria os votos nulos pelos votos na oposição, indicando que estaria mudando junto com o partido ou em função dele, já que as denúncias do MDB, em conjunto com as propostas partidárias de governo, cada vez mais alçavam ressonância na sociedade brasileira.

A identificação entre o MDB e os eleitores no pleito de novembro de 1974, que elegeria deputados e senadores a serem empossados em 1975, fincava o início da relação povo/partido a partir de duas premissas: por um lado, o gradual distanciamento do eleitorado do regime autoritário, tido como legítimo; por outro, a aproximação desses eleitores ao MDB, cada vez mais reconhecendo neste a composição partidária de oposição que reestruturaria o país no eixo do desenvolvimento, redirecionando a sociedade à redemocratização.

O caminho traçado até 1974, que ocasionaria o enraizamento do MDB como oposição efetiva na mente dos eleitores, foi trilhado pelo anticandidato Ulysses Guimarães, que se tornou um rosto comum entre os brasileiros durante a campanha nacional pela Presidência da República ao longo de 1973. A anticandidatura teria a função de exercer a denúncia ao regime em um âmbito mais agressivo e de maior alcance, como recorda Eloy Lenzi (MDB-RS):

> No processo da anticandidatura, tínhamos a nítida finalidade de denúncia da ditadura brasileira no exterior. Supúnhamos que, devido ao controle, a mordaça na imprensa da época, quase nada era publicado sobre o regime autoritário, e tampouco em relação ao MDB (NADER, 1998, p. 84).

Lenzi acreditava que caso outros países tivessem conhecimento quanto à existência do MDB, poderiam considerar tratar-se de um partido de oposição consentida pela autointitulada "revolução" e, portanto, ilegítimo. A ideia era combater essa dedução equivocada, embora não a fosse em seu todo.

Nas eleições, o MDB estava fadado ao papel de coadjuvante, concorrendo com a Arena, embora esta se tornasse sempre obrigatoriamente vencedora. De acordo com Gutemberg (1994, p. 114), Ulysses Guimarães acreditava que a chave para as mudanças estaria em desmascarar a fraude do processo eleitoral indireto, ostensivamente baseado nos então chamados *casuísmos* – regras do jogo político que eram modificadas sem-cerimônia, sempre para favorecer o partido do regime e prejudicar os membros do partido de oposição: "Era preciso criar uma antipatia visceral, fosse pela indignação, fosse pelo ridículo, fosse pelo nojo, fosse pelo que fosse, contra a farsa eleitoral com que a ditadura mascarava sua troca de generais-presidentes".

Essa seria a ação conveniente para mudar o sistema, segundo Ulysses Guimarães, demonstrando que a anticandidatura poderia exercer esse papel, para isso, recorreria à sociedade civil, tornando-se popular dentre os eleitores ao abordá-los pessoalmente nas caravanas que ficariam famosas e serviriam de exemplo para outros candidatos posteriormente.

Essa anticandidatura, no entanto, não funcionou como inicialmente combinada entre "autênticos" e a cúpula do MDB, porque na tratativa com Ulysses Guimarães, que não era o candidato oficial do grupo, já que este teria pensado em alocar como anticandidato Barbosa Lima Sobrinho (MDB-RJ), que no acordo final se tornaria candidato a vice-presidente da República, enquanto Ulysses Guimarães seria galgado à posição de anticandidato. Havia sido estabelecido que o anticandidato deveria renunciar à candidatura no momento final, para não legitimar a eleição indireta para Presidente da República, dado o fato que o vencedor seria o candidato do regime. A denúncia alcançaria desse modo a perspectiva inicial do grupo, de mostrar aos demais países que havia uma fraude eleitoral e que esta não coadunava com os anseios emedebistas. A renúncia, no entanto, foi rechaçada por Ulysses Guimarães, que decidiu por manter a anticandidatura até o final do pleito no Colégio Eleitoral. Refutando tal postura e comunicados de antemão quanto à decisão de Ulysses Guimarães, os "autênticos" discursaram no Congresso Nacional demonstrando seu descontentamento e assinaram o documento de anticandidatura de Ulysses Guimarães devolvendo o voto ao "grande ausente, o povo brasileiro" – conforme discurso de Furtado (NADER, 1998, p. 15).

De qualquer modo, os objetivos imediatos foram alcançados: a anticandidatura de Ulysses Guimarães mostrou-se um sucesso político, mobilizando caravanas de apoiadores em seu itinerário em diversos Estados da federação, cultivou eleitores, que demonstrariam nas eleições diretas em 1974 para o Senado Federal e a Câmara dos Deputados que a campanha nacional teria surtido efeito. Para os "autênticos", em especial, a denúncia teria alcançado repercussão internacional, conforme recorda o deputado Fernando Lyra (MDB-PE):

> É emocionante relembrar esta experiência, a satisfação que senti na condição de ouvinte assíduo da Rádio BBC de Londres, a única emissora que possibilitava acesso às notícias sobre o Brasil, que na mesma noite divulgou o resultado da eleição, exatamente assim: "ARENA, tantos votos; MDB, outros tantos; e a Oposição Autêntica brasileira: 23 votos!" (NADER, 1998, p. 120).

Houve ainda "autênticos", como Lenzi, que enxergaram na anticandidatura de Ulysses Guimarães o desencadeamento do processo de abertura democrática, reconhecendo o êxito de Ulysses nessa empreitada e os efeitos políticos benéficos que seriam alcançados nas eleições de 1974 (GUTEMBERG, 1994, p. 126). Do mesmo modo, para Souza (1988), a transição democrática teria tido início em 1974, com as eleições que levaram o MDB a garantir maioria no Senado Federal; o processo teria então levado mais dez anos para sua conclusão e somente alcançaria sua plenitude com as eleições diretas para todos os níveis e com a votação de uma nova Constituição, em 1988.

O ano de 1974 se tornou, destarte, um inequívoco divisor de águas, do qual emergiriam indivíduos que adentraram a vida política sem nunca terem se candidato para qualquer cargo – os *outsiders*, como eram chamados –, foram produtos da anticandidatura de Ulysses Guimarães. Pessoas em geral sem nenhuma conexão política prévia, ou inteiramente desconhecidos do grande eleitorado, fizeram maioria no Senado Federal, evidenciando ter havido uma migração da preferência popular para o MDB, não obstante as restrições institucionais impostas, como sempre, pelos gestores do regime autoritário. Dos 22 Estados-membros em que haveria disputa para o Senado Federal, o MDB venceu nada menos que em dezesseis desses pleitos[1]. Essa identificação popular permitiria ao MDB intensificar o processo de enraizamento na sociedade; cada vez mais, as eleições seguintes demonstrariam o crescimento partidário da oposição rumo à conquista do poder político no país.

---

[1] Os vencedores foram os seguintes: Adalberto Sena (AC), Evandro Carreira (AM), Mauro Benevides (CE), Dirceu Cardoso (ES), Lázaro Barbosa (GO), Danton Jobim (Estado da Guanabara), Itamar Franco (MG), Rui Carneiro (PB), Leite Chaves (PR), Marcos Freire (PE), Saturnino Braga (RJ), Agenor Maria (RN), Paulo Brossard (RS), Evelásio Vieira (SC), Orestes Quércia (SP) e Gilvan Rocha (SE).

2.1 "Economistas da Oposição": o novo discurso do MDB

Na busca por reestruturar o partido em margens mais sólidas e, talvez, atendendo exigências internas partidárias, como dos próprios "autênticos", Ulysses Guimarães deu início ao processo de ampliação das bases da agremiação junto aos intelectuais e acadêmicos, para elaborar as publicações programáticas do MDB. O Cebrap foi uma das instituições escolhidas por Ulysses Guimarães para realizar essa mudança. Centro de pesquisas em ciências sociais de natureza privada e institucionalmente autônomo, o Cebrap publicaria em 1971 o primeiro número da *Revista Estudos Cebrap*, sucedida na década de 1980 por novos periódicos: a *Novos Estudos* e os *Cadernos Cebrap*, que divulgariam as pesquisas realizadas por seus membros. As publicações logo ganhariam notoriedade, com a divulgação de estudos de demografia e planejamento – municipal, estadual e federal, além de tratar-se de um centro formador de opiniões, produzindo análises críticas de grande envergadura. Em 1974, reconhecendo no Cebrap a possibilidade de robustecer e dinamizar intelectualmente o MDB, Ulysses Guimarães procuraria a instituição, conforme explica Cardoso em entrevista concedida (MOURA; MONTERO, 2009, p. 35), para quem o Cebrap teria se tornado:

> [...] modelo de resistência intelectual aos regimes autoritários. A um ponto tal que em 1974 o Ulysses Guimarães foi ao Cebrap para pedir que escrevêssemos os programas de campanha do MDB. Ele foi porque eu tinha escrito um artigo no jornal *Opinião* no qual dizia que havia chegado o momento em que a esquerda tinha que começar a pensar em usar os canais institucionais e assumir que o MDB era um canal. A intelectualidade de esquerda queria ou a luta armada, ou o voto nulo, porque achava que o MDB era a oposição consentida. Eu dizia que a luta armada tinha chegado ao seu limite, com resultados precários, e que era o momento de votar. E a população votava maciçamente na Arena: quase todo mundo que não era politizado votava na Arena – a economia estava em expansão, então tudo bem –, e o MDB estava confinado a um pequeno segmento da população. Ulysses foi pedir a nossa ajuda. Mas ele achava, assim como a política, que nós estávamos ali para disfarçar que éramos um grupo político. Eu disse a ele: "Não, isso aqui é um centro de pesquisa, claro que todos temos posições e somos contra o regime autoritário, mas cada um pensa de um jeito. Eu não posso me comprometer de que o Cebrap vá ajudar um

> partido, mas posso ver quem se dispõe a ajudar". Alguns se dispuseram – o Bolívar Lamounier, o Paul Singer, a Maria Hermínia Tavares de Almeida, eu, o Weffort, o Chico... – e fizemos um panfletinho incluindo temas que os partidos não abordavam, como sindicato, questão de raça, de gênero, índio, etc. No fundo, fizemos um programa social-democrata, e receávamos que os dirigentes do MDB não o aceitassem por causa disso, mas, quando fomos a Brasília para apresentar o texto, eles nem queriam saber disso – acho que fomos a Brasília eu e o Weffort, talvez o Chico também, e estavam lá o Amaral Peixoto, o Ulysses, o Tancredo. Queriam algum conteúdo programático, e para eles aquilo era uma maravilha. Nós é que éramos bobos: nós os achávamos muito mais atrasados do que na verdade eram. Adotaram nosso panfleto como matriz de todos os programas de campanha. Depois, essa relação com o MDB se aprofundou muito – não por parte do Cebrap como instituição, mas de um grupo de pessoas ligadas ao Cebrap, e no início quem comandava o grupo junto ao Ulysses era eu.

Em entrevista concedida a Kinzo (1988, p. 154), Fernando Henrique Cardoso também teria confirmado o contato com Ulysses Guimarães em 1974, quando visitara o Cebrap. O líder da Oposição Legal não teria participado diretamente da elaboração do programa emedebista, mas alguns de seus membros se dispuseram a ajudar – dentre eles, o próprio Cardoso, Francisco Weffort, Paul Singer e alguns professores que escreviam para o jornal *Opinião*, como José Augusto Guillhon de Albuquerque e José Álvaro Moisés. Estes auxiliaram com o esboço do manual partidário *Constituinte com anistia*, que se assemelhava ao antigo programa da agremiação. Segundo Cardoso, o Manual dava ênfase a temas como sindicato, salário, movimento social, dentre outros, empregando dados estatísticos e dando destaque aos problemas ligados às questões sociais, financeiras e econômicas do país.

O Departamento de Economia da Unicamp e alguns economistas da Universidade Federal do Rio de Janeiro (UFRJ) também teriam relevância na elaboração dos programas de governo do então MDB, tendo o economista Luiz Gonzaga Belluzzo[2] participado ativamente como formulador de propostas econômicas. Além dele, consta a participação de João Manuel Cardoso de Mello e Luciano Coutinho, contribuição inserida no programa partidário *Constituinte com Anistia*. A partir de 1977, o grupo contaria com

[2] Entrevista concedida ao Cedec (2009).

o reforço de políticos como Pedro Simon (MDB-RS) e Fernando Henrique Cardoso (à época filiado ao MDB-SP) e os economistas Maria da Conceição Tavares, Carlos Lessa e José Serra. Em 1978, o empresário e político Severo Gomes (MDB-SP) também se juntaria ao grupo. Os programas emedebistas iniciavam com a crítica à distribuição de renda na economia nacional e advertiam para os riscos que adviriam com a internacionalização que o Brasil estava vivendo naquele momento.

A estrutura criada a partir desse modelo permitiria a inclusão de temas-chave nos debates, que se concentrariam basicamente em alcançar a justiça social através da redistribuição de renda e de economia voltada para o desenvolvimento interno. Essa estrutura lastrearia o *Projeto Democrático* do MDB e acompanharia os programas futuros – em especial, o *Esperança e Mudança* (1982). O *Projeto Democrático* concentrava-se nos seguintes eixos: a volta do Estado de Direito, reconstitucionalização do país, eliminação da legislação autoritária e o voto direto para escolha do presidente da República.

As críticas ultrapassaram a esfera dos direitos humanos em 1974 e centraram-se no modelo econômico concentrador de renda – em sua essência, um modelo espoliativo. O MDB passa então de uma pauta jurídico-liberal, de direitos e garantias individuais, para a crítica ao modelo econômico do regime autoritário, concentrador de renda, espoliativo dos trabalhadores e de natureza antinacional, ao permitir que as riquezas do país fossem exploradas por terceiros não nacionais. Assim, apenas com a democracia seria possível obter uma política econômica que não ferisse de morte os desideratos de justiça social. Mas a mudança unicamente da política econômica não seria suficiente para resolver a questão de redistribuição de renda: seria necessário mudar o padrão decisório que regulava a política econômica autoritária. Para isso, o Congresso Nacional deveria participar do processo, e aos partidos caberia veicular as reivindicações, como entes representativos da sociedade. O MDB incorporaria, assim, a crítica à política econômica em seu programa, e os "economistas da oposição" passariam a atuar na direção de convencimento da sociedade de que apenas com o partido democrático chegando ao poder seria possível mudar a matriz econômica brasileira. Era toda a estrutura do regime político que necessitava ser alterada.

A mudança do modelo econômico, que apenas adviria com a democracia, teria ainda como parte a justiça social, que desaguaria em novos e efetivos direitos sociais. Ambos, a Ordem Econômica, juntamente com a

Ordem Social da futura Constituição democrática, seriam a mais autêntica tradução do *Projeto Democrático* do (P)MDB.

2.2 As eleições de 1974 e a virada emedebista

Como já assinalamos, as eleições de 1974 deram ao MDB ampla maioria no Senado Federal, elegendo 16 senadores de um total possível de 22, além de aumentar expressivamente o número de deputados federais, passando de 28% para 44% do total de membros dessa Casa, ao eleger 160 deputados federais, enquanto na eleição anterior havia obtido apenas 87 cadeiras. Kinzo (1988, p. 161-162) demonstra que o aumento de votos obtidos pelo MDB contou com a perda de apoio ofertado à Arena pelos votantes, e não por ter havido aumento de votos nulos ou brancos, como ocorria anteriormente por protesto. O número de votos brancos e nulos nessa eleição decresceu, o que indica que o MDB estaria efetivamente mais bem posicionado frente aos eleitores. O apoio eleitoral que seria obtido nas eleições de 1974 somente foi possível após mudança de estratégia eleitoral do partido, e não por sua atuação no Congresso Nacional.

As eleições de 1974 foram ganhas pelos *outsiders*, gente que estava totalmente fora da política, que não se tratava de político profissional, que não tinha a seu favor a máquina partidária; candidataram-se e ganharam, enchendo de esperança a agremiação emedebista. A Oposição Legal começa assim a criar raízes na sociedade, embora haja denúncias por parte dos apoiadores do regime, como tentativa para derrubar os candidatos, ao associá-los a práticas políticas subversivas. Parece evidente que a anticandidatura de Ulysses Guimarães tenha tido relação direta com o resultado das eleições de 1974; as caravanas e os comícios parecem ter fincado bases oposicionistas na sociedade, plantando um embrião de repolitização da sociedade civil que floresceria nestas eleições. Gilvan Rocha (MDB-SE), Itamar Franco (MDB-MG), Quércia (MDB-SP), Paulo Brossard, todos eles eram politicamente *outsiders*, sem nenhuma expressão nacional, associados a um partido que fora implantado basicamente para legitimar o regime. Contra todas as expectativas (inclusive dos próprios oposicionistas), o MDB ganha maioria senatorial e começa a reverter o quadro político nacional.

Ulysses Guimarães liderou as caravanas nacionais na campanha das eleições de 1973, que teria visitado todos os Estados da federação, e a principal característica dos resultados dessas eleições associava-se ao sentimento oposicionista da sigla MDB para Ulysses Guimarães (GUTEMBERG, 1994, p. 142-144), considerando que teriam sido votados candidatos sem expressão política. Cita como exemplo de *outsider* o potiguar Agenor Maria (MDB-RN), que fez uso da alcunha de "Marinheiro só", apelido que ficara famoso por ter sido utilizado como fundo musical de suas aparições no programa eleitoral gratuito. No Paraná, Leite Chaves (MDB-PR) fora eleito senador; conhecido por François, advogado e funcionário do Banco do Brasil, que representou a sigla por não haver outros interessados, fato que se repetiria no Amazonas, com a candidatura de Evandro Carreira (MDB-AM), apelidado de "O Pororoca" devido a sua voz e discursos confusos. Mas a grande surpresa veio de São Paulo: Orestes Quércia iniciou a campanha eleitoral com menos de 10% nas pesquisas de intenção de voto, mas, três semanas antes das eleições, já contava com índice superior a 80% da preferência eleitoral do Estado de São Paulo.

Convém frisar que, apesar da vitória acachapante do MDB em 1974, o Governo Geisel aceitou os resultados sem tomar medidas mais drásticas, como o fechamento do Congresso Nacional ou a cassação de parlamentares, demonstrando um aspecto *sui generis* para uma ditadura: a aceitação pacífica de resultados políticos adversos.

Importa mencionar que é nesse período que ganham espaço as pesquisas eleitorais no Brasil, fazendo uso de *surveys* para tentar explicar os resultados das eleições locais. Tais pesquisas têm início com o cientista político Bolívar Lamounier e em seguida com Fábio Wanderley Reis, cujos trabalhos demonstravam como o MDB estava avançando, especialmente entre a população mais pobre, havendo, assim, uma mudança de direção, na qual o MDB passa a ser reconhecido como um partido que voltaria suas bases para a formação a partir da sociedade em direção ao Estado, e não o contrário. O significado era claro: o MDB passava a deitar raízes profundas na sociedade brasileira.

Por outro lado, o aumento da representação do MDB no Congresso Nacional fez com que se ampliasse também a clivagem interna. Após as eleições de 1974, ingressaram nos quadros parlamentares do MDB jovens políticos que se autodesignavam "neoautênticos" (KINZO, 1988, p. 169): cerca de trinta deputados eleitos com auxílio de sindicatos e estudantes, que assumiam um papel mais combativo, no sentido de defender que o partido deveria cumprir sua função junto aos eleitores. Mas esse grupo discordava dos "autênticos", demonstrando que esses últimos, depois de alguns anos na vida parlamentar, estavam mais inclinados à negociação. Havia também outro grupo, com cerca de trinta parlamentares, eleitos com auxílio mais clientelista, chamados de "adesistas", ou "fisiológicos", por apoiar a posição do governo. Os chamados "neoautênticos" estavam mais comprometidos com as questões de direitos humanos; já os adesistas não compareceram à sessão parlamentar em que o pedido do partido sobre o assunto foi posto em votação – atuando, inclusive, contra os trabalhos da Comissão Parlamentar de Inquérito (CPI) sobre direitos humanos. A "diversidade pela heterogeneidade" dentro do partido o tornava cada vez mais desunido, conforme aponta Kinzo (1988, p. 170):

> As tentativas dos "autênticos" e "neoautênticos" de aumentar sua influência, assegurando posições de comando, seriam seguidas de contra-ataques dos adesistas exigindo mais cargos e bloqueando as negociações com a cúpula do partido. Por outro lado, a cúpula, predominantemente moderada, ao buscar uma solução de consenso, de forma a manter o partido unido ao redor de uma única chapa a ser ratificada pela Convenção Nacional, estava também determinada a preservar sua posição dominante no comando do partido. A disputa e as longas negociações para se chegar a um compromisso somente chegariam ao fim quando a chapa oficial, que havia sido alterada diversas vezes, foi finalmente posta em votação na Convenção Nacional. Esta chapa ratificada pela Convenção preservava, em última análise, a supremacia do grupo moderado que liderava o partido desde 1971. No entanto, o partido emergia do episódio totalmente desunido, com os grupos se digladiando a ponto de dar a impressão de que seus problemas internos constituíam a principal preocupação do MDB.

Com os resultados obtidos nas eleições de 1974 e com a maioria oposicionista no Senado, o MDB volta a ter função governativa, realizando funções clássicas de um partido. Reconhecendo o empenho político que se firmava por mãos do MDB e como tentativa de conter o ímpeto eleitoral deste, em 1976 o regime militar criou a Lei Falcão, que levou esse nome por se tratar de lei criada pelo Ministro da Justiça, Armando Falcão. Essa lei proibiria o debate entre candidatos, durante a propaganda eleitoral: apenas o retrato do candidato poderia ser exibido na televisão, com uma voz de fundo selecionada que mencionaria o nome, número do candidato e partido ao qual pertencia.

Em setembro de 1977, houve a Convenção Nacional do MDB com Campanha por uma Assembleia Constituinte. O governo proibiu a cobertura da Convenção Nacional por rádio e televisão, assim como a divulgação de seu Manifesto, e determinou que não fossem utilizados locais públicos para comícios. Esses fatores inviabilizavam as chances de sucesso da ANC, e sua campanha se limitaria a encontros internos e discursos na Câmara dos Deputados e nas Assembleias Estaduais. Houve ainda a publicação do *Manual da Constituinte* (1977b), que tentava popularizar o termo e a ideia. Mas, após dois meses do início dessa campanha, ela já havia arrefecido (KINZO, 1988, p. 194-195), embora sua discussão ainda fosse presente nos programas de governo do MDB e em instituições como a Ordem dos Advogados do Brasil, além da própria academia.

Nas eleições de 1978, o MDB apresenta um resultado substancial novamente e aumenta o número de cadeiras na Câmara dos Deputados. O aumento do número de candidatos que se elegem significa que o partido estaria se enraizando na sociedade, tornando-se um partido orgânico, não mais artificial. Com isso, a "sigla mágica" – expressão utilizada por Ulysses Guimarães – se torna um símbolo e começa a associar-se à redemocratização no país.

Percebendo o avanço eleitoral do MDB, os estrategistas do regime elaboram duas manobras. A primeira delas foi a Lei de Anistia, em 1979. Sob o *slogan* "Lugar de brasileiro é no Brasil", o Presidente Figueiredo autoriza o retorno dos exilados ao país. Essa medida, porém, tinha por objetivo inconfesso fragmentar o MDB, que cada vez mais vinha se consolidando na sociedade. Algumas figuras experientes politicamente, com história própria, como Leonel Brizola, Miguel Arraes, Almino Affonso, Luiz Carlos Prestes e Gregório Bezerra, provavelmente não se submeteriam à liderança de Ulysses Guimarães como presidente da agremiação partidária que representava a Oposição Legal ao regime autoritário; eram personalidades políticas fadadas a buscar protagonismo político na cena nacional, e por certo ocorreriam embates, ao serem inseridas na única opção partidária até então possível.

A segunda manobra está associada à reforma partidária. Ao perceber o enraizamento do MDB na sociedade, o núcleo do regime mais uma vez toma a decisão que consiste em mover as alterações partidárias do Estado para a sociedade: casuisticamente, determina a extinção do MDB e da Arena, obrigando a formação de novas agremiações – obrigando inclusive que cada agremiação tivesse um novo nome que forçosamente começasse com a letra P, de partido. A ideia por trás de tal medida era acabar com a sigla MDB – a "sigla mágica" que conduzia o país à volta da democracia.

Embora a transição política fosse desejada, para Cardoso ficava cada vez mais nítido que o MDB se esgotaria à medida que o processo político avançasse (MOURA; MONTERO, 2009, p. 40) – o mesmo sentimento que Marcondes Gadelha (MDB-PB) tivera em relação aos "autênticos", apontando a abertura democrática como o fator que desencadearia a dissolução do grupo, já que o discurso dos direitos humanos foi perdendo o apelo mediante o início da anistia (NADER, 1998, p. 312).

No dia 22 de novembro de 1979, o MDB e a Arena deixam de existir como agremiações políticas. O MDB assinou seu Manifesto e o tornou público em dezembro de 1979. Mas, antes mesmo do fim do partido, seus membros se mostraram divididos:

> [...] 1979 iniciava-se com o MDB dividido entre os que defendiam a abertura do leque partidário e os que estavam determinados a dar continuidade ao MDB como única frente oposicionista. Estes últimos, liderados pelo presidente nacional do partido, Ulysses Guimarães, argumentavam que a criação de outros partidos oposicionistas iria, na verdade, ajudar o governo em sua estratégia de dividir a oposição e, ao mesmo tempo, manteria inalterada a natureza do regime. [...] a despeito dos argumentos persuasivos do presidente do MDB, tornava-se cada vez mais difícil manter o partido unido em face da ampla gama de tendências – de direita à esquerda, de moderada à radical – dos vários grupos, cuja convivência já se tornara artificial (KINZO, 1988, p. 207).

Há assim uma dissociação, e parte dos partidários e intelectuais decidem ficar no PMDB, enquanto outra parte decide formar o Partido dos Trabalhadores (PT) e alguns migram para o Partido Trabalhista Brasileiro (PTB), com Brizola, que perderia a legenda para Ivete Vargas por imposição do regime, o que o levaria a criar o Partido Democrático Trabalhista (PDT). A Arena formaria o Partido Democrático Social (PDS), mantendo o conjunto, enquanto o MDB se desmembraria em pelo menos quatro partidos. Mas a ideia de retorno à democracia através de acordos que acabariam por designar uma transição pactuada esteve sob a esfera de negociação do PMDB. O regime autoritário passou a ter desacertos com a economia e desacordos internos, começando a ficar evidente que ele não iria mais perdurar. O PMDB realizaria a "transição pelo alto", ou "transição conciliadora", por acreditar que a ruptura não teria base social para se efetivar: não havia ainda força política, apenas peso eleitoral.

III

O PROJETO DEMOCRÁTICO DO (P)MDB

Transformar a Assembleia Constituinte em um tema comum, a ser debatido na sociedade, foi uma das tarefas que o MDB se propôs a realizar. Em qualquer parte do país, era possível ouvir integrantes da legenda oposicionista clamando por uma ANC para mudar os rumos do país, aproximando do povo a ideia de decisão que partiria de suas mãos após a escolha democrática de seus representantes. As frases que passaram a ser veiculadas pelo MDB (1978, p. 22-23) assim resumiriam o papel central da sociedade nessa esfera que se formaria: "Se há uma Constituição digna deste nome, há Democracia, há liberdade."; "Só há Democracia quando Você **participa** [...]"; "E a lei é feita por Você, através de pessoas escolhidas por Você [...]"[1].

Como os programas do MDB (1978, p. 24-25) bem tentam demonstrar, para que a escolha do povo surtisse resultado, deveria haver voto direto para escolha dos governantes. "É por isso que numa democracia todo poder vem do povo e em seu nome é exercido"; esse seria o primeiro passo para destituir o regime autoritário de seu posto, a restituição do poder do povo em escolher livremente seus representantes e, através deles, enumerar políticas que garantissem o retorno de conquistas individuais como a liberdade ou o direito de não ser preso arbitrariamente, para isso, reestabelecer o *habeas corpus* seria fundamental, ou mesmo garantia de políticas sociais básicas, que assegurassem educação, saúde e aposentadoria. Por outro lado, nada disso seria possível sem a participação política da sociedade, que poderia, através do voto, destituir do poder o governo que não atendesse suas expectativas.

Mas, para a concretização da ANC, o país teria que antes acolher a anistia política, processo no qual a sociedade deveria estar disposta a promover a reconciliação e a pacificação, dando passos importantes rumo à normalidade institucional. Nesse aspecto, não prescindir da mediação do Estado seria o que garantiria que as decisões empresariais e as políticas governamentais caminhassem em conjunto quanto às ações econômicas

[1] Grifo no original do documento.

no âmbito industrial, agrícola e monetário-creditícia, e no que se refere às políticas sociais como saúde, habitação e educação. Em conjunto com a caracterização nacionalista, o MDB defendia que o fortalecimento do Poder Legislativo seria o que imprimiria capacidade de estabelecimento de prioridades nos gastos, bem como no remanejamento de recursos destinados ao desenvolvimento econômico e social, fato que para ser empreendido deveria contar com partidos fortalecidos e representativos por considerar que a força do parlamento resultaria da escolha do povo, alargando a esfera de participação popular através da representação, requisito majoritário democrático.

Assim, Estado e sociedade reconciliados, com o retorno ao Estado de Direito e o estabelecimento de uma Assembleia Constituinte, seria possível se aprofundar nos pilares básicos garantidores da continuidade democrática como a participação popular e a existência de partidos representativos e de parlamento fortalecido, instrumentos do projeto democrático (pe)emedebista que pretendiam instalar políticas de cunho social e econômico.

3.1 A "Carta de Recife (1971)"

Em 1971, em um congresso partidário no Recife, no qual se encontraram membros do MDB, dentre os quais os "autênticos" que ingressaram na Câmara dos Deputados Federais no pleito de 1970, registrou-se um documento que traria à baila discussão que se estenderia durante anos até sua efetiva concretização em 1987: a imperiosa necessidade de se convocar uma Assembleia Nacional Constituinte para destituir o país da legislação autoritária que vigorava desde o golpe de 64.

A Constituição de 1967 trazia um arcabouço autoritário, centralizando as decisões no Poder Executivo e marginalizando o Poder Legislativo, ao impedir que seus membros pudessem emendar os projetos advindos do governo, além de não possuir qualquer poder de legislação sobre questões estratégicas ou de interesse nacional, como segurança nacional ou finanças públicas. Em 1968, aumentando a repressão, o regime autoritário instituiria o AI-5, e as garantias e direitos individuais seriam cada vez mais ameaçados. As restrições à liberdade e as severas restrições ao direito do povo ao voto direto em eleições fundamentais, como Presidência da República e Governo de Estado, levaria o MDB a defender abertamente o retorno ao Estado de Direito apenas obtido com um contrato social amplo e inclusivo, que selaria a redemocratização.

A campanha nacional em prol da Assembleia Constituinte estava lançada, embora tenha enfrentado opositores dentro do próprio grupo. No primeiro Simpósio realizado pelo MDB, que ocorreria em Florianópolis em 1976, foram realizados apontamentos quanto aos artigos arbitrários inseridos na Emenda Constitucional nº 1, outorgada em 17 de outubro de 1969. Dentre eles, estava o art. 153, § 20, que estabelecia que o *habeas corpus* seria garantido para aqueles que sofressem ameaças, embora este tenha sido cancelado para os crimes contra segurança nacional, economia popular e administração pública no art. 10, do AI-5. Do mesmo modo, Vieira mencionou que a autonomia garantida aos Estados-membros e municípios constantes nos arts. 10 e 15, respectivamente, eram suprimidos pelos arts. 3º e 15, do AI-5 (MDB, 1976a, p. 183-184).

Ainda nesse ano, em conferência realizada em Aracaju intitulada *O homem e o problema social*, um dos temas em destaque seria a ausência de leis constitucionais que amparassem o direito. O fato de haver atos institucionais que vigoravam com força maior do que a Constituição, segundo Marinho, impedia a instituição de normatizações constitucionais legais (MDB, 1976b, p. 127). Do mesmo modo, a incorporação do AI-5 era repudiada pelos partidários, o que seria equivalente a anular qualquer Constituição, conforme observara Marcos Freire (MDB-PE), senador emedebista de Pernambuco (MDB, 1976b, p. 33). Freire seria mais incisivo em conferência realizada no ano seguinte em Brasília, momento no qual cita a ANC como o "caminho apontado pela História" diante da ausência de Estado de Direito, democracia ou desconstitucionalização do país (MDB, 1977, p. 39-40). Para ele, somente teria legitimidade a ANC que representasse a aspiração nacional, destituindo de validade qualquer tentativa do regime autoritário em alçar um processo constituinte congressual com membros não eleitos pelo povo.

O MDB dedicaria ainda uma publicação inteira, com linguagem simples, para explicar à sociedade e membros do partido os motivos pelos quais a luta por conquistá-la deveria englobar a todos. Os capítulos se subdividem entre temas, mas sempre interligados à Constituinte. A decisão por publicar o manual – *Manual da Constituinte, MDB em ação* (1977b) – foi deliberada em uma Convenção Nacional do partido em Brasília, em setembro de 1977, quando a agremiação oposicionista decidiria por dirigir-se à nação para propiciar conhecimento quanto à instalação de uma ANC no país e conclamar as pessoas para participar do movimento em prol de sua convocação. A discussão sobre esse tema compreenderia encontros programados pelos Diretórios nacionais, regionais e municipais e reuniões promovidas pelas lideranças regionais e locais.

Dando seguimento a essa campanha, no ano seguinte o MDB publicaria o programa partidário *Constituinte com Anistia* (1978). O programa reservaria um capítulo para falar sobre a importância desse tema em um processo de redemocratização, e os demais capítulos denotariam a efetivação do programa partidário que se pretendia instituir a partir da promulgação constitucional.

A campanha pela convocação de uma ANC se estenderia ao longo de todo regime autoritário, e o processo de convencimento de sua imprescindibilidade, em um país que se desejasse democratizar, mostrou-se árduo. Os próprios integrantes do MDB mostraram-se relutantes em aceitá-la, como menciona Francisco Pinto ao citar o posicionamento controverso de Tancredo Neves na Convenção do Recife, em 1971, quando foi aprovada a "Carta de Recife" (NADER, 1998). Em determinada altura do processo de redemocratização, no entanto, a promulgação de uma nova Constituição far-se-ia inevitável, não havia mais proponentes contrários com força tal para impedir sua instalação, e o próprio Tancredo Neves, primeiro Presidente que assumiria o cargo após 21 anos de regime autoritário, convocou a sociedade para debater os temas que seriam acolhidos na ANC, bem como escolher os representantes que absolveriam o poder que lhes fosse delegado como Constituinte Originária:

> Convoco-vos ao grande debate constitucional. Deveis, nos próximos meses, discutir, em todos os auditórios, na imprensa e nas ruas, nos partidos e nos parlamentos, nas universidades e nos sindicatos, os grandes problemas nacionais e os legítimos interesses de cada grupo social. É nessa discussão ampla que ireis identificar os vossos delegados ao poder constituinte e lhes atribuir o mandato de redigir a lei fundamental do país. A Constituição não é assunto restrito aos juristas, aos sábios ou aos políticos. Não pode ser ato de algumas elites. É responsabilidade de todo o povo[2] (NEVES, 2011, p. 315).

Tancredo não viveria para ver a instalação da Constituinte, mas grande parte dos preceitos esboçados pelos peemedebistas ganharia forma

[2] Discurso proferido por Tancredo Neves em 15 de janeiro de 1985, na Câmara dos Deputados, em Brasília, após proclamação do resultado das eleições indiretas, em que foi escolhido como Presidente da República pelo Colégio Eleitoral.

e contorno constitucional na Carta Política promulgada em 5 de outubro de 1988.

3.2 O programa *Constituinte com Anistia* (1978)

Publicado pelo MDB em 1978, o documento programático *Constituinte com Anistia* esboça algumas medidas que são defendidas ao longo de seu percurso e que se tornam expressas para que membros e eleitores possam ser orientados quanto ao plano que o partido buscava empreender no país. O documento basicamente tem, como eixo central, alguns itens: a busca pelo restabelecimento da democracia, que para ser garantida deveria contar com a instituição de uma nova Constituição, na qual a anistia seria parte inerente; instituir o desenvolvimento econômico com justiça social; e a aplicação de medidas econômicas nacionalistas.

A junção destes dois temas: medidas sociais e econômicas, deve-se ao fato de que as Constituições brasileiras anteriores, desde 1934, traziam em seu arcabouço títulos com a designação: "Ordem Econômica e Social", em que estas duas políticas dividiam espaço, considerando que ambas devem ser balizadas irrefutavelmente pelo princípio da justiça social. Aqui, optamos, no entanto, pela divisão destas duas ordens, de modo a seguir o modelo da Constituição Federal de 1988.

3.2.1 *Democratização e organização da sociedade*

O primeiro ponto exposto pelo partido, que se tornara patente em seu discurso e que foi a inspiração para esse documento, corresponde ao apelo do partido para que houvesse convocação de uma ANC. Em uma linguagem simples, o MDB tenta popularizar o termo e explica em que consiste sua composição e qual a sua função em uma sociedade que expecta por mudanças. Para isso, a elaboração de uma Constituição democrática, que traga em si preceitos a serem seguidos faz-se fundamental. E somente com o advento de uma Constituição legítima é que seria possível alcançar a democracia e com isso voltar a votar diretamente em todos os níveis e escolher seus governantes. A partir da promulgação de uma nova Constituição, ter-se-ia a ideia de que a governança autoritária seria substituída pela lei, a Constituição seria a maior das leis e caberia à Assembleia Constituinte escrevê-la. Na ocasião, o MDB alegou que o futuro processo constituinte se estenderia por um período de seis meses a um ano e que os candidatos constituintes deveriam ser eleitos exclusivamente para esse fim (MDB, 1978, p. 21-24).

A anistia política, outro ponto importante discutido pelo partido, é designada nesse documento como "esquecimento e reconciliação", comparando anistia à "amnésia" (MDB, 1978, p. 26-27). O poder de perdoar estaria inserido nessa ideia, quando o partido tenta demonstrar que o tirano, causador da repressão, teria um surto de bondade e reconhecimento do sofrimento alheio, momento em que as diferenças são esquecidas.

O avanço em 1974 no pleito eleitoral incentivou o MDB a associar a luta do partido em prol da democracia às ânsias da sociedade por mudança do quadro autoritário, levando a um sentimento oposicionista ao regime autoritário, os segmentos estariam congregados ao partido pela evolução desses princípios. A emergência da democratização no discurso emedebista se defrontava com os relatos de distensão e abertura do regime. A supressão do AI-5 e das legislações de exceção deveriam ser acompanhadas de eleições diretas e da redução da "hipertrofia" do Executivo, que impedia que o Poder Legislativo, representante do povo, atuasse livremente. Para que a democracia fosse plena, ela deveria contar com o fortalecimento do Congresso Nacional, com a participação da população autônoma e com liberdade, condições que, juntamente com a democratização e com o nacionalismo, eram os "elos indissolúveis" constantes no programa doutrinário emedebista (MDB, 1978, p. 31-32). A capacidade de decisão nas mãos do Congresso Nacional apenas seria possível com a ampliação de sua participação no governo, elaborando orçamentos plurianuais, estabelecendo prioridades para os gastos e remanejando recursos para o desenvolvimento econômico, além de fiscalizar de perto os gastos governamentais com autarquias e empresas públicas, responsáveis pelos serviços de transportes, comunicação, saneamento, entre outros. E o fortalecimento do Poder Legislativo significaria também o fortalecimento dos partidos, o que contribuiria para elevar a democratização das decisões nos três níveis de poder: União, Estados-membros e município, caminhando em direção à descentralização. Assim, os três pilares do regime democrático podem se resumir em: "participação popular, partidos representativos, parlamento forte" (MDB, 1978, p. 32-34).

3.2.2 *Desenvolvimento com justiça social*

O Estado de Direito, fundado sob o prisma catalisador da justiça social, "repele a ideia de injustiça, situada nas desigualdades decorrentes da excessiva riqueza de uns e da extrema miséria da maioria" (MDB, 1978, p. 31).

Para a legenda de oposição, o desenvolvimento econômico deve visar basicamente o homem, tendo como meta instituir dignidade e valorização da pessoa humana, sempre perseguindo a justiça social e a democracia. Para que o desenvolvimento se efetive, o MDB propunha reformular as medidas de política econômica que vigoravam na ocasião. Nesse conjunto, englobava-se a redistribuição de renda e as políticas sociais, a política de emprego e rotatividade da mão de obra mediante a deterioração do mercado de trabalho, o uso dos fundos sociais, o trabalho rural, a saúde pública, a educação, a habitação popular, os problemas urbanos, a defesa do meio ambiente, a insegurança da população, os municípios e as políticas de desenvolvimento regional.

A redistribuição de renda e de riqueza era um dos objetivos centrais do MDB (1978, p. 51-63) como modo de combater o quadro de desigualdade social que assolava o país e acarretava ampliação da pobreza relativa e absoluta dos trabalhadores. Para redistribuir, far-se-iam necessárias mudanças trabalhistas, redimensionamento da dívida pública e tarifas progressivas. No âmbito trabalhista, as alterações adviriam com obtenção de piso mínimo salarial, elevação de salários e participação dos trabalhadores, exclusão de rotatividade da força de trabalho, eliminação de utilização distorcida dos fundos sociais e redução de acidentes de trabalho. A autonomia sindical era apontada pelo documento como fator imprescindível para que as transformações quanto à distribuição de renda fossem implementadas. O MDB sustentava que a concentração de renda se devia à redução do salário mínimo, que é a base de remuneração do assalariado, em conjunto com a deterioração dos salários intermediários recebidos por trabalhadores qualificados, não tendo o salário acompanhado o crescimento da produtividade; se devia ainda à falta de controle dos preços de bens de consumo; ao financiamento dos gastos sociais praticados pelos trabalhadores, já que as empresas que contribuíam com os fundos repassavam esses gastos ao consumidor; e à elevação dos lucros das empresas.

A autonomia sindical também estaria entre os temas essenciais para que houvesse garantia de direito dos trabalhadores e, consequentemente, maior justiça social. O regime autoritário tinha impedido que o sindicato exercesse livre anteparo aos trabalhadores, o que teria como consequência a incapacidade de inclusão dos trabalhadores na distribuição de renda e riqueza social. Além disso, o Fundo de Garantia por Tempo de Serviço

(FGTS) estava sendo usado lesivamente pelos donos de empresas para dispensar funcionários sem justa causa, os quais eram ressarcidos com o dinheiro embutido neste fundo – para, em seguida, serem contratados novos funcionários com o salário menor. Para que essas condições fossem alteradas, o MDB defendia o restabelecimento do direito de greve, a liberdade de negociação entre patrões e sindicatos e a defesa de direitos dos funcionários públicos, afetados com as restrições salariais (MDB, 1978, p. 35).

Além de utilizar a via do trabalho para redistribuir renda, o MDB propôs utilizar a dívida pública como instrumento de desenvolvimento social, redefinindo o sistema de financiamento público através da Reforma Tributária, de modo a corrigir a regressividade fiscal, na qual os trabalhadores com renda menor acabavam contribuindo forçosamente com parte desproporcionalmente e levada, buscando com isso promover "desconcentração fiscal em favor dos estados e municípios". Os títulos da dívida pública eram utilizados no funcionamento do sistema financeiro privado e como instrumento de endividamento externo; o MDB propunha suprimir a especulação financeira e os juros elevados, que, além de atuar como pré-condição para o controle da inflação, permitiria a reformulação da política econômica, que passaria a utilizar os recursos da dívida pública para ampliar a participação governamental nos Fundos Sociais e aumentar as "dotações orçamentárias sem retorno" para subsidiar a expansão de bens e serviços públicos (MDB, 1978, p. 35).

Como medida complementar, o MDB indicava a "diferenciação de tarifas" dos serviços públicos, elevando os valores a serem pagos pelas tarifas daqueles indivíduos que possuíam renda mais alta (MDB, 1978, p. 53).

Um dos fatores que comprimiu negativamente os salários foi a instituição do FGTS. Antes deste fundo ser criado os empresários pagavam a indenização ao funcionário no ato da demissão, essa condição impedia que o funcionário fosse demitido sem receber qualquer provisão, no caso de funcionários admitidos há dez anos, criava-se uma espécie de estabilidade, já que as empresas deveriam pagar uma espécie de multa mediante demissão sem justa causa, dobrando o valor da indenização do funcionário. Com o FGTS, essa estabilidade foi suprimida e o funcionário passou a contar apenas com o dinheiro depositado no fundo ao longo dos anos, levando o empresário a optar pela demissão do funcionário antes dos acordos de dissídio, o que lhe permitiria pagar salários menores em novas contratações. A rotatividade da mão de obra, antes impedida pela estabilidade do emprego, agora se tornava fato, facilitada pelo Fundo de Garantia. O MDB propôs a adoção de medidas punitivas contra o arbítrio empresarial que praticasse demissão abusiva.

Para que o desenvolvimento com justiça social se tornasse fato, o Sistema de Financiamento e a Dívida Pública deveriam passar por alterações. O caso dos fundos sociais – Programa de Integração Social (PIS), Programa de Formação do Patrimônio do Servidor Público (Pasep) e FGTS – exprimia essa relação de mudança, em que tais fundos teriam a sorte de promover o financiamento de programas sociais, e não funcionar como capital de giro de empresas (como acontecia quando o PIS e o Pasep se encontravam sob a administração da Caixa Econômica Federal e do Banco do Brasil, respectivamente) ou como financiamento de programas de apoio às indústrias de base e pequenas e médias empresas (como passou a ocorrer em 1974, com a unificação do PIS/Pasep e seu controle pelo Banco Nacional de Desenvolvimento Econômico – BNDE). Esses fundos, segundo o MDB, deveriam ser direcionados para programas de investimento em obras públicas de interesse social, infraestrutura e programa de habitação popular (MDB, 1978, p. 67-69). Para que os fundos ao serem retirados do BNDE não lesionassem as empresas que deles já dependiam, provocando inclusive desemprego, o MDB apontava como solução ampliar o orçamento do BNDE. Além disso, os fundos não deveriam ser descapitalizados, mas sim aplicados em títulos da dívida pública de longo prazo, o que faria com que o Estado realizasse "investimentos sem retorno, ou a fundo perdido", em áreas essenciais.

Quanto ao trabalho rural, o MDB defendia a política de preço mínimo, acesso ao crédito rural, assistência técnica e Reforma Agrária, políticas compatíveis com os interesses daqueles que ocupavam o solo e o tornavam produtivo, como os pequenos proprietários, que não possuíam acesso ao crédito rural, à assistência técnica e aos armazéns e silos, tendo mesmo que trabalhar para os grandes proprietários, de modo a completar sua renda; os posseiros, que viviam nas terras, mas não possuíam título legal de sua ocupação e que por vezes eram expulsos de suas terras por grileiros; os arrendatários e parceiros, que vendiam sua produção aos grandes proprietários e prestavam a eles serviços gratuitos, em desrespeito ao Estatuto da Terra quanto às porcentagens e aos preços dos arrendamentos; e os assalariados rurais, temporários e permanentes, que recebiam salários iníquos. O partido também denunciava a necessidade de realizar Reforma Agrária para distribuição da terra que possuía uso inócuo, excetuando-se dessa condição a "propriedade multifamiliar e cooperativa". Para o MDB, a Reforma Agrária deveria incidir sobre "a dominação parasitária da terra dos que a deixam inculta à espera de valorização ou dos que a utilizam apenas como forma de aproveitar-se dos incentivos fiscais" (MDB, 1978, p. 72).

No âmbito da saúde pública, a agremiação oposicionista apontava seu caráter concentrador de renda, em que a saúde é financiada sob um viés mercadológico, em busca do lucro (MDB, 1978, p. 73-76). A indústria farmacêutica não vislumbrava perspectivas sociais, e os serviços prestados pelo Instituto Nacional de Previdência Social (INPS) adviriam de contratos com empresas privadas. Do mesmo modo, a medicina previdenciária, que deveria contar com financiamento do trabalhador, do empresário e do Estado, acabava tendo sua maior carga sendo financiada pelo próprio trabalhador, já que os empresários repassavam seus gastos com a medicina previdenciária para os preços finais dos produtos e serviços. Para o MDB, tal como o modelo era empregue na ocasião, "a política de saúde admite o lucro sem limites" (MDB, 1978, p. 75).

Na educação as defesas do MDB se concentravam na oposição ao papel de mercado, a quem o regime autoritário alegava ser necessário atribuir o ensino em todos os níveis (MDB, 1978, p. 76-81). A política imediatista de erradicação do analfabetismo, com o Movimento Brasileiro de Alfabetização (Mobral), não atingira o objetivo inicial e acabara por promover a "analfabetização" (MDB, 1978, p. 77) em parte dos estudantes que não conseguiu ser alfabetizada e acabou regredindo ao estado de analfabetismo após o término do curso, provavelmente pela falta de condições de continuar estudando, já que parte dos analfabetos já trabalhavam e não conseguiam conciliar estudos e trabalho na vida adulta. A pré-escola sofria com a falta de recursos e com a necessidade de ampliação por não atender a demanda de crianças em fase escolar; a escola primária, ainda que tenha obtido ampliação no número de matrículas e expansão no número de escolas, possuía uma condição alarmante de repetência e evasão escolar, as crianças de baixa renda que ingressavam no primeiro ano acabavam sofrendo exclusão e não conseguiam chegar à quarta série do primeiro grau (ensino fundamental).

Outros problemas se acumularam ao longo dos anos escolares. Além da falta de estrutura que acometia a educação, a remuneração de professores se mostrava irrisória e impedia a especialização e preparação para as aulas, logo, o ensino público se deterioraria mediante a falta de investimento e com a reforma curricular ineficiente, o que possibilitou a instauração de concorrência no âmbito educacional. De modo que surgiram "cursinhos" pré-vestibulares e cursos profissionalizantes na rede privada, e o ensino superior foi privatizado, dada a falta de recursos na rede pública que investissem no ensino e na profissionalização.

O problema habitacional, constatado nas linhas do documento do MDB, também se mostrou incisivo. A implementação do Sistema Financeiro Habitacional (SFH) e do Banco Nacional da Habitação (BNH) apenas teria servido aos interesses das "grandes construtoras, do sistema financeiro privado e dos especuladores imobiliários" (MDB, 1978, p. 81), destinando-se à construção e aquisição de imóveis para as classes mais abastadas. O BNH não dispunha de recursos próprios para a habitação e contava com a poupança voluntária da classe média e com os recursos do FGTS. Para que esse dinheiro tivesse rentabilidade, o banco preferia utilizá-lo em habitações direcionadas aos indivíduos que tivessem condições de comprometer-se com o financiamento, o que excluía as classes mais baixas, já que o reajuste do valor dos bens imobiliários estaria acima do obtido com seus salários. Os recursos obtidos pelo banco eram investidos em títulos da dívida pública, especulativamente, permitindo que construtoras, como o Instituto de Orientação às Cooperativas Habitacionais de São Paulo (Inocoop) e Companhia Metropolitana de Habitação (Cohab), passassem a intervir no ramo habitacional (MDB, 1978, p. 82). Em 1974, porém, o comércio habitacional sofreu queda, dados os juros excessivos cobrados sobre o valor do imóvel, o que reduziu a demanda, e logo uma série de imóveis desocupados foi colocada à venda, denunciando a ineficácia da política habitacional.

O programa do MDB preconizava a alocação de dotação orçamentária e recursos no BNH a fundo perdido, sem retorno, e pelo investimento em títulos da dívida pública, substituindo o uso de recursos dos fundos sociais. Além desses fatores, o MDB apontava alguns itens de planejamento que poderiam estruturar a política habitacional, como a padronização de materiais de construção e equipamentos, influenciando a construção em larga escala e assim barateando os produtos, a instalação de pesquisa tecnológica, e a articulação de programas de habitação com o planejamento urbano, evitando assim a especulação e disciplinando o uso do solo.

O MDB apontava ainda uma série de problemas urbanos que foram ocorrendo com o processo de expansão ou "inchação" (MDB, 1978, p. 85) de pessoas que advieram do campo para o meio urbano. Entre tais problemas, o documento cita a perda de capacidade de tributação por parte dos municípios por conta da centralização tributária na União, incapacidade de controle da ocupação do solo, falta de legislação e especulação financeira.

A elevação dos preços da terra e o fato de não haver cobrança de impostos sobre os ganhos de valorização dessas terras acabava por estimular a especulação e, por conseguinte, a concentração de renda. O MDB propôs a criação do "Imposto sobre a Valorização da Terra Urbana", impondo um ônus sobre a venda do terreno urbano a fim de evitar a especulação, dinheiro que seria investido pelo município em programas de habitação popular (MDB, 1978, p. 87). Além deste imposto, outros tributos eram defendidos pelo partido, desde que progressivos, como o Imposto Predial Urbano e a Taxa de Contribuição de Melhoria, bem como a instituição de políticas globais que visassem o desenvolvimento da agricultura, o controle de preço e do uso da terra urbana desde o saneamento até o transporte coletivo, a descentralização da indústria, a proteção ao meio ambiente e a ampliação de investimentos e gastos sociais no âmbito urbano.

Entre os problemas urbanos o documento cita o saneamento urbano. O Plano Nacional de Saneamento Básico (Planasa), que recebia recursos do BNH, de fundos estaduais corrigidos monetariamente e do FGTS, estaria centralizado em empresas estaduais que buscavam gerar lucros, cobrando assim tarifas elevadas e tornando o saneamento em atividade industrial, e não mais de interesse público. Nesse caso, novamente o MDB invocava a necessidade de investimento em "dotações orçamentárias sem retorno e a fundo perdido", de modo a reduzir as tarifas que chegassem até os consumidores (MDB, 1978, p. 91). Por outro lado, deveriam ser cobradas tarifas das empresas que utilizavam os mananciais sem qualquer retorno ao Estado.

Há ainda o fato de que o transporte de massas concorria diretamente com o transporte individual que, por sua incapacidade de atender a demanda satisfatoriamente, acabava perdendo espaço para o transporte unitário, realizado por meio de carros. Para mudar esse quadro, o MDB propôs implantar a "Taxa Rodoviária Única", utilizando os recursos no programa de transportes públicos em obras como as linhas metroviárias, que estariam sendo construídas na ocasião – com muito atraso em relação a outras cidades latino-americanas, como Buenos Aires e Cidade do México –, o que onerava o Estado (MDB, 1978, p. 93). O ônibus, no entanto, era considerado pelo partido oposicionista como principal meio de transporte, o que tornava forçosa a fixação de faixas exclusivas e a expansão do uso de "trólebus" como alternativa para poupar energia. O Estado deveria ainda ampliar o investimento público e promover ações para permitir a expansão das empresas públicas.

Em relação ao meio ambiente, o MDB especificava alguns problemas pontuais que algumas regiões do Brasil estariam enfrentando, como degradação de praias, rios poluídos, eliminação de dejetos no mar, a destruição da floresta amazônica e poluição do ar, problemas esses que estariam inseridos no tipo de crescimento do país. Para reverter essa situação, o MDB expôs a necessidade de instaurar uma política ecológica que visasse o aproveitamento dos recursos hídricos, reflorestamento, uso do solo industrial e controle da poluição (MDB, 1978, p. 98). A segurança da população também era exposta nesse documento, que mencionava a obrigação do Estado em preservar a vida e a liberdade. Para isso, propunha melhor equipar e remunerar os policiais.

No âmbito municipal, o MDB defendia a necessidade de existência de autonomia, suficiência financeira aos estados e municípios e descentralização como forma de se restabelecer a federação de fato e de direito, já que na prática o Brasil havia se tornado um Estado unitário, com governadores sendo indicados pelo Presidente da República, autoridades locais nomeadas sem votação e os municípios não possuíam qualquer autonomia, tendo sua independência política, administrativa e financeira restrita pelo Estado: "[...] poderosas bombas de sucção drenam recursos econômicos e tributários dos municípios para injetá-los fora [...], a União e o Estado se apropriam, em sua quase totalidade, da receita extraída nos municípios" (MDB, 1978, p. 101).

Além desse aspecto, não ocorria vigilância quanto ao destino dos recursos usados no município, organizações de bairro e municipais deveriam ser estimuladas a fiscalizar e apresentar projetos às Câmaras Municipais, munícipes deveriam participar ativamente, o desperdício poderia ser evitado através da "planificação legal de despesa".

Os municípios se encontravam financeiramente subordinados, como acontecia com o Fundo de Participação dos Municípios, no qual a aplicação seria regulada por lei federal, além de terem que prestar contas ao Tribunal de Contas da União (TCU), o que muitas vezes implicava a suspensão de suas cotas. Esses fatores indicavam a necessidade de que os municípios obtivessem receitas próprias e de que houvesse descentralização quanto à fiscalização das contas municipais. O MDB chama os municípios de "primos pobres da federação", por serem "deserdados" das receitas obtidas em suas próprias áreas geográficas, de forma a explicitar contundentemente o quadro federal do país:

> O vértice é a União, com a elefantíase da colossal concentração de competências e recursos [...]. Ninguém mora na União, nem no Estado, como entidades de direito público. Todos moram nos Municípios, que são a base territorial. Contudo, os 11 milhões têm o dinheiro de impostos que pagam drenados para a União ou os Estados, estes situados no meio da pirâmide e também sangrados pelo neocolonialismo tributário (MDB, 1978, p. 106-107).

Nesse quadro, o Brasil seria uma pirâmide social às avessas, já que a estabilidade social do país estaria sobre o vértice e não sobre a base, o que demandava a reversão dessa pirâmide.

3.2.3 *Medidas econômicas nacionalistas*

Nesse documento, o MDB identificava as intempéries que assolavam o desenvolvimento nacional, observando o quadro político econômico, a política industrial, a política agrícola, a dívida externa, o sistema financeiro, o sistema tributário, políticas de desenvolvimento regional e a inflação.

Nesse âmbito, alguns pontos eram aprofundados pelo documento, como a intervenção econômica e o nacional desenvolvimento, que se sobrepõem. A ideia de nacionalizar como modo para obter desenvolvimento e, a partir daí, proporcionar uma base mínima de justiça social, é prescrita pelo MDB que busca articular o modelo de desenvolvimento e defender a estrutura nacionalista e desenvolvimentista como único modelo possível para que o país avançasse sem renunciar às riquezas nacionais a terceiros, como empresas estrangeiras multinacionais.

O aspecto nacionalista, no entanto, é tratado pelo MDB com certo cuidado, receoso de que seja confundido com o caráter nacional-autoritário da ditadura. Assim, contestava a nomeação extraordinária dada ao nacionalismo, que poderia vir acompanhada de termos insidiosos como: "nacionalismo sadio", "pragmático" ou ainda "nacionalismo positivo", que tencionaria com isso camuflar os laços dependentes-associados que poderiam incidir sobre as relações econômicas e políticas. Além disso, a soberania por vezes teria sido confundida com a tomada de decisões sem prestação de contas à sociedade, o que teria levado o partido a tentar desassociar-se do programa nacionalista do governo ditatorial. Segundo o MDB, nacionalismo significaria "fortalecimento do poder nacional", o que não deveria ser confundido com o "pseudofortalecimento" autoritário do Estado (MDB, 1978, p. 48-49). O valor nacionalista obtido através da condensação dos interesses de todos, portanto, estaria distanciado do interesse de alguns poucos, que governariam sem observar as prerrogativas econômicas, sociais e políticas da sociedade como um todo.

A soberania para o MDB estaria pautada na Política Externa Independente (PEI), na qual vigorasse o "fortalecimento interno dos centros de decisão política e econômica [...] rejeitando qualquer forma de subordinação política, econômica e militar" (MDB, 1978, p. 49). O controle de exploração das riquezas naturais também era prescrito pelo MDB como compromisso político e econômico, de forma que houvesse proteção às fontes de energia; monopólio estatal a metais estratégicos, petróleo, urânio e tório; além de não descurar do patrimônio ecológico brasileiro.

A valorização do trabalho humano, um dos fundamentos da Ordem Econômica, e a busca por existência digna também estariam expressos nos escritos emedebistas, para quem os interesses do povo exigiam:

> I – A defesa dos interesses econômicos e sociais dos assalariados, garantindo liberdade de organização com participação autônoma e um padrão de vida decente, o que requer uma política de redistribuição de renda. Nacionalismo quer dizer, antes de tudo, um povo politicamente ativo e um nível de renda mínimo para todos, que assegure aos brasileiros dignidade e autoconfiança (MDB, 1978, p. 49).

Elemento central na reorientação econômica e social, a agremiação oposicionista propôs mudanças na política salarial e na participação de renda pelos trabalhadores, propondo a instalação de um sistema de negociação entre empregados e patrões, ajustando os gastos públicos nessa área, que teriam se mostrado defasados em meio há anos de exploração. A consecução desse processo exigia a "reformulação de todo o conjunto ineficiente e casuístico das atuais políticas econômicas" (MDB, 1978, p. 52), visto que, a política de arrocho salarial[3] praticada pelo então regime autoritário vulnerabilizava a economia nacional.

[3] No seu programa *Constituinte com Anistia* (MDB, 1978, p. 60-61), o MDB mostra como o salário teria se defasado ao longo do tempo. O tempo de trabalho necessário para adquirir os alimentos essenciais mínimos para sobrevivência teria aumentado entre os

Mas o ponto perene, por vezes ocasionando discórdia entre nacionalistas e defensores do crescimento associado à dependência internacional, se calcava basicamente no desenvolvimento econômico a partir de uma perspectiva nacional. A seguir, busca-se evidenciar algumas recomendações do MDB a esse respeito:

> No seu aspecto econômico e social o Nacionalismo, isto é, os interesses do povo, exigem:
>
> II – A defesa da empresa privada nacional, nos moldes preconizados pelo MDB, através do reforço de seus mecanismos de capitalização, de formas de controle e prevenção da compra de empresas nacionais por empresas estrangeiras, do apoio firme à negociação de compra de tecnologia externa, além de outras medidas.
>
> III – A fixação de regras disciplinadoras do ingresso das empresas estrangeiras, já está na hora de valorizar o poder de atração do mercado brasileiro, estabelecendo critérios para a entrada, normas relativas à transferência de tecnologia e proteção ao consumidor. Só assim pode ser ampliada e preservada a capacidade de decisão nacional sobre os rumos do desenvolvimento econômico e social.
>
> IV – A defesa da empresa pública, submetida ao controle democrático da sociedade, nos setores estratégicos à nossa soberania e nos indispensáveis à manutenção da capacidade interna de decisão da política econômica e social, condição indispensável à proteção da empresa nacional (MDB, 1978, p. 49).

Como podemos notar, a defesa da empresa nacional não contraria a atuação de empresas estrangeiras na economia brasileira. Esse processo, no entanto, deve preservar o ideário nacionalista, permitindo que o Estado continue soberano nas atividades essenciais, para o devido funcionamento da sociedade. Disciplinar o ingresso de empresas estrangeiras, garantindo algumas condições, como defesa ao consumidor e a normatização da transferência de tecnologias, sem destituir o Estado da capacidade de decisão, denota o papel modernizador que o MDB tenta atribuir às novas perspectivas econômicas, frente ao estrangeiro que se aloca na sociedade brasileira,

---

anos de 1959 e 1977: inicialmente, eram necessárias 65 horas de trabalho para obter determinada quantidade de alimentos para o sustento do indivíduo; entre 1973 e 1977, o número de horas mais do que dobrou para o mesmo fim, havendo necessidade de trabalhar em média 150 horas para comprar os mesmos produtos.

ainda que em consonância com a macrossoberania nacional. A proteção à empresa pública e privada nacional estava entranhada no compromisso político que o MDB tornava público, almejando convencer cidadãos e emedebistas quanto ao valor estratégico da empreitada nacionalista.

Assim, o tratamento ofertado às empresas nacionais ganha destaque no rol de denúncias do partido. Para o MDB, o endividamento sem critérios do país ocasiona o enfraquecimento dessas empresas, já que na ânsia pela obtenção de dólares o governo estimula as empresas a buscarem financiamentos externos, diretamente vinculados às importações de equipamentos estrangeiros, em prol dos programas de expansão governamental, o que prejudicaria o parque nacional e afetaria o programa de desenvolvimento da indústria de base (MDB, 1978, p. 124). É possível, assim, aferir o peso inferido às empresas nacionais em relação à capacidade para atender as necessidades do país quanto aos bens de capital. Segundo o MDB, essa capacidade já estaria totalmente instalada, não havendo necessidade, portanto, de promover altos níveis de importação nesse setor, de modo que a agremiação considerava nesse documento dedicar à empresa nacional tratamento favorecido frente aos demais atores internacionais.

Considerando o tratamento às empresas nacionais, alguns pontos apresentados no programa *Constituinte com Anistia* tentam enumerar prioridades que atendam a economia industrial, especialmente as indústrias de base, utilizando para isso a unificação da política industrial, de modo que a multiplicidade de órgãos que atuava no comando da industrialização fosse substituída para melhor moldagem dos critérios (MDB, 1978, p. 114-115). O documento aponta ainda a necessidade de disciplinamento das empresas estatais, permitindo a previsão de encomendas por parte da indústria para que houvesse respaldo para sua extensão. A empresa pública, assim, adotaria os critérios da indústria, não sendo privatizada de forma inadequada e apoiaria a expansão das empresas nacionais, o que funcionaria como instrumento para defesa mediante empresas internacionais e facilitaria o desenvolvimento atrelado à justiça social. Além disso, essa expansão industrial teria como suporte a criação de novos mecanismos financeiros, reforçando a capitalização para que as empresas pudessem participar de projetos de grande porte.

O endividamento externo deveria ainda seguir as demandas industriais e a política industrial deveria contar com o poder de mercado. Para isso, as empresas nacionais precisariam obter apoio ao desenvolvimento tecnológico, englobando nesse item as empresas voltadas para o aproveitamento dos recursos naturais (tório, nióbio, álcool anidro, babaçu, carvão mineral, etc.) e as empresas que participavam de processos industriais em que houvesse grande investimento em pesquisas, criando inclusive um Conselho de desenvolvimento tecnológico com a participação do empresariado nacional e de representantes da comunidade científica. A economia industrial deveria contar ainda com a promulgação de uma legislação em que as empresas multinacionais somente poderiam adentrar o país após regulamentação específica, evitando a "desnacionalização" do parque industrial (MDB, 1978, p. 115). As pequenas e médias empresas deveriam contar com atenção especial na política industrial, obtendo financiamento em longo prazo para permitir sua expansão, assistência técnica, redução de tributos e recursos humanos especializados.

Nas passagens acima, fica evidente o tratamento preferencial concedido às empresas de cunho nacional, tentando resguardar atividades preeminentes que possam estar diretamente relacionadas com o desenvolvimento econômico do país. Nesse âmbito, considera-se fundamental a fixação de prioridades e a criação de mecanismos, como concessão de proteção e benefícios, que permitam estabelecer condições de consolidação para empresas nacionais que desempenhem atividades estratégicas ou imprescindíveis ao desenvolvimento, inclusive observando atividades tecnológicas, indispensáveis na defesa nacional e na consolidação do desenvolvimento tecnológico do país. Para que essa função de resguardo a determinadas atividades econômicas ganhasse forma, o Estado deveria exercer o papel de fiscalizador e planejador, elaborando planos nacionais de desenvolvimento, em contraposição às políticas desordenadas praticadas por órgãos ou agências independentes, que não se comunicavam entre si.

Do mesmo modo, a prestação de serviços públicos estaria sob a responsabilidade do Estado, sendo o Poder Público o principal responsável pelo serviço prestado à população. Esse fato faria com que a privatização de empresas estatais não pudesse ser empreendida sem seguir regimentos e ordenações que estivessem vinculados à prestação de serviços sérios e comprometidos com a justiça social. Além disso, entre as políticas que se empreendiam para promover o fortalecimento da empresa nacional, estaria o tratamento preferencial nos negócios com o governo, de modo que permitisse ao Estado usufruir de serviços imprescindíveis para a sociedade, ao mesmo tempo em que fomentava o crescimento do parque industrial nacional.

Esse desígnio desenvolvimentista, voltado para a empresa nacional, se amparava na convenção da justiça social, resguardando um mínimo de renda, educação, saúde, liberdade e acesso a informações, de modo que a concentração de renda fosse combatida de forma sistemática: "a redistribuição da renda e da riqueza social constitui o objetivo fundamental do estilo de desenvolvimento proposto neste programa" (MDB, 1978, p. 51).

Já em relação à política agrícola, o MDB acreditava que as ações do governo estariam assentadas em alguns erros:

> a) o primeiro deles corresponde aos preços mínimos, que possuíam a função de impedir as flutuações nos preços dos produtos agrícolas. No entanto, eles estariam sendo fixados abaixo dos custos de produção e de forma aleatória. O processo de compra favorecia o intermediário pela burocratização que o produtor enfrentava ao tentar contatar o governo que dependia de laudos e vistorias. Isso fazia com que o produtor optasse por vender o produto abaixo do custo para o intermediário, o qual agia especulativamente com a aquisição dessa produção.
> b) outro erro apontado pelo MDB tratava-se da má organização da política de crédito, que deveria atender principalmente os produtores, mas acabou por se concentrar em cinco produtos que predominavam na exportação: café, açúcar, algodão, soja e trigo, aplicando recursos na compra de insumos industriais e de máquinas agrícolas, o que, de certa maneira, beneficiava mais a indústria do que o agricultor. O crédito sofria ainda desvio de função, ao ser transferido para outros fins que não fossem agrícolas, servindo à especulação.
> c) um terceiro erro consistiria na aplicação de um imposto territorial rural regressivo, ao invés de um imposto progressivo, o que acabava penalizando os pequenos proprietários ao pagar impostos mais caros que os grandes proprietários, descaracterizando a função social do imposto, que consiste na tentativa de influenciar o uso produtivo da terra e impedir a ociosidade em busca de valorização. O governo também se mostrava negligente quanto às políticas de assistência técnica, que atingia pequena quantidade de lavradores de médio e grande porte; e quanto às pesquisas tecnológicas, as quais não recebiam apoio suficiente do governo (MDB, 1978, p. 115-118).

A política de abastecimento também enfrentava problemas com a comercialização. Para saná-los, seria crucial a realização de uma política conjunta com a política de preços mínimos e com a política de crédito, de modo a beneficiar o pequeno produtor. O Estado devia ainda regular os preços de modo a proteger o consumidor e evitar oscilações para o produtor, e regular a estocagem contrariando o mercado; ou seja, em momentos de escassez por retenção de estoques, os financiadores deveriam limitar o crédito e elevar as taxas de juros, já em casos de oferta excessiva, os recursos seriam liberados e a taxa de juros reduzida para estimular a estocagem, devendo o Estado atuar em situações-limite, considerar a construção de infraestrutura para efetuar a armazenagem, estimular a formação de cooperativas de pequenos produtores e realizar uma política de unificação do comando da política agrícola, que se encontrava descentralizada entre diversos órgãos. Quanto ao hortifrutigranjeiro, o MDB propôs a preservação dos "cinturões verdes", que se tratava de áreas de produção próximas aos consumidores, mas a especulação imobiliária e a degradação do meio ambiente distanciavam essas áreas dos consumidores (MDB, 1978, p. 119).

Após o fim do período que foi denominado "milagre econômico", o Brasil passou a sentir a alta de preços do petróleo. Com a crise internacional, houve queda na taxa de investimento e elevação da taxa de inflação com queda na atividade econômica e alta de preços. Essa condição tornou-se possível porque as grandes empresas reagiram a essa redução com reajuste dos preços de produtos e serviços, sem elevação de salários, de modo a proteger sua rentabilidade. Assim, o MDB apontou os três grandes problemas que travavam a economia: o arrocho salarial, a inflação e o endividamento externo, alcançados com o crescimento desordenado industrial dependente das importações de bens de consumo duráveis.

O II Plano Nacional de Desenvolvimento (II PND) teria fracassado ao prever uma dimensão irrealista com metas de produção não condizentes com os setores básicos, ao contar com capital estrangeiro, o qual se retraiu diante da crise internacional, e ao não prever esquemas de mobilização financeira para enfrentar "programas de inversão" (MDB, 1978, p. 109). Esse plano ficou ainda mais comprometido com o endividamento externo, o que obrigou o governo a realizar concessões em relação à importação de equipamentos, causando prejuízos ao parque industrial, além de permitir a entrada de empresas internacionais no mercado interno, que possuíam superioridade financeira e tecnológica em relação à indústria brasileira. A importação elevou-se ainda mais pelas ineficiências dos setores, como no setor de insumos básicos e de metais não ferrosos, em que a expansão da siderurgia se mostrou insuficiente. Mesmo os bens de capital, que elevaram as taxas de crescimento interno, apresentaram acréscimos nas importações (MDB, 1978, p. 112).

O endividamento externo se mostrou problemático: o fato de ter passado por uma industrialização retardatária fez com que o Brasil optasse pelo endividamento externo para pagar dívidas vinculadas ao crescimento industrial, praticando assim a manutenção de taxas de juros elevadas para atração de divisas, como se lê:

> A procura indisciplinada de recursos externos, além de vincular a concessão de certos créditos à aquisição de equipamentos estrangeiros, conduziu a uma progressiva imobilização da política econômica. A necessidade de manter taxas de juros internas elevadas, para atrair dólares, resultou no agravamento das distorções do sistema financeiro. [...] Como resultado não só foram subtraídos recursos de aplicações produtivas, mas principalmente os custos financeiros passaram a pesar de forma perversa sobre empresas e consumidores, realimentando continuamente a espiral inflacionária. (MDB, 1978, p. 77).

Os déficits comerciais não conseguiam ser revertidos pelo governo com a desvalorização da moeda, dado o volume de endividamento contraído pelas empresas em moeda estrangeira, o que provocaria insolvência dessas empresas em alguns setores. Segundo o MDB:

> [...] o balanço de pagamentos começou a apresentar déficits, causados em 1974 por uma onda de importações exigidas pelos novos investimentos projetados no período anterior e inevitáveis porquanto o Governo, a despeito de anunciar mudanças na política econômica em favor das prioridades sociais, mantém os projetos triunfalistas e os estímulos irresponsáveis aos setores privados e, por isso mesmo, não consegue financiar os novos projetos industriais de interesse nacional (MDB, 1978, p. 109).

Em relação à dívida externa, a grande quantia de capital que adentrava o país levou a um excesso de recursos em moeda estrangeira, levando o governo a desembolsar quantia equivalente em moeda nacional. Para isso, optou por emitir títulos da dívida pública, comercializando-os no mercado de modo a subtrair volume suficiente para realizar o pagamento das operações externas. A segurança desses papéis, segundo o MDB, os transformou em garantia para operações de empréstimos de curto prazo, fazendo com que passassem a regular a taxa de rentabilidade para as aplicações financeiras e, consequentemente, o custo do dinheiro. A expansão dessa dívida interna, no entanto, levou o Governo a arcar com seus custos, o que fez com que passasse a emitir cada vez mais títulos da dívida pública, elevando o número de títulos em circulação no país (MDB, 1978, p. 121).

Junto com o "dinheiro de câmbio", esses papéis impulsionavam o endividamento interno, se considerarmos que o baixo risco dos títulos da dívida pública e a correção monetária que protegia contra a inflação levava empresas e bancos a investirem, servindo de garantia para as operações de curto prazo (*overnight*), o que fazia com que a taxa de remuneração desses papéis regulasse a taxa de rentabilidade para aplicações financeiras e o custo do dinheiro. Com o aumento da dívida interna, o governo passaria a arcar com os custos do giro da moeda, emitindo mais títulos. O quadro que se principiou levou à criação de "mecanismos viciosos que impedem a queda da taxa de juros, favorecem operações de caráter especulativo, que o governo é obrigado a sancionar, exasperando as distorções do sistema financeiro", funcionando assim como um veículo de "realimentação inflacionária" (MDB, 1978, p. 121-123). Desse modo, a interligação entre as dívidas externa e interna torna a política monetária ineficaz, atingindo também a política cambial, dada a dificuldade em desvalorizar a moeda nacional para reduzir o déficit apresentado pelas exportações mediante a prática de admissão de dívidas das empresas nacionais em moeda estrangeira, como apontado anteriormente.

O sistema financeiro foi criado com a intenção de atender as demandas por crédito, tendo sido dividido em bancos comerciais, que forneceriam crédito de giro às empresas; financeiras, que forneceriam crédito ao consumo de bens duráveis e que por vezes obteriam estímulos do governo para salvar empresários, além de transformar financeiras insolventes em bancos de investimentos; em bancos de investimento, responsáveis por financiar a acumulação de capital, e que acabaram contando apenas com empréstimos externos e fundos do governo; e o BNH, que financiaria a habitação com fundos da previdência social, mas que se desviou de sua função para arcar com a correção monetária e com os juros. Os financiamentos em longo prazo ficaram sob a responsabilidade do BNDE (MDB, 1978, p. 126).

Assim, o desenvolvimento financeiro desordenado não conseguiu cumprir a função de impedir a falência das empresas, mas conseguiu onerar a população. E a partir de 1975, com o fim do "milagre econômico", os juros voltaram a subir e a economia desacelerou. A dívida externa também se expandiu, influenciando a elevação das taxas de juros para atrair capital estrangeiro. Ao permitir maior quantidade de dólares em circulação, o governo obriga-se a injetar mais moeda nacional (cruzeiros, no caso) para cobrir os saldos de operações externas, o que se realizava a partir da emissão de novos títulos públicos. Nesse ambiente, os títulos públicos, base do sistema financeiro, passaram a ser utilizados pelas grandes empresas e bancos como garantia de especulação, e o sistema financeiro possuía capacidade de autoexpansão, emitindo reiteradamente novos títulos da dívida pública para atender a continuidade da dívida interna. A especulação crescia com as diferenças de juros e instigava a propagação inflacionária no momento em que o especulador calculava as taxas inflacionárias futuras, sempre acima da inflação corrente. Nesse cenário, com a elevação das taxas de juros, os custos das empresas sobem e os empresários cada vez mais tendem a repassar esses custos ao preço final dos produtos, o que faz com que a inflação acelere, recrudescendo a especulação ainda mais. Para o MDB, o fracasso da política monetária do governo teria origem na expansão do endividamento externo, refletindo sobre a dívida interna e na injeção do dinheiro cambial (MDB, 1978, p. 128).

Para os economistas do partido de oposição ao regime autoritário, o caráter disfuncional do sistema financeiro:

> [...] premia a especulação, penalizando os produtores e consumidores. [...] é a mola mestra da inflação e impede que a dívida pública seja colocada a serviço do desenvolvimento, tornando inviável qualquer iniciativa que busque estimular a canalização produtiva dos recursos (MDB, 1978, p. 128).

A solução, segundo os escritos oficiais do MDB, estaria em realizar um conjunto de reformas que recuperasse a economia, reduzindo a inflação, solucionando o problema da dívida externa crescente e estabelecendo bases para o desenvolvimento econômico em conformidade com a justiça social e apoiado na empresa nacional, destacando a necessidade de investimentos governamentais em políticas sociais e produtivas, o que destoa da prática neoliberal em que o sistema financeiro, portanto, não produtivo, tem sido a todo custo mantido incólume, de modo a manter o risco-país em níveis elegíveis pela comunidade internacional para transações internacionais.

Em relação à carga tributária, os impostos sofrem distorções, já que as mercadorias são tributadas mais pesadamente do que os serviços, e os produtos de luxo acabam tendo alíquotas iguais ou inferiores aos produtos de consumo popular (MDB, 1978, p. 129). Quanto aos impostos diretos, a classe média arca com a maior parte, e a soma dos dois impostos, diretos e indiretos, demonstra uma carga regressiva paga pelos assalariados e intermediários. Há ainda o problema de transferência do controle fiscal dos municípios e estados para a União, o que provoca a perda de capacidade financeira daqueles. O MDB então propôs a instituição do Imposto sobre a Valorização Imobiliária, que absorveria a valorização especulativa da terra urbana, de modo a pressionar para a ocupação do solo e redução dos preços, transferindo a arrecadação para programas de habitação; e propunha ainda a transferência do Imposto sobre Transmissão da Propriedade por razão de morte ou *inter vivos* para o município; elevação da transferência de recursos da União, que motivassem programas voltados para o transporte de massas; e impedir o repasse dos impostos aos inquilinos, propondo assim uma reforma tributária global (MDB, 1978, p. 133).

As medidas de desenvolvimento regional também são criticadas pelo partido oposicionista, que entende que as regiões mais pobres tiveram como parte de seu desenvolvimento a tentativa de imputar as mesmas medidas tomadas nas regiões mais ricas. Nesse âmbito, faz críticas à Superintendência do Desenvolvimento da Amazônia (Sudam) e à Superintendência do Desenvolvimento do Nordeste (Sudene), que negligenciaram a questão agrária e a política de incentivos fiscais que promoveu a transferência de empresas para o Nordeste com a finalidade de utilizar os recursos fiscais e preencher espaços vagos, não ocupados ainda por outras empresas sem, no entanto, utilizar a matéria-prima regional ou promover a elevação de salários, tendo, pelo contrário, se favorecido com a mão de obra mais barata da região, aguçando a desigualdade (MDB, 1978, p. 134).

Na região do Amazonas, a Transamazônica acabou permitindo a instalação de posseiros que não possuíam a titularidade das terras e sem qualquer assistência técnica ou creditícia, submetidos ao arbítrio dos grileiros. Os recursos dessas regiões teriam ainda sido desviados para atividades de "pesca, turismo e reflorestamento" para a construção da Transamazônica, que acabaram beneficiando empresários (MDB, 1978, p. 136). O MDB propunha incentivos fiscais, política de industrialização compatível com a região, além de questões básicas que envolvessem saúde, educação, transporte, entre outros, e crescimento de salários, equivalentes aos do Sul e Sudeste.

A política econômica preconizada pelo ideário emedebista em 1978 defendia o fim da fonte inflacionária, ou seja, o fim dos juros elevados, concentrando esforços na dinamização da economia, utilizando para isso gastos públicos em setores estratégicos como a indústria nacional, capaz de reduzir o desemprego e a ociosidade dos setores de bens de produção.

O investimento em obras públicas urbanas, como transporte, habitação popular e saneamento básico, e em políticas tecnológicas que incentivassem o uso de recursos naturais asseguraria o alívio a carências e reverteria a deterioração dos níveis de emprego. Com o fomento da economia, o crescimento das indústrias de bens de consumo e a elevação do número de empregos após investimento em obras públicas estariam garantidos. Os programas de investimento governamentais na área produtiva e social contariam com o financiamento advindo do manejo da dívida pública, que proveria recursos de longo prazo com a aplicação de parte dos fundos sociais (PIS, Pasep, FGTS) e com recursos fiscais da estrutura tributária. Para o MDB, esse programa não causaria inflação, recusando a ideia de que os gastos públicos seriam responsáveis pelo veio inflacionário e revertendo o princípio doutrinário dominante de que a elevação de juros e o corte de créditos se trataria de mecanismos viáveis para a redução da inflação (MDB, 1978, p. 110-111).

3.3 *Esperança e Mudança*: o programa de governo do PMDB

O primeiro programa de governo do PMDB foi aprovado em novembro de 1981 na Convenção Nacional do Partido. Mas a discussão em torno da aprovação desse documento começaria muito antes, em janeiro de 1980, quando, em razão da primeira Convenção Nacional do Partido, que ocorreu em Brasília (mas não nas dependências do Congresso Nacional), no dia 16 de janeiro, segundo dia do encontro, foi aprovado em caráter provisório o programa e o Estatuto do partido. Já o *Manifesto* do partido foi aprovado em caráter definitivo já no primeiro dia do encontro. Os dois documentos: programa e Estatuto do partido, deveriam ainda ser aprovados nas Convenções Regionais e Municipais futuras.

Nos dias 6 e 7 de dezembro de 1980, o PMDB realiza sua primeira Convenção Nacional no Plenário da Câmara dos Deputados, já com o registro provisório como partido deferido pelo TSE. As emendas de cunho regional e municipal recebidas na Convenção, que tencionavam alterar o programa oficial, mostraram-se como potenciais impeditivos para a efetivação do partido, já que sua aprovação demandaria novas Convenções regionais e municipais e, com isso, o início do reprocesso do registro partidário, fator que fez com que o texto original fosse mantido.

Em outubro de 1982, o PMDB publica o programa de governo *Esperança e Mudança: uma proposta de governo para o Brasil (E&M)*, lançando em mais uma de suas edições da *Revista do PMDB*. A mudança proposta no título estaria obviamente na introdução de um governo democrático, que desse fim ao autoritarismo e restabelecesse a liberdade e a justiça social. Para expor essas ideias, o documento foi dividido em quatro partes:

- O PMDB e a transformação democrática.
- Uma nova estratégia de desenvolvimento social.
- Diretrizes para uma política econômica.
- A questão nacional[4].

Ao resumir este documento, Fagnani (2005, p. 102) faz menção à importância das diretrizes políticas, econômicas e sociais do *E&M* para a sociedade, as quais "serviram de fio condutor das forças progressistas no longo processo de luta que desaguou na ANC; e, além disso, suas principais bandeiras foram inscritas na Constituição [...]".

Este estudo analisará este programa mais à frente, que será resumido nas páginas seguintes, e o confrontará com a Constituição de 1988 (em seu formato originário, ainda sem quaisquer das emendas que viriam *a posteriori*), de modo a examinar o eventual alinhamento entre os conteúdos programáticos da legenda oposicionista e a Constituição Federal de 1988.

3.3.1 *O PMDB e a redemocratização*

O documento inicia suas linhas fazendo um diagnóstico da situação que se desdobrava naquele momento: aguda crise econômica e social. No âmbito econômico, havia recessão, inflação, altas taxas de juros, elevada dívida externa, problemas na agricultura; nas finanças públicas, desemprego e subemprego, baixos salários, alta tarifa do transporte coletivo, infestação de favelas, transformação da saúde e educação em indústrias lucrativas, altas tarifas para ter acesso aos serviços públicos e agressão ao meio ambiente, todos fatores diretamente ligados ao estilo de desenvolvimento econômico internacionalizado, que acabava por ocasionar a abertura econômica do país "ao vendaval da crise internacional", privatizando o interesse público (PMDB, 1982, p. 7).

---

[4] Convém mencionar que todos esses temas também foram abordados e examinados no documento *Constituinte com Anistia*, de 1978, apresentado na sessão anterior deste trabalho.

Havia ainda a evidente crise política que se arrastava mediante a falta de institucionalização democrática, corrupção, descrença nos líderes políticos e ineficiência do Estado.

Mediante tais crises, o autoritarismo começaria a recuar, especialmente ao deparar-se com a participação cada vez maior da sociedade civil, que passava a ter consciência da necessidade de se instituir a democracia, como ocorria com o sindicalismo, amparado pela classe operária, classe média, pequenos e médios proprietários, lideranças empresariais, igrejas, imprensa, associações comunitárias e profissionais, estudantes, movimentos em defesa das minorias e partidos de oposição. Essa crise nacional, ampliada pela crise internacional, assolaria o país promovendo concentração de capital e desigualdade social, dependência econômica do país em relação às nações desenvolvidas, elitismo e concentração de poder.

A abertura econômica mostra-se como um dos pontos fundamentais combatido pelo partido, que via no nacionalismo e na adoção de medidas que privilegiassem os recursos internos a oportunidade de alterar esse quadro, visto que a política econômica e social alheia aos interesses nacionais estaria "presa aos interesses dos banqueiros internacionais, dos banqueiros nacionais e da grande empresa, especialmente multinacional" (PMDB, 1982, p. 8). O investimento deveria, assim, ser transferido à indústria e à agricultura nacional, sem dissociar-se da importância do trabalho, tendo na redistribuição de renda um dos imperativos na marcha para a democracia.

O meio de mudança estaria na democratização das decisões, que seria garantidora da justiça social e da independência nacional. Para isso, deveria haver participação popular e de partidos políticos sólidos, liberdades públicas, planejamento democrático, presença de Legislativo e Judiciário independentes e restabelecimento da estrutura federativa. E, para a consolidação do regime democrático e do Estado de Direito, fazia-se primordial a convocação de uma ANC, atribuindo as decisões à participação popular, através do uso de instrumentos democráticos como a representação política. Fazia-se essencial interromper a condução autoritária que dirigia o país através da Emenda Constitucional nº 1, de 1969, chamada pelo PMDB de "pseudoconstituição" (PMDB, 1982, p. 10). O novo "Pacto Social" do país dependeria assim da promulgação de uma nova Constituição, baseada na democracia, justiça social e soberania nacional. Fagnani (2005, p. 105) menciona que, para o PMDB, a Constituinte era vista como a "solução-síntese", "berço da democracia", ou "berço pacífico", que expressaria os anseios da sociedade.

Mas a democratização das decisões dependeria de algumas transformações e garantias, que ainda se mostravam inviabilizadas mediante o arcabouço legal vigente no país. O documento preconiza que a participação da sociedade, o fortalecimento dos partidos e a mudança nas leis formariam um tripé capaz de democratizar a vida social. Previa-se, assim, a participação ativa da sociedade no debate das questões nacionais, na tomada de decisões e fiscalização governamental, rompendo com a primazia das decisões elitistas, autoritárias e paternalistas. O partido propôs, inclusive, o reforço das associações comunitárias, especialmente em bairros e municípios, que fossem capazes de transformar as necessidades da comunidade em políticas, destacando a importância dos movimentos sociais, que não deveriam ser substituídos por partidos políticos por não terem a mesma função; no ideário oposicionista, esses movimentos deveriam ser autônomos.

Já o papel do partido político radicava-se em conferir a "unidade política dinâmica ao que é, por sua natureza, múltiplo, segmentário e muitas vezes conflitivo com outras demandas específicas" (PMDB, 1982, p. 11). Ou seja, o partido ficaria incumbido de realizar a mediação dos interesses da sociedade, dando-lhes coerência e os representando politicamente, universalizando o particular, de modo a traçar projetos de organização da sociedade e alternativas de desenvolvimento. Para a real consolidação dos partidos, fazia-se ainda necessária a criação de um sistema de financiamento público da atividade partidária, tornando os partidos independentes em relação ao poder econômico privado, além de lhes atribuir poder de imprensa, de modo a disponibilizar acesso irrestrito aos meios de comunicação, a efetivação desses fatores conduziria ao fortalecimento dos partidos.

Mas, para que ambos se viabilizassem – participação da sociedade e fortalecimento dos partidos –, a liberdade pública deveria ser garantida, o que somente seria possível mediante alterações nas leis que esboçavam ainda resquícios autoritários, como a Lei de Segurança Nacional, que restringia o *habeas corpus*, a qual deveria ser substituída por dispositivos no direito penal que garantissem os interesses do Estado sem agredir as liberdades individuais; a Lei de Imprensa, responsável pela censura; o impedimento ao direito de greve, direito este que deveria ser inalienável; a restrição à liberdade de reunião; a Lei dos Estrangeiros; o termo "Estado de emergência", que deveria ser substituído por "Estado de sítio"; a violação aos Direitos Humanos e às garantias individuais, como a violação de correspondência e a "quebra" de sigilo das comunicações, por exemplo. Os direitos eleitorais também deveriam ser restituídos, suprimindo obstáculos que inviabilizassem o exercício da cidadania, estendendo o voto ao analfabeto, banindo restrições aos cargos efetivos, abolindo o voto vinculado, garantindo a representação proporcional e o direito às coligações, revogando a Lei Falcão e instituindo as eleições diretas para Presidente da República e para os demais cargos do Poder Executivo (PMDB, 1982, p. 12).

Por fim, o uso de mecanismos institucionais, como o planejamento, era visto como parte congruente da democratização e contava com a ação reguladora do Estado na sociedade em todos os níveis: "inimaginável que as decisões empresariais possam se subtrair inteiramente às políticas governamentais nas áreas agrícola, industrial, monetário-financeira, de comércio exterior" (PMDB, 1982, p. 13). Do mesmo modo, o planejamento contribuía para que os sistemas de educação, saúde, habitação, transportes coletivos etc., e as empresas públicas não ficassem à margem das decisões do Estado. Mas, por vezes, ao longo dos anos autoritários, o planejamento se revestiu de um caráter clientelista, o que acabou por promover a corrupção; a privatização do Estado, que foi colocada a serviço do poder econômico; a burocracia desmedida; a não generalidade da lei mediante a adoção de decretos-lei e demais portarias; a atrofia dos Poderes Legislativo e Judiciário; e a concentração no Poder Executivo, expropriando o poder decisório dos estados e municípios e atrofiando a federação.

Fica evidente, assim, que as ações do Estado deveriam em sua totalidade estar submetidas ao planejamento e ao controle dos processos democráticos de decisão, e para isso as estruturas do Estado deveriam ser reformadas, de maneira a promover o controle público dos processos de elaboração e execução das políticas do Estado, quais sejam:

- fortalecimento do Poder Legislativo;
- participação popular através de ação popular (no que se refere à fiscalização), iniciativa popular, referendo e plebiscito;
- criação de Conselhos Consultivos que viabilizem a participação da sociedade civil;
- fortalecimento da Federação, de modo a garantir a descentralização, tão necessária em um processo de democratização;
- reforma fiscal mediante descentralização das finanças;
- reforma judiciária, com autonomia do Poder Judiciário;
- incentivos ao funcionalismo público como meio de restringir decisões advindas de comandos partidários e eleitorais, como cargos comissionados.

O fortalecimento do Poder Legislativo garantiria sua participação nas políticas de Estado, permitindo, entre outros quesitos, a viabilidade do mandato parlamentar, de modo que o Legislativo novamente pudesse criar despesas na formulação de políticas públicas sem com isso promover prejuízos econômicos; deveria ainda participar dos debates que envolviam a criação da Lei do Plano, a qual conteria as prioridades de gasto público, com diretrizes claras e detalhadas; nos debates deveriam constar as opções gerais como redistribuição ou concentração de renda, mercado interno ou externo, ou mesmo a forma de agricultura (se de alimentos ou de exportações), ou de indústria (de bens de luxo ou de consumo popular), dentre outras; deveria estar discriminado o estilo de desenvolvimento, apontando as normas de política setorial (escola pública ou privada, por exemplo); fixar padrões de atendimento das necessidades básicas, alocando a percentagem de gastos dirigida a diversas políticas, como saúde e educação; as empresas públicas e estatais deveriam ter suas políticas submetidas a esta Lei; bem como o financiamento dos itens integrantes da Lei do Plano e possíveis ajustes atribuídos à mudança de conjuntura deveriam constar nos orçamentos plurianuais e anuais (PMDB, 1982, p. 14).

A execução de políticas estatais deveria também contar com a aparelhagem financeira e técnica do Poder Legislativo, permitindo às Comissões Temáticas obterem apoio de assessorias qualificadas, inclusive empoderando as Comissões Parlamentares de Inquérito com recursos financeiros, mobilidade e competência para "quebra" de sigilo quando impostergável pelo interesse do bem comum. A ampliação dos poderes do Poder Legislativo também deveria ser considerada, especialmente nas matérias que são reguladas por Decreto-Lei, mas que deveriam ser de competência legislativa, como a criação de impostos.

O controle público das decisões contaria ainda com mecanismos diversos que possibilitassem a participação da sociedade civil, como a criação de Conselhos Consultivos nas três esferas (Conselhos de Planejamento Geral e Conselhos Setoriais de Planejamento) que se destinassem a discutir os rumos das políticas de Estado, tornando o Poder Executivo sensível às demandas sociais, sempre de modo a impedir que interesses escusos ajam de maneira "camuflada", além de desburocratizar as decisões e constituir um canal de comunicação transparente. Nesses Conselhos, deveriam estar representados sindicatos, usuários imediatos beneficiados com políticas públicas, associações profissionais e comunitárias, dentre outros, que não contariam com mandatos, mas seriam indicados pelos setores sociais.

Neste âmbito, a Federação deveria ser reforçada, descentralizando os processos decisórios, de modo a estimular a participação política da sociedade civil, "descentralizar para democratizar" (PMDB, 1982, p. 16). A implementação de políticas nacionais deveria ainda ser pensada a partir de mecanismos de desconcentração financeira e administrativa, impondo uma reforma fiscal que reforçasse financeiramente estados e municípios e impetrasse normas de redistribuição automática de fundos financeiros, segundo critérios sociais, sob responsabilidade de aplicação destes entes. O Poder Judiciário deveria ser reformado, o aparelho estatal contaria com meios que promovessem a eficiência do funcionalismo público através de medidas incentivadoras, como o sistema de mérito e de estabilidade no serviço público, com decisões sendo tomadas de forma isenta em relação aos comandos partidários. A criação da Justiça Agrária deveria ainda ser viabilizada, de modo a amenizar os conflitos em via rural.

Assim, no destrinchar deste cenário de redemocratização, o PMDB surgiria como a opção viável para "criar saídas para o impasse político", nele, portanto, deveria ser depositada a esperança de mudança (PMDB, 1982, p. 8).

3.3.2 *Uma nova estratégia de desenvolvimento social*

Apesar de a economia industrial ter avançado entre 1966 e 1975, o Brasil teria adotado um padrão de desenvolvimento – consumo de bens duráveis – que estaria apresentando sinais de esgotamento. Esse estilo de expansão dominante que o governo autoritário produziu no Brasil, com características de desenvolvimento capitalista internacional baseado na massificação "de cima para baixo" do consumo de bens duráveis e na ampliação do endividamento das empresas, famílias e Estado, entrou em crise em 1974, ameaçando o crescimento industrial dependente de tecnologia e petróleo importado e lançando parte da população brasileira em crise social aguda mediante arrocho salarial e ausência de política social. Apesar disso, a economia atravessava uma fase abundante, mas sem políticas sociais; havia lucro e recursos fiscais – mas sem distribuição de renda (PMDB, 1982, p. 17).

Diante deste quadro, o PMDB pretendia implantar uma "Nova Estratégia Econômica e de Desenvolvimento Social" que respondesse aos desafios da crise econômica, de modo que a distribuição de renda e de riqueza se tornasse cada vez mais igualitária (PMDB, 1982, p. 18). Bem como enfrentar a crise através de políticas de curto prazo que interrompessem o ciclo recessivo e inflacionário. Mas, para isso, deveria contar com estratégias de reordenação do sistema produtivo.

O documento do PMDB chama atenção para o fato de que as duas políticas – a econômica e a social – **não seriam concebíveis** como "compartimentos separáveis"; ambas deveriam ser conciliadas mediante adoção de determinadas diretrizes que denotariam a "falácia que deu origem à teoria do bolo", na qual o governo difundia a necessidade de haver crescimento econômico para somente após cuidar da distribuição dos recursos criados (PMDB, 1982, p. 18). Para os formuladores do (P)MDB, seria mister reconhecer o aparato social das políticas públicas. Algumas medidas são então apontadas no documento peemedebista como formas plausíveis para alcance da promoção social. Dentre elas, podemos citar:

a) redistribuição de renda;
b) políticas sociais básicas que englobam condições de trabalho como a política salarial e a estabilidade no emprego, previdência social, política de saúde e de educação, meio ambiente, abastecimento popular que envolve a política agrícola e o controle sobre os preços;
c) políticas de reordenação do espaço e do meio ambiente, nas quais estariam inseridas diretrizes para a política urbana, habitação popular, saneamento básico, transporte coletivo e desenvolvimento regional;
d) emprego como síntese da política social.

A redistribuição de renda, meta fundamental perseguida neste documento, exigia políticas públicas e reformas sociais coordenadas em planos diversos. A distribuição de renda, segundo o documento do PMDB, estaria associada à estrutura produtiva, aos padrões de consumo e à estrutura de empregos e ocupações. Mas não se resumiria apenas a uma simples política salarial: o PMDB demonstra, nesse documento, que outras ações, em distintas áreas de políticas públicas, atendidas em prazos diversos, deveriam angariar por mudanças no veio distributivo. E a condução dessas políticas públicas estaria subordinada aos "setores majoritários da população", somente a democratização do Estado seria capaz de colocar "a política econômica e social a serviço dos interesses da sociedade" (PMDB, 1982, p. 20).

Desse modo, a participação popular era apontada pelo partido como impulsionadora no processo de desenvolvimento do país. A ampliação da exclusão, ou seja, a elevação da pobreza, não seria condizente com a democracia. O PMDB tenta então demonstrar nesse documento que as reformas sociais inclusas na nova estratégia de desenvolvimento social, além de possibilitar a inclusão popular, não se constituíam numa proposta inflacionária (o que contraria a teoria neoclássica econômica de que gastos públicos inevitavelmente ocasionariam inflação). A redistribuição de renda, como proposta pelo partido, seria fundada em seis pilares:

- reformas institucionais e sociais: nestas estariam inclusas a reforma agrária, fundiária (urbana e rural), trabalhista e econômico-instrumentais (tributária e financeira);
- nova política salarial, previdenciária e de estabilidade no emprego;
- programa de políticas sociais de longo alcance;
- políticas de reordenação do espaço regional, urbano e do meio ambiente;
- reordenação do sistema produtivo;
- política de emprego (PMDB, 1982, p. 20-21).

Basicamente, o documento resume tais pilares em dois eixos: reformas sociais e institucionais e conjunto de políticas públicas. No que tange a reformas sociais e institucionais, o documento aponta a necessidade de intervenção na legislação trabalhista, elaborando um novo "Código de Trabalho", que deveria constituir sindicatos livres e autônomos, o que implicaria a restauração do direito de greve, estruturação de uma organização central dos trabalhadores (Central Única, conforme estabelecido na I Conferência das Classes Trabalhadoras – Conclat –, em 1981) e extinção da tutela do Estado sobre a organização sindical, eliminando resquícios do corporativismo que tornavam tais sindicatos dependentes do Estado, inclusive financeiramente.

Outro ponto exposto no documento que diz respeito às reformas sociais abrange a Reforma Agrária, assegurando acesso à terra e ocupação produtiva por parte dos trabalhadores do campo. A eficiência na agricultura poderia ser alcançada mediante a efetiva implantação do Estatuto da Terra (criado em 1964) e incorporação de ações de política agrícola que apoiassem cooperativas de produtores, garantindo comercialização dos produtos e preços reais, assistência técnica, crédito, seguro, estruturação de estradas, financiamento de longo prazo para imobilizações, etc. Já a reforma fundiária (rural e urbana) seria uma espécie de precondição para a efetivação da Reforma Agrária, por instituir mecanismos para assegurar a posse e propriedade da terra aos trabalhadores rurais. Por outro lado, essa política também se mostraria capaz de viabilizar o desenvolvimento urbano, assegurando o direito à moradia e serviços públicos. Nesse âmbito, o documento peemedebista explicita a função social da propriedade ao citar: "a terra não pode ser uma reserva especulativa de valor para o seu proprietário e sim instrumento de trabalho produtivo no campo", tampouco o poderia em áreas urbanas (PMDB, 1982, p. 23).

O terceiro item abordado no eixo das reformas institucionais e sociais aponta o papel da reforma tributária e financeira (econômico-instrumentais) que visava corrigir a regressividade do sistema fiscal, na qual as classes mais pobres são penalizadas com altos encargos fiscais, enquanto as classes mais abastadas se furtam de efetuar o pagamento de tributos nas mesmas condições, pagando impostos proporcionalmente menores em relação aos indivíduos de baixa renda. O PMDB defendia ainda a descentralização em relação aos municípios e estados da Federação, como já o fazia o antigo MDB, visando a implantar uma desconcentração fiscal em favor desses entes, para melhor equalização e enfrentamento de problemas locais. Por fim, a democratização do crédito, através de regulamentação deste ao consumidor, consistia no ponto principal da reforma financeira, de maneira a inferir diretamente na pequena produção rural e urbana, além de ampliar o acesso aos bens de consumo duráveis e à habitação através de alargamento dos prazos de prestações para as classes de baixa renda, e redução dos juros, englobando inclusive o BNH, que deveria reduzir suas taxas para financiamentos às classes médias e de baixa renda. Tal democratização do crédito dependeria ainda de alinhamento dos bancos estaduais, regionais e do próprio Banco do Brasil, em relação às linhas de crédito cooperativo e popular, que seriam criadas em apoio à Reforma Agrária e para o financiamento de pequenos empreendimentos cooperativos urbanos.

O PMDB incorpora ao documento a denúncia da transferência de recursos do FGTS para o programa de saneamento, já que a produção de retornos para remunerar os fundos sociais exigia que se elevassem as tarifas cobradas da população por serviços básicos essenciais. Ainda nesse documento, o partido da Oposição Legal ao regime defendia a dívida pública como instrumento para desenvolvimento social, já que se poderiam ser utilizadas dotações governamentais a fundo perdido que permitiriam a expansão da oferta dos bens e serviços públicos, com tarifas acessíveis (PMDB, 1982, p. 24).

No que se refere às políticas públicas, todas elas devem estar sob o crivo dos critérios para redistribuição de renda. A partir dessa moldura, o PMDB subdividiu as políticas públicas em três categorias:

> 1) políticas sociais clássicas, como a salarial, a previdenciária, a de abastecimento alimentar e a de saúde e educação;
> 2) políticas de reordenação do espaço urbano, regional e do meio ambiente, estando inseridas ações voltadas para habitação, saneamento, transportes coletivos, qualidade do ar e água, etc.;
> 3) políticas de reordenação do sistema produtivo que visassem assegurar crescimento industrial, desenvolvimento da mineração, ajustamento do sistema de energia e transportes, etc. (PMDB, 1982, p. 25).

Se o gasto público para efetivação das políticas sociais mostrar-se-ia imprescindível, alguns ajustes deveriam ser feitos para assegurar o alcance do processo redistributivo, tratando, assim, de colocar em prática o Programa de Políticas Sociais de Longo Alcance, o que requeria elevar tais gastos nos orçamentos governamentais, momento no qual o Poder Legislativo entra em cena para garantir a alocação destes recursos de forma descentralizada e sob supervisão de novos organismos de representação dos interesses públicos. E, para que a redistribuição de renda se tornasse uma realidade, tal medida deveria contar com "uma política global de emprego" (PMDB, 1982, p. 26) que conciliasse crescimento da produtividade com geração de emprego.

O combate à crise internacional, por sua vez, se balizaria no processo simultâneo de ajustamento estrutural das esferas econômica e social, "ponto de honra da estratégia alternativa que o PMDB propõe ao País" (PMDB, 1982, p. 26).

Dentre as estratégias de desenvolvimento social, as políticas sociais básicas tinham como meta erradicar a pobreza absoluta do país. Para isso, algumas diretrizes deveriam ser seguidas. A política salarial está entre as medidas que necessitariam de reajuste, visto que, segundo pesquisa realizada pelo Departamento Intersindical de Estatística e Estudos Socioeconômicos (Dieese) e publicada no *E&M*, estimava-se que o salário mínimo estaria 40% inferior ao que vigorava em fins dos anos 1950 e começo dos anos 1960. O PMDB chama essa redução de "confisco do salário mínimo" (PMDB, 1982, p. 27). O Censo de 1980 também demonstrava que 71% da força de trabalho estaria abaixo de três salários mínimos. Essas condições salariais trariam consequências negativas à redistribuição de renda, já que os indivíduos perderiam o poder de compra mediante os baixos salários, além do fato de que o FGTS, de certa forma, servia como apoio aos empresários que optavam pela demissão dos funcionários antes do período de reajuste, sem que para isso fosse necessário desembolsar grandes quantias como outrora, quando vigorava a estabilidade decenal[5]. A estabilidade, no entanto, não seria incompatível com o FGTS, que deveria ter suprimido os dispositivos que facilitassem a dispensa sem justa causa, os substituindo por outros que a dificultassem.

O arrocho salarial e os efeitos corrosivos da inflação elevavam o custo de vida, mas a prática de recessão veiculada pelos ortodoxos era combatida pelo partido, que apostava na recuperação econômica como meio de controle à inflação. O PMDB apresentou então uma proposta alternativa de curto prazo, com as seguintes recomendações: a) reposição imediata do controle de preços, com mecanismos de detecção de aumento de custos; b) adoção de política seletiva de crédito, com mecanismos penalizadores para empresas que ultrapassassem os tetos fixados; c) adoção de política de estímulo à oferta de alimentos e gêneros industriais básicos, com controle de margem de lucros industriais e comerciais; redução firme e gradativa dos coeficientes de correção monetária e redução imediata da taxa de juros (PMDB, 1982, p. 28).

Havia ainda grandes desníveis em relação ao salário dos empregados qualificados e aqueles que não tinham qualificação. Mas uma das conquistas dos trabalhadores obtida em 1979, após pressão de movimentos desta classe, dizia respeito à semestralidade do reajuste, que possibilitava ao empregado obter ajuste salarial duas vezes ao ano, e não mais apenas de forma anual, como anteriormente à adoção desta lei salarial, o que ainda não seria suficiente para ativar o poder de compra dos trabalhadores, já que a inflação deteriorava os salários e o custo de vida continuava a se elevar. O PMDB denunciava que o governo planejava alterar o reajuste que tinha base no Índice Nacional de Preços ao Consumidor (INPC) para reajustes

[5] A estabilidade decenal diz respeito à estabilidade adquirida pelo empregado após dez anos de serviço prestado à empresa com a qual mantivesse vínculo empregatício. Apesar de não haver impedimento na demissão, de certa forma esta era coibida, já que o empregador deveria efetuar o ressarcimento ao empregado equivalente a um salário recebido por este, por ano, até sua demissão, bem como uma multa de 10%.

menores, com base na inflação projetada pelo governo, além do que, para corrigir as diferenças salariais, o governo insistia em cortar abaixo da inflação os salários médios e altos, elevando apenas os salários baixos acima do INPC (PMDB, 1982, p. 29). O combate a esta política consistia na reposição gradativa do poder real de compra do salário mínimo, com reajustes que deveriam ser superiores à inflação, visando duplicar o seu valor, o que também reduziria naturalmente as diferenças salariais.

Os servidores públicos, por sua vez, não teriam seus reajustes com base no reajuste dos demais trabalhadores. Estes continuavam com o ajuste anual e, por vezes, parcelado em duas vezes, os excluindo dos benefícios da semestralidade, agravando a perda do poder de compra de seus vencimentos. Além disso, as condições nas quais os trabalhadores estavam expostos, insalubre e periculosa, elevavam os acidentes de trabalho e o número de doenças obtidas em função destes, o que tornava inarredável a inclusão de normas de contenção à exposição dos trabalhadores a tais ambientes e fiscalização por parte de sindicatos ou comissões de fábricas.

Outro ponto discutido pelo PMDB como factível de reforma, a Previdência Social, passava na ocasião por grave crise, resultado da associação de problemas estruturais da própria Previdência, que sofria os efeitos da recessão econômica, que reduzia as contribuições previdenciárias em razão do desemprego que assolava o país, situação agravada pela diminuição das transferências da União. Para resolver tal crise, mais uma vez as classes menos favorecidas foram penalizadas, como aponta o documento programático do PMDB, ao citar o Decreto-Lei nº 1.910/81, que teria elevado as contribuições e instituído descontos sobre os proventos dos aposentados e pensionistas, ações que, de qualquer modo, não teriam solucionado a crise (PMDB, 1982, p. 31-33). Além disso, as prioridades do seguro social deveriam visar os trabalhadores de baixa renda, carentes de benefícios, que possuíam necessidades básicas, além de proteção quanto aos riscos que deveriam ser cobertos pelo seguro social como morte, invalidez, velhice, doenças e acidentes de trabalho.

Para mudar esse quadro, a reforma previdenciária explicitada no ideário peemedebista deveria perseguir áreas como o fornecimento de benefícios em dinheiro desde aposentadorias, pensões, auxílios até o aumento de despesas da Previdência Social, seguindo os critérios de progressividade da justiça social, realizando modificações nas concessões, melhorando o padrão de rendimento dos aposentados por invalidez, cortando o salário-família e auxílio-natalidade dos assalariados de alta renda e estendendo os benefícios previdenciários à classe rural.

Outra área em destaque, a assistência médica, deveria ter ênfase na integração institucional, focando em prevenção para garantir prioridade às necessidades básicas como controle de endemias, saneamento, assistência materno-infantil, nutrição, entre outros; reformulação das relações com o setor hospitalar privado, coibindo corrupção e fraudes e impedindo o desperdício; extensão dos direitos trabalhistas à zona rural, fornecendo-lhes "os mesmos direitos do trabalhador urbano"; ampliação do atendimento público de saúde a toda população, "com aporte crescente de recursos orçamentários", independentemente de filiação previdenciária[6] (PMDB, 1982, p. 33).

Já no que se refere ao financiamento previdenciário, a natureza da proteção social compreende tal financiamento como responsabilidade solidária dos trabalhadores ativos em relação aos trabalhadores inativos e/ou dependentes, mas o PMDB também reconhecia o fardo empresarial frente ao financiamento previdenciário, que seria quase exclusivamente baseado em contribuições sobre salários, o que representaria desestímulo ao empregador para realizar novas contratações "por penalizar as empresas que empregam mais por unidade de produção" (PMDB, 1982, p. 33). Assim, o PMDB apontaria algumas alternativas de financiamento previdenciário, almejando converter parcialmente as contribuições de responsabilidade dos empregados para outras opções, como a contribuição progressiva de incidência sobre o valor adicionado, além de inserir contribuição adicional sobre a renda de capital, suprimir o teto de contribuições sem, no entanto, elevar o teto de benefícios, tornando o sistema progressivo, e extinguir as contribuições dos aposentados e pensionistas.

Por fim, seria preciso ainda realizar a reformulação institucional que compreendia mudanças de conduta na gestão pública, a qual teria passado a privilegiar a dominância de interesses eleitorais ante a impessoalidade e racionalidade, princípios definidores do caráter público, além do fato de não haver controle externo sobre a gestão previdenciária e ampliação não planejada de atividades da Previdência Social sem cobertura financeira

---

6 Antes da formulação do Sistema Único de Saúde (SUS), apenas tinha direito ao atendimento especializado na rede pública aqueles que efetivamente estivessem vinculados ao sistema previdenciário – contribuintes, portanto, do Instituto Nacional de Assistência Médica da Previdência Social (Inamps).

correspondente, o plano institucional proposto pelo partido englobava mecanismos de controle social em todas as esferas (nacional, estadual, local), com representação sindical e governamental em relação à administração previdenciária, havendo rotatividade em órgãos criados para esse fim e alocando profissionais sem vínculo político-eleitoral, de modo a evitar o clientelismo. O ideário (pe)emedebista citava a necessidade de desvinculação das funções do seguro social, assistência social e assistência médica, que deveriam contar com financiamento próprio e independente.

Ainda entre as políticas sociais básicas, o documento demonstra ser imperioso intervir na política de saúde e educação, já que se mostravam degradadas pela adoção de ações ineficazes ao longo do tempo. No caso da saúde, o governo não se mostrou interessado em investir em prevenção, o que fez com que se mantivesse em níveis alarmantes o caráter endêmico de doenças como a tuberculose, malária, chagas, hanseníase, além do combate pouco agressivo a doenças preveníveis através de imunização, como sarampo, difteria, tétano, havia ainda alta incidência de doenças crônico-degenerativas cardiovasculares, neoplásicas, mentais etc.; acidentes de trânsito e de trabalho; no que se refere aos gastos com exames mais detalhados e específicos, apenas os indivíduos com maior poder aquisitivo conseguiam adquiri-los; havia ainda distorções na prestação de serviços pelas empresas privadas que oneravam excessivamente o Estado, ao cobrar-lhe por unidades de saúde ou na omissão à execução de determinados procedimentos, cobrados globalmente do Estado. A zona rural, por sua vez, não teria acesso a qualquer tipo de serviço de saúde, por não estar vinculada à Previdência Social, os que possuíam esse vínculo, no entanto, obtinham serviços de baixa qualidade, enfrentavam longa espera por atendimento, não tinham acesso a determinados medicamentos – seja pela não distribuição, seja pelos preços elevados praticados pelo mercado farmacêutico e laboratorial (PMDB, 1982, p. 34-39).

Por todas essas condições, os formuladores do partido demonstravam que a resolução para problemas na promoção de saúde estaria no enfrentamento do caos social no trabalho, que não disponibilizava política salarial justa aos trabalhadores, na destituição de moradias inadequadas e no combate ao uso incoerente do meio ambiente. Mas também se concentrava em alterar a distribuição de serviços de saúde, que privilegiava as classes mais abastadas em detrimento das classes com rendimentos mais baixos, revisando o financiamento dos serviços de saúde, com os quais "o país gasta pouco e mal" (PMDB, 1982, p. 36), além de impedir a desnacionalização da indústria farmacêutica, que passara a diversificar seus produtos em prol de motivações comerciais, como o fez a Central de Medicamentos (Ceme), que adquiriu produtos de laboratórios privados, não se dedicando a tentar baratear os custos dos fármacos ao negligenciar a pesquisa e produção nacional de medicamentos. Em suma, para a legenda oposicionista, o problema principal dos serviços de saúde estaria no fato de que eles não estariam voltados para os interesses da população.

As diretrizes para uma nova política nacional de saúde para essa agremiação oposicionista teriam como objetivos o acesso igualitário aos serviços de saúde e a ampliação de cobertura com qualidade assistencial, o que somente poderia ser alcançado com a participação direta da sociedade através de organismos representativos e de profissionais de saúde e sindicatos em nível federal, estadual e local, inclusive no que diz respeito ao controle de desempenho, além da reorganização do sistema de saúde com ênfase nas medidas preventivas e descentralização executiva, decisória e financeira (PMDB, 1982, p. 37-38).

Entre as medidas citadas pelo partido para a efetivação dessas diretrizes estava a expansão dos serviços de saúde para a periferia urbana e interior do país, de modo a coibir a ociosidade do setor público; reorganizar institucionalmente a saúde, ao unificar os recursos e ações no Governo Federal, em uma política global de coordenação do Ministério da Saúde, desvinculando do Inamps; constituição de um Fundo Nacional de Saúde, destinado a financiá-la com recursos previdenciários e dotações orçamentárias da União, elevando os gastos em saúde; fixar prioridades no financiamento por intermédio de conselhos representativos coordenados pelo Ministério da Saúde em âmbito federal e por Secretarias Estaduais e Municipais; compatibilização entre os programas de trabalho dos estados e municípios, com ampliação descentralizada de recursos federais segundo critérios de justiça tributária e social, tendo como prioridade os municípios em relação aos gastos com serviços básicos de saúde; definição das áreas de atuação do setor privado, revendo critérios de financiamento subsidiado de sua expansão, como o Fundo de Assistência Social (FAS), traçando modelos que desestimulem a corrupção que ocorre com o superfaturamento, exposição de diagnósticos ou procedimentos falsos para realização de procedimentos desnecessários, além da contenção de atendimentos para auferir maior rendimento; implantação de planos de cargos e salários, estimulando a prática profissional integral, ascensão funcional e educação continuada; política de incentivo tecnológica e de produção na área de vacinas, medicamentos e equipamentos para desenvolver indústria nacional de insumos básicos e alcançar autossuficiência neste setor; política de vigilância sanitária e de saúde ocupacional com participação do trabalhador em sua execução e implementação (PMDB, 1982, p. 38-39).

A crise generalizada do regime autoritário atingia também o sistema educacional, quando a oferta disponibilizada de escolas em pré-escola, primeiro grau (ensino fundamental) e educação de jovens e adultos se mostrava deficitária em relação à demanda que se apresentava, estando esta em grande parte localizada entre os indivíduos de baixa renda. No caso da educação de jovens e adultos (na ocasião intitulada de Mobral), os métodos utilizados não corresponderiam às necessidades pedagógicas do processo educativo. Já a educação de primeiro grau contava com alto número de evasão e repetência, em sua maioria oriundo da classe trabalhadora, decorrente da subnutrição e miséria no âmbito social, e em virtude do currículo e organização estrutural excludente.

No que se refere à educação de segundo grau (ensino médio), a insuficiência de recursos humanos e materiais, bem como o planejamento educacional amparado no ensino profissionalizante, mas que não convergia com o mercado de trabalho e não apresentava currículos amparados na participação dos docentes, fizeram com que se elevasse a procura por escolas privadas, em busca de garantir vagas no ensino superior, novamente excluindo os menos favorecidos. A privatização também alcançou a educação superior, mas não sem adquirir subsídios do governo, como o crédito educativo. Os cursos superiores balizados na visão mercantil, não comprometidos, portanto, com a qualidade de ensino, proliferaram e aumentaram os lucros nessa área. A dificuldade de adentrar as universidades públicas, detentoras de melhor qualidade de ensino, fez com que a classe média migrasse para o ensino privado, enquanto as classes mais abastadas ocuparam as vagas públicas. Os profissionais educadores eram remunerados de modo ínfimo e enfrentavam excessiva jornada de trabalho, tendo entre estes profissionais o sexo feminino como predominante, o que refletia a discriminação sexual no trabalho. Além disso, o processo decisório das políticas educacionais alijava o corpo docente e discente. Para o PMDB, a mudança desse quadro consistiria na participação da sociedade civil na condução da política educacional em todos os níveis (federal, estadual e municipal), como associações de docentes, sindicatos e entidades estudantis; elevação dos gastos educacionais no orçamento público, fixando em 12% o percentual mínimo do Orçamento da União e em 20% o

Orçamento dos municípios e Estados-membros (PMDB, 1982, p. 41-42); planejamento educacional pautado na equidade e com participação ativa dos meios de comunicação por constituírem veículo de educação informal; além de revisão dos métodos educacionais, reformulando os currículos de modo a interagir com a sociedade.

Assim, para o PMDB, os rumos da educação deveriam se pautar em: política de alfabetização para erradicar o analfabetismo associado à redistribuição de renda, com diversificação dos conteúdos expressos nos currículos, alfabetização transformada em instrumento participativo social e em exercício de cidadania; expansão da pré-escola, tendo a criança como um fim em si mesmo e não adestramento para o grau seguinte; elevação dos recursos destinados ao ensino primário, currículos reformulados a partir de critérios sociais, experiências alternativas do ensino realizado em sindicatos, centros comunitários ou associações de bairro, adoção de critérios regionais, considerando inclusive áreas rurais; expansão do ensino público de segundo grau, tornando opcional a formação profissionalizante; democratização do ensino público superior, substituindo verbas governamentais ofertadas à educação privada, promovendo a democratização no ensino superior, com participação efetiva dos docentes e discentes no poder decisório e voltando a educação para as necessidades nacionais; por fim, adoção de política salarial justa aos professores e uso do espaço escolar para fins educacionais e atividades comunitárias (PMDB, 1982, p. 39-43).

O ponto seguinte destacou a política de abastecimento popular, pautada no aumento real dos salários de base, de maneira a assegurar o acesso à oferta de cesta básica de subsistência, promovendo melhoria nutricional e elevando o rendimento escolar infantil. Para que essa política se tornasse efetiva, o PMDB apostava numa política agrícola e agrária que priorizasse a produção de alimentos para o mercado interno, o que exigia intervenção pública nas áreas de infraestrutura e de comercialização, transformando as redes centrais públicas de abastecimento (Ceasas) em instrumentos de abastecimento popular, impedindo a privatização destas, que já funcionariam como subsídio aos grandes capitais atacadistas, que utilizariam tais centrais através de aluguéis cativos, eximindo-se de utilizar capital próprio em infraestrutura de armazenamento (PMDB, 1982, p. 44).

No que tange à comercialização, o partido de oposição defendia o apoio público à comercialização direta, viabilizando a organização cooperativa de pequenos varejistas, priorizando o mercado de baixa renda; suplementação subsidiada da oferta de determinados produtos por agências públicas de abastecimento popular apoiadas por excedentes de outras regiões ou por estoques públicos, sob a coordenação do Ministério da Agricultura, evitando a escassez localizada; implantação de subsídios temporários para produtos essenciais; reforma da Companhia Brasileira de Alimentos (Cobal), Superintendência Nacional do Abastecimento (Sunab), Companhia Brasileira de Armazenamento (Cibrazem), das redes centrais de abastecimento e demais programas desta área, criando novas agências para a comercialização varejista em nível estadual, de modo a atender a população de baixa renda; e controle sobre os preços, acompanhando a margem de lucros industrial e de comercialização através da Secretaria Especial de Abastecimento e Preços (Seap), bem como a qualidade dos produtos alimentícios através de agências de proteção ao consumidor (PMDB, 1982, p. 44).

"Estuário migratório das crises": assim se refere a agremiação oposicionista ao denunciar a inexistência de políticas de desenvolvimento regional, que teriam provocado um descalabro no meio ambiente (PMDB, 1982, p. 45). A adoção de políticas sociais básicas, em conjunto com ajustamentos estruturais, alicerçaria a reordenação nesse âmbito, seguindo diretrizes que modelassem as políticas urbanas, de habitação popular, saneamento, transporte coletivo, meio ambiente e desenvolvimento regional, como parte da estratégia de desenvolvimento social.

Os problemas urbanos destacados pelo partido, corriqueiros do crescimento acelerado das cidades, como falta de saneamento, iluminação pública precária ou reduzido número de serviços de saúde, seriam agravados pela ausência de política de desenvolvimento social mediante extenso fluxo migratório que acelerava a urbanização de forma disfuncional e beneficiava a especulação imobiliária concentrando os investimentos públicos nas áreas de alta renda que possuíam maior poder de pressão sobre o governo. Esse novo aspecto urbano ocasionou verticalização de áreas nobres e remeteu os pobres para a periferia, por vezes ocupando favelas, comunidades em loteamentos clandestinos, encostas e áreas insalubres, utilizando o espaço irracionalmente e saturando o serviço público, o que elevava a necessidade de investimento por parte do Poder Público sem, no entanto, distribuí-lo equitativamente na sociedade, ao concentrá-lo em parte reduzida desta. Diante desse quadro, as diretrizes gerais arquitetadas pelo PMDB para a política urbana consistiam em:

a) deselitização dos padrões urbanísticos;

b) política de subsídios para os serviços públicos e habitação nas áreas de baixa renda, oferecendo tarifas favorecidas, ainda que abaixo do custo;
c) combate à especulação imobiliária;
d) democratização do acesso à moradia e aos serviços públicos fundamentais através de planos de desenvolvimento urbano e da regularização de posses por intermédio de reforma fundiária (PMDB, 1982, p. 48).

A política fundiária e o planejamento urbano dependeriam, assim, de instrumentos jurídicos que agilizassem a desapropriação de imóveis de modo a indenizar, em dinheiro ou em títulos públicos, com base no valor declarado pelo proprietário para efeito de incidência de impostos predial ou territorial, considerando de antemão o imóvel como de utilidade pública, o que impediria indenização menor, acarretada pela valorização posterior do imóvel, quando então seria considerado como de interesse social. Os ocupantes de loteamentos irregulares e favelas deveriam ainda dispor de instrumentos que agilizassem a regularização da posse, sem que o Estado obrigatoriamente indenizasse o proprietário pelo uso inadequado da terra, o que desestimularia a retenção de terrenos como reserva de valor, denotando assim a função social da propriedade. A instituição do direito de superfície, desvinculando terreno e edificação que coexistissem; o loteamento compulsório de terras ociosas determinado pelo Poder Público; a preferência dos municípios em relação à compra de imóveis em área de interesse social e a alteração da legislação de usucapião, de modo que bastasse a comprovação por testemunhas ou determinação de juiz do Registro Público acionado por pessoa jurídica que representasse dois terços dos moradores, estariam entre os instrumentos jurídicos que possibilitariam a reforma do sistema urbano e a legalização de títulos de propriedade imobiliária, pressionando os loteadores para o atendimento a determinados requisitos urbanísticos.

A especulação imobiliária, por sua vez, poderia ser combatida com instrumentos tributários, de maneira a assegurar justiça fiscal, reforço da capacidade financeira dos municípios e sua capacidade de implementar políticas urbanas. Como medidas efetivas, o PMDB cita o uso da contribuição de melhoria, de modo que o setor privado arque com parte dos custos de urbanização; criação de impostos sobre o solo criado ou adicionado, seguindo a linha das contribuições de melhoria; cobrança de Impostos

Predial e Territorial Urbano (IPTU) a partir de viés progressivo, inibindo o uso ocioso do solo e imóvel; transferência de imposto sobre transmissão da propriedade e de receitas do imposto sobre o lucro imobiliário para os municípios, apostando em um sistema de transferências federais automático aos municípios e autonomia municipal em declarar áreas de utilidade pública, reserva urbana, para desapropriação posterior, de modo a permitir o planejamento da expansão urbana (PMDB, 1982, p. 49).

Em relação à habitação urbana, como nas demais políticas públicas, a alocação de programas estaria concentrada na faixa de renda mais elevada, excluindo a camada mais pobre da população, fator evidente quanto à transferência de investimentos do SFH para o mercado popular, que, segundo o PMDB, atingiria proporções menores, privilegiando os grupos econômicos envolvidos na produção de imóveis, como as grandes empresas. Do mesmo modo, a Lei do Inquilinato e a indexação dos aluguéis à correção monetária estimulariam a concentração de renda e de propriedade. Nesse âmbito, o PMDB assim propõe:

a) democratização da política habitacional e acesso à moradia através de programas de habitação popular, com subsídios para famílias de baixa renda e participação da comunidade no processo decisório, o que requereria descentralização administrativa a partir da formação de grupos locais e municipais de planejamento para elaboração de programas, identificação de problemas e posterior fiscalização de recursos;
b) Reformulação do SFH, que passaria a receber recursos da União para cobrir a diferença entre a remuneração das poupanças voluntárias ou compulsórias e o retorno dos financiamentos subsidiados, de modo a evitar a descapitalização do FGTS e não desestimular a captação de poupanças voluntárias que seriam canalizadas para programas habitacionais em conjuntos com as transferências orçamentárias, disponibilizando subsídios proporcionalmente à renda familiar;
c) compatibilização da habitação popular com planejamento urbano, sendo que a "solução" para o planejamento urbano explicitada pelo partido estaria em adotar programas de construção com democratização das iniciativas, programas de financiamento e de reserva de terras pelas prefeituras, financiamento da urbanização de áreas residenciais e de lotes urbanizados;

d) medidas para reduzir o custo de produção da habitação, como a utilização de mecanismos de produção populares, geridos por associações locais ou pelo Poder Público, apoio a projetos tecnológicos com o intuito de obter novos padrões de construção, e padronização dos materiais, equipamentos e processos no setor de habitação popular para permitir a construção em grande escala, diminuindo custos;

e) políticas de curto prazo com melhorias nos cortiços, nas condições sanitárias, viárias e de segurança das favelas e realização de programas de financiamentos de construção que promovessem a deselitização, admitindo-se processos de autoconstrução ou mutirão, e programas de regularização fundiária e urbanização de subabitações, evitando a remoção destes conjuntos para áreas distantes do mercado de trabalho, além de estabelecer formas de propriedade cooperativa ou associativa para assegurar implantação futura de programas de reabilitação destas áreas, obtendo assim resultados mais imediatos (PMDB, 1982, p. 52-53).

Entre as políticas de reorganização do espaço, o programa do PMDB menciona as transformações que deveriam ser admitidas em relação ao saneamento básico e denuncia a política ineficaz do Planasa, que desde 1969 gestava as ações do governo, ainda que não atingisse as metas traçadas diante da injeção de recursos em montantes maiores que o planejado e que se tratasse de afronta à autonomia municipal, ao exigir que os serviços de água e esgoto fossem geridos por empresas estatais, privilegiando multinacionais fabricantes de tubos e equipamentos. A proposta do partido se consubstanciava em restabelecer a autonomia municipal pelos serviços de saneamento, reformular o sistema financeiro de saneamento ao transferir para o BNH a condição de agente financiador exclusivo, ficando as políticas setoriais sob atribuição dos estados e municípios, estímulo a pesquisas que viabilizassem soluções às condições socioeconômicas e ambientais locais, revisão das tarifas de maneira que as classes de menor poder aquisitivo não fossem preteridas e ampliação da cobertura urbana e rural dos serviços de saneamento, elevando principalmente os níveis de saúde da população (PMDB, 1982, p. 54).

O transporte coletivo também estava entre as políticas direcionadas pelo partido, que avaliava tal serviço como “calamitoso” (PMDB, 1982, p. 55). A mudança nessa área consistia em ampliar o investimento público com expansão de empresas públicas e implantação da tarifa única; privilegiar como meio de transporte o ônibus, especialmente o elétrico, como alternativa à disponibilidade de energia, o que acarretaria menores custos; apoio ao transporte aquático de massa em determinadas áreas; ampliação do transporte ferroviário suburbano elétrico, garantindo conforto ao nível de metrôs de superfície; controle do aumento tarifário abaixo das taxas de aumento do salário mínimo e fiscalização da qualidade dos serviços prestados.

O partido oposicionista enfatizava ainda, dado que a interação entre atividades humanas e o meio ambiente produzia cadeias de reações, ocasionando alterações no ecossistema, o governo deveria então realizar zoneamento do país calcado na delimitação de áreas homogêneas em relação à qualidade ambiental e em suas vulnerabilidades, reformulando a ocupação ambiental do espaço físico através de procedimentos governamentais que atuassem em conjunto com a comunidade. A política de meio ambiente deveria contemplar o combate à poluição urbana, produzida pela grande concentração populacional, e rural, que provocaria casos de intoxicação humana, de animais e de alimentos devido ao uso de produtos químicos tóxicos. Nas propostas do partido, o modelo centralizador do meio ambiente seria revisto, acolhendo a participação popular e descentralizando ao devolver o poder de decisão aos estados e municípios, além de promover fiscalização do emprego de produtos tóxicos e químicos nas atividades agropecuárias (PMDB, 1982, p. 56-57).

A preservação e a recuperação de recursos naturais estariam entre as políticas elencadas pelo PMDB, tendo como premissa a instituição de obrigatoriedade de estudos de impacto ambiental no que se refere à conservação e utilização do solo; criação de estímulos ou penalização para que se efetue a recuperação de áreas degradadas pela mineração, compatibilizando os Códigos Florestal e de Mineração; manejo e recuperação das bacias hidrográficas do país, revigorando a Lei de Proteção de Mananciais ao estendê-la ao interior para garantir o fornecimento de água a todos; preservação, por meio de dotação de recursos técnicos e financeiros às áreas de vegetação natural, de parques e reservas nacionais; transformação de parte das áreas florestais em parques para fins educativos e culturais; incentivo ao reflorestamento de áreas urbanas ociosas, estendendo os "pulmões verdes"; reformulação da legislação sanitária do país; e prestação de apoio às iniciativas de interesse ambiental, turístico e cultural (PMDB, 1982, p. 57-58).

O uso da tecnologia a partir de recursos naturais também deveria ser revista, substituindo as tecnologias "duras" pelas "brandas", valorizando técnicas como energia solar, promovendo o uso de recursos hídricos para outros fins que não fosse apenas energético, como irrigação, recreação, turismo, etc., utilizando a maricultura em estuários, lagunas e no mar continental, estímulo à reciclagem, inclusive enriquecendo o lixo urbano com resíduos de esgoto tratado de adubos minerais, o aproveitando na agricultura e áreas verdes urbanas; promoção da pesquisa científica com ênfase na caracterização dos impactos globais sobre os ecossistemas, na aferição da poluição, no ponto de vista médico-sanitário e desenvolver tecnologias alternativas. A educação ambiental também deveria ser contemplada, formando a mentalidade preservacionista na população através de cursos e debates quanto ao manejo dos recursos naturais e sua conservação, em um autêntico programa de educação ambiental (PMDB, 1982, p. 57-58).

Entre as ações emergentes adotadas pelo Estado, a agremiação de oposição ao regime autoritário prescrevia a revisão dos grandes projetos nacionais na área de implantações industriais, capazes de gerar impactos ambientais, sociais e econômicos. Nesse âmbito, o PMDB já citava alguns projetos específicos que deveriam ser revistos: polo petroquímico do Rio Grande do Sul, centro industrial de Aratu e petroquímico de Camaçari, na Bahia, polo cloroquímico de Maceió, matriz industrial de Aracaju, polo minero-metalúrgico de São Luís do Maranhão, projeto portuário da Suape, em Pernambuco, polo açucareiro e alcoolquímico da região do pantanal mato-grossense, projeto Jari no Pará e polo industrial de Cubatão. O Estado deveria ainda discutir os impactos do Programa Energético Brasileiro na construção de grandes barragens, rever o programa de exploração do carvão do sul do país, que seria "a céu aberto" e o acordo Brasil/Alemanha, no que se refere ao programa nuclear (PMDB, 1982, p. 59).

Por fim, para reordenar o espaço dentro de perspectivas plausíveis, o PMDB traçava o caminho da política de desenvolvimento regional apontando essa questão como parte integrante da questão nacional por considerar que a integração devesse ocorrer por intermédio de participação do Nordeste e da Amazônia, e não por dependência. As diferenças regionais mostravam-se alarmantes: os gastos totais *per capita* em educação no Nordeste representavam menos de um quinto de tais gastos no Sudeste e, segundo o Inquérito Nacional de Despesas Familiar, a diferença entre as despesas educacionais das famílias superava em mais de mil vezes os estratos de renda de São Paulo e Rio de Janeiro em relação aos estratos do Nordeste. A correção desses desequilíbrios regionais contemplaria linhas confluentes que viabilizassem a diferenciação das políticas social e tributária em âmbito nacional, inclusive corrigindo desvios no sistema de incentivos fiscais ao reservar aplicações para o Nordeste e Amazônia e reformular o Imposto sobre Circulação de Mercadorias, de modo a angariar a cobrança no comércio interestadual para o estado de destino das mercadorias. A segunda linha propõe a regionalização das políticas e programas econômicos destacando as empresas federais, o que requeria reforma no Ministério do Interior, que passaria a ser detentor de poderes de negociação com instâncias de planejamento global e setorial, fixando prioridades regionais. Do mesmo modo, as superintendências regionais deveriam ser reforçadas para articular planos e programas dotados de recursos (PMDB, 1982, p. 59-60).

A instalação de programas regionais específicos teria como pontos essenciais a desconcentração do processo de inversões e de acumulação, assegurando preferência para o Nordeste e Norte em relação às oportunidades de localização desconcentrada, inclusive em relação às atividades exportadoras, ainda que requeresse um período de manutenção com incentivos especiais. Além disso, Amazônia e Nordeste deveriam contar com programa de transferência para aplicação em agricultura, mineração, indústria, serviço e infraestrutura em bases não inferior àquela aprovada pelas Nações Unidas ou pela Comissão Brandt[7]. Tais programas deveriam ainda suprir pesquisas de recursos naturais e desenvolvimento científico-tecnológico que se concentrassem em evidenciar oportunidades no âmbito urbano e rural, de maneira desconcentrada, ajustando projetos aos recursos naturais e humanos, valorizando a cultura regional, criando "patrimônio universitário" em conjunto com alunos e constituindo programa no setor quaternário como programa de desconcentração. Dever-se-ia ainda realizar reforma agrária regionalizada, utilizando os recursos de irrigação para

[7] Em 1977, o então Presidente do Banco Mundial, Robert McNamara, criou a Comissão Independente para Questões Internacionais de Desenvolvimento com a tarefa de reduzir a distância nas Nações Unidas entre os países industrializados do Norte e os países em desenvolvimento do Sul. Willy Brandt foi escolhido como chefe desta Comissão por sua experiência anterior de intermediador entre o Ocidente capitalista e o Leste comunista, presidindo tal comissão entre os anos de 1977 e 1983. A Comissão passaria a ser chamada de Comissão Brandt de Desenvolvimento Econômico. Em 1980, a Comissão apresentaria o relatório "Norte-Sul: um programa para a sobrevivência", exigindo uma ordem econômica mais justa. Desse relatório nasceria a ideia Norte/Sul, amplamente utilizada no domínio público para diferenciar os países ricos ao Norte dos países pobres ao Sul.

programas de amplo benefício social e recursos energéticos e minerais no âmbito regional, bem como instituir a elevação dos salários dos trabalhadores no sentido de equalizá-los com os salários dos trabalhadores do Sudeste e do Sul (PMDB, 1982, p. 61-62).

Todas essas ações agiriam no sentido de autonomizar os municípios e introduzir políticas de distribuição de renda. Isso porque o partido identificava elevada concentração de pobreza absoluta, desenvolvimento desigual na economia que expressava crescente heterogeneidade intrarregional, ausência de identidade político-cultural e de participação das regiões atrasadas no debate de questões nacionais.

Ainda no âmbito da estratégia de desenvolvimento social, o emprego era apontado pelo PMDB como síntese da política social. O partido considerava emprego e redistribuição de renda como indissociáveis, as políticas públicas preconizadas, portanto, seguiam essa concepção, de modo que para o PMDB a questão do emprego envolveria planos políticos distintos. No âmbito conjuntural, o nível de emprego estaria relacionado ao desempenho das atividades produtivas. No que se refere à estrutura, o desemprego se condensou com o grande êxodo rural na década de 1970, além da incorporação de mulheres à força de trabalho, o que elevou em grande medida o número de trabalhadores no perímetro urbano. Ainda que o desempenho das indústrias tenha elevado o nível de empregos, após 1975 a absorção de mão de obra começou a regredir, mantendo os sub-remunerados concentrados nas cidades – mas o equilíbrio econômico foi rompido na década de 1980, sem qualquer proteção aos desempregados (PMDB, 1982, p. 62-66).

Outras questões requeriam tratamento especial, como liberdade sindical, instituição do seguro-desemprego, preservação dos espaços na economia para segmentos não assalariados, políticas públicas compensatórias e gastos governamentais na esfera social. Uma vez que se refere ao longo prazo, a questão do emprego transpassava reformas sociais e institucionais. Do mesmo modo, a omissão frente a esse problema seria condenável: "O PMDB repele tanto a omissão irresponsável quanto a retórica fátua – diante de questão tão crucial quanto a do emprego" (PMDB, 1982, p. 63).

As mudanças tecnológicas futuras que permeariam o avanço da automação nos processos de produção na indústria e setor de serviços também eram previstas pelo partido oposicionista, que, apesar de positivo, poderia criar um sistema no qual o aumento da produtividade com a criação de espaços e setores econômicos propiciados pelos efeitos das novas tecnologias, não seria compensado com o aumento da produção, ou seja, com a criação líquida de empregos. Isso requeria que o desenvolvimento social advindo com a elevação da produtividade não se apartasse da distribuição de renda e da questão do emprego, alocando o emprego estrategicamente e o tornando objeto central da política pública.

Todas as políticas que constituem a nova estratégia de desenvolvimento social para o partido atravessam a questão do emprego. Conforme se lê em *E&M*:

> E isto não é difícil: educação, saúde, previdência (inclusive seguro-desemprego) são áreas de política pública que têm apreciável efeito direto sobre o emprego e sobre o bem-estar das populações de baixa-renda. De outro lado, programas de habitação popular, saneamento básico, transportes coletivos, também compreendem um amplo conjunto de atividades que tem elevado coeficiente-emprego. Quanto às políticas setoriais de reorientação do sistema produtivo, as propriedades de distribuição da renda e criação de empregos deverão ser respeitadas como compromisso inarredável do PMDB, em busca de uma sociedade mais justa. Nem sempre, porém, será possível conciliar todos os objetivos com facilidade – particularmente no que tange aos efeitos previsíveis das transformações tecnológicas para o futuro (PMDB, 1982, p. 66).

Tendo, assim, a questão do emprego como tema central entre as questões sociais, a intervenção dos mecanismos de regulação pública estatal seria imprescindível para que o emprego se interpusesse como síntese da política social global proposta pelo partido.

3.3.3 *Economia: crescimento com justiça social*

O documento analisa a crise econômica que assolava o mundo e analisa a opção da equipe econômica do governo autoritário brasileiro em adotar o ajuste imposto pelos países desenvolvidos como meio que instigaria a volta ao crescimento. Para isso, o governo teria abandonado o planejamento estratégico, deteriorado as condições econômicas, provocado uma política de recessão com o bloqueio creditício externo e arremessado o país em crise e recessão, de onde surgiria a necessidade de arquitetar reformas, apontadas nesse documento como diretrizes, as quais ensejavam adotar políticas econômicas de curto prazo prioritariamente, reordenando em seguida a estratégia econômica e a dinâmica do sistema produtivo e por fim propondo formas de financiamento da nova etapa de expansão que adviria com essas políticas empreendidas.

Neste item, o documento expressa algumas medidas adotadas pelo governo que incentivaram o agravamento da crise econômica, apontando as consequências da política de ajustamento inadequada mediante a crise internacional, entre tais medidas estariam o abandono ao planejamento estratégico, a deterioração das condições econômicas, o bloqueio creditício externo e a política de recessão, que promoveu a crise nacional, denotando o caráter estrutural da crise e a necessidade de reformas.

O II PND almejava corrigir desequilíbrios na estrutura produtiva e avançar na produção de bens de capital, mas não atentou para as mudanças no cenário internacional, que levariam à perda de dinamismo no comércio internacional e à crise energética, o que agravou o desequilíbrio energético e do balanço de pagamentos ao mudar a rota econômica com a interposição das medidas do ajuste, como a contenção de importações.

Com o acúmulo da dívida externa desde o início da década de 1970, o Brasil optou pela política de endividamento para financiar os déficits das contas externas, o que exigiu captação privada de moeda estrangeira, utilizando inclusive empresas públicas brasileiras como veículos de endividamento. Logo, para atrair maior captação privada, o crédito obtido no exterior se tornou mais barato em relação ao crédito interno do país, o que ocorreu por causa da elevação dos juros através da taxa de depósito compulsório dos bancos e do lançamento de títulos da dívida pública que comprimiam a liquidez. A dívida externa se acelerou após os anos de 1976 e 1979, quando o crédito internacional favorável permitiu refinanciar a dívida do país e ampliá-la ao conceder mais reservas em moeda estrangeira. Esse afluxo de dólares exigiu maior circulação de títulos públicos para evitar a expansão excessiva do crédito interno e para financiar a si própria, o que fomentou a dívida pública interna e permitiu a criação de um mercado secundário com os títulos do Tesouro, transformando-os em objeto das atividades especulativas, propiciando ganhos aos conglomerados empresariais e bancários e às empresas deficitárias e agentes financeiros com problemas de liquidez, que obtinham rentabilidade positiva sem riscos, processo assegurado pelo Banco Central que impedia insolvências e garantia de ganhos especulativos, conhecidos como "ciranda financeira" (PMDB, 1982, p. 68).

Destarte, para refinanciar a dívida externa, o governo mostrava sinais de imobilização da capacidade de operar as políticas monetária, creditícia e cambial. A correção cambial, mediante o estímulo ao crédito externo, era manejada sempre para manter-se inferior à correção monetária, deduzida a inflação externa, o que provocava sobrevalorização do cruzeiro. A agricultura, por sua vez, não conseguiria sobreviver com os altos juros internos, nem mesmo exportar manufaturados, o que obrigou o governo a abrir linhas de crédito subsidiado. Tais subsídios ampliaram o orçamento monetário, submetido às pressões do giro da dívida interna, que se tornou reflexo da desorganização das finanças públicas. Houve ainda enfraquecimento da acumulação privada de capital, tendência agravada pela presença atrativa das aplicações financeiras e elevadas taxas de juros, a recessão que adviria com esse quadro foi contida até 1979 pelos investimentos estatais e gasto público, além disso, as empresas mostravam-se crescentemente endividadas a taxas de juros reais, denotando o enfraquecimento da estrutura empresarial.

Os fatores vigentes: inflação, endividamento, especulação, enfraquecimento empresarial, comuns em ambientes de crise, levou o governo a aderir a medidas como o tabelamento de juros, degradação da correção monetária com prefixação desta e da correção cambial, aumento progressivo de imposição fiscal e desvalorização cambial em fins de 1979, visando desconectar o crédito interno da obrigação de promover o financiamento externo, além de recompor as finanças públicas. Mas o resultado foi a aceleração inflacionária que foi realimentada pelas mudanças fiscais em impostos como o Imposto de Renda (IR) e o Imposto sobre Operações Financeiras (IOF) e pelos choques que decorreram com o aumento de preços administrados pelo governo, como foi o caso do petróleo. O tabelamento do câmbio, associado à contenção dos juros, também deflagrou especulação com estoques de mercadorias, particularmente com matérias-primas importadas, e a desvalorização dos títulos financeiros provocada pela degradação da correção monetária e pelo tabelamento da taxa de juro, acabou deslocando a especulação dos títulos públicos para mercadorias e ativos reais, o que também acentuou o processo inflacionário (PMDB, 1982, p. 69).

Ainda em 1979, com o segundo choque do petróleo, os Estados Unidos ativaram uma política econômica monetária contracionista, o que reduziu as reservas cambiais no país. Logo, os organismos internacionais, principalmente o Fundo Monetário Internacional (FMI), pressionaram seus devedores a efetuar medidas restritivas ortodoxas para contornar os déficits dos balanços de pagamentos, além de lançar *spreads*[8] mais elevados

[8] Margens operacionais de lucro que consistem na diferença entre os juros cobrados pelos bancos e o valor da taxa paga por eles na captação do dinheiro.

com prazos mais curtos. Não demorou, portanto, para que houvesse bloqueio de crédito externo, acompanhado por política de recessão. No caso do Brasil, o governo elevou a taxa de juros, reduziu o crédito através de controle quantitativo, acelerou novamente a correção monetária e cambial e reduziu os gastos públicos. Seguiu-se uma queda na demanda de bens de consumo duráveis e insumos, provocada pelas altas taxas de juros, que levaram à liquidação de estoques de mercadorias, afetando produtores de bens intermediários. A construção civil e o setor de bens de capital também foram afetados e as empresas reagiram dispensando trabalhadores e utilizando a rotatividade para praticar salários menores (PMDB, 1982, p. 70).

Com a recessão, em fins de 1981, a inflação caiu temporariamente e houve superávit comercial mediante a queda de importações. Esses fatores, em conjunto com a realização da Copa do Mundo, prevista para o ano seguinte e que promoveria certa reativação da demanda de bens duráveis, permitiram ao governo restabelecer ânimo e garantir alguma expansão creditícia elevando os prazos de financiamento para o crédito ao consumidor, favorecendo o gasto público e agindo inclusive em prol de assegurar o financiamento habitacional, ainda que de forma modesta. O processo de retomada do crescimento, no entanto, parecia não perdurar além do primeiro semestre de 1982, quando a inflação volta a recrudescer[9] e as empresas que haviam reativado o ajuste de preços diante da perspectiva de retomada das vendas, acompanhando os reajustes de preços e tarifas administradas pelo governo, reduzem novamente seus ganhos (PMDB, 1982, p. 71).

O ajuste econômico interno forçava a tomada de empréstimos em moeda estrangeira já que havia controle quantitativo de crédito de origem interna, o que obrigava empresas a aderir aos empréstimos externos, comprometendo as empresas nacionais. O governo ainda injetava títulos da dívida pública na economia, de modo a enxugar a liquidez e manter controle sobre as reservas bancárias, e utilizava a dívida pública para cobrir o desequilíbrio das contas governamentais originadas principalmente do orçamento monetário. O conjunto dessas condições econômicas, que contava também com reduzido crescimento de receita fiscal e previdenciária, elevou o crescimento da dívida pública interna que, em julho de 1982, alcançava o patamar de 28 bilhões de dólares, influenciando apenas o lucro bancário mediante a esfera especulativa que estaria em franca atividade,

[9] Segundo o PMDB (1982, p. 72), 115% ao ano no primeiro semestre de 1982.

em detrimento da esfera produtiva, que cada vez mais era penalizada pelos altos juros absorvidos especulativamente. A redução de juros tornava-se assim mandatária para o fomento econômico (PMDB, 1982, p. 73).

Como diretrizes de curto prazo, o documento menciona a necessidade de desvinculação da taxa interna de juros em relação às condições de refinanciamento da dívida externa, de instituir nova política creditícia e anti-inflacionária e medidas fiscais e financeiras de emergência, além de adotar políticas compensatórias de emprego, investimento público, oferta em curto prazo e de comércio exterior e balanço de pagamentos (PMDB, 1982, p. 74).

No horizonte de curto prazo, a estratégia econômica alternativa deveria se concentrar na retomada dos níveis de emprego, na utilização da capacidade ociosa, na reversão dos níveis de endividamento das empresas, sem prescindir de medidas fiscais e financeiras de emergência que possibilitassem a reforma tributária e financeira. A recuperação econômica somente seria possível mediante redução dos juros, considerando especialmente que as empresas nacionais, sob condições de financiamento a juros altos, logo iriam à falência. Para efetivar essa redução, se faria necessário desvincular a taxa interna de juros do refinanciamento da dívida externa, contendo a vinculação entre a política monetário-creditícia e a obtenção de empréstimos externos, necessários para conter o déficit do balanço de pagamentos. As taxas de juros reais do Brasil variavam entre 35% e 55% a.a., enquanto as taxas internacionais estariam na base de 7% a.a. (PMDB, 1982, p. 74).

A redução da taxa de juros interna implicaria na criação de mecanismos de financiamento externo compatíveis com juros mais baixos, nesse âmbito, o controle dos *spreads* seria imprescindível para conter os juros. Os bancos tinham como base os custos externos (correção cambial, juros e *spreads*) para cálculo de suas taxas de empréstimos, aplicando sobre esses custos a margem operacional relativa a essa operação. Mas os bancos utilizam além dos recursos externos, os depósitos à vista e os depósitos a prazo, estes depósitos à vista não têm qualquer custo ao banco, já os depósitos a prazo seguiam as taxas inflacionárias, ficando a remuneração do depósito praticamente nula ou negativa, o que os faz operar com três tipos de recursos, mas apenas um destes custos, o mais caro, é levado em consideração no cálculo das taxas de empréstimos aos clientes. O documento assim traduz a necessidade de intervenção estatal em relação à imposição de novas regras de fixação de taxas de juros, de maneira a introduzir juros em patamares próximos ao internacional, para isso, a proposta do partido consistia em vincular, através de fator multiplicador, o volume de operações de crédito dos bancos à captação prévia de recursos externos, suprimindo os limites quantitativos para a expansão creditícia interna e colocando o Banco Central à frente do controle das margens de lucro dos bancos, minimizando inclusive o câmbio duplo utilizado em manobras que se referenciam pelo diferencial entre as taxas de câmbio comercial e financeiro. Já para garantir taxas menores que as taxas externas, a proposta consistia em realizar a implantação de uma taxa especial de câmbio para transações financeiras, criada através de mecanismos como o seguro contra perdas cambiais, subsídio à diferença de câmbio, etc., sendo calculada de maneira a garantir a queda relativa da taxa interna de juros. A taxa única de câmbio (comercial) poderia ser utilizada para injetar moeda estrangeira, compensando o risco e o custo do tomador no momento em que amortizar o principal e o pagamento dos juros, utilizando para isso uma taxa de cálculo subvencionada que se restringisse a operações financeiras de prazos médios e longos, vedando esse direito para o pagamento de operações de curto prazo ou de importações financiadas, a escolha da taxa (especial ou de subsídio) deveria ser realizada a partir do consenso entre os principais agentes de captação (PMDB, 1982, p. 76).

Além da redução dos juros, o documento *E&M* cita a necessidade de se instituir uma nova política creditícia e anti-inflacionária, para isso, deveriam ser reduzidos os coeficientes de correção monetária que resistiam à queda da inflação, sua redução consistia na desindexação dos títulos e formas de aplicação financeira de curto prazo, admitindo aplicação de coeficientes somente nos casos de fundos sociais, saldos de poupanças familiares das classes assalariadas e nos casos de títulos e aplicações financeiras específicas que se pretendesse incentivar (PMDB, 1982, p. 76-77).

De modo a impedir que a inflação se acelerasse novamente, o PMDB registraria medidas de controle que tencionavam reprimir o veio inflacionário que poderia tomar forma com a política de expansão de crédito submetida a juros reais baixos, tais medidas consistiam na reativação do sistema CIP-Seap (Comissão Interministerial de Preços – Secretaria Especial de Abastecimento e Preços) com mecanismos de controle dos preços, estabelecendo tetos para o seu aumento a partir do conhecimento da estrutura de preços das matérias-primas, salários e demais objetos de pressão inflacionária; e na introdução de mecanismos sancionatórios, impedindo comportamento especulativo com mercadorias (PMDB, 1982, p. 78).

O partido aponta algumas medidas fiscais e financeiras de emergência que evitariam sobretaxas às fontes de receita e ampliariam a base de tributação, iniciando com o aumento do IR na fonte de grandes ganhos provenientes de aplicações financeiras, de pessoas físicas e jurídicas, sobre os lucros bancários e supressão dos incentivos fiscais ligados ao IR, com exceção dos regionais como do Nordeste e Amazônia. Havia ainda a necessidade de alterar a estrutura da dívida pública interna que apresentava pequenos prazos de giro, já que a queda de juros e da correção monetária não seria suficiente para conter a expansão dessa dívida, para isso, os papéis de títulos da dívida pública deveriam ser lançados com longo prazo e seria necessário diferenciar a remuneração dos papéis em favor das Obrigações Reajustáveis do Tesouro Nacional (ORTNs), tornando viável a administração do giro da dívida e evitando que os juros sobre eles sejam remunerados com recursos orçamentários. Quanto aos bancos, o orçamento do BNDES (Banco Nacional de Desenvolvimento Econômico e Social) deveria ser ampliado, de maneira a oferecer crédito aos projetos do programa de recuperação, além do fato de que os títulos públicos de longo prazo serviriam como reforço, bem como o Banco do Brasil deveria atuar como instrumento de regulação do crédito geral (PMDB, 1982, p. 79).

A crise instituía o desemprego em níveis alarmantes, o partido aderiu então à ideia de política compensatória de emprego, reativando a construção civil através de obras públicas para atender a demanda sem qualificação e a colocação de encomendas novas no conjunto metal-mecânico e na fabricação de bens duráveis, reajustando o sistema de transportes para empregar trabalhadores com maior qualificação. O governo deveria ainda arcar com gastos em saúde e educação em áreas com maior incidência de desemprego, como as rurais.

Em relação à política de investimento público, o governo realizava cortes nas dotações orçamentárias para limitar os dispêndios conforme metas quantitativas de curto prazo do orçamento monetário, o que seria inadequado para o planejamento da inversão pública que deveria ser concebida a médio e longo prazo. O andamento da política como estava seria danoso para o setor de bens de capital e para a regularidade do fluxo de financiamento externo que era mais conveniente em prazos mais longos e com juros mais baixos. O governo deveria então recuperar o investimento público de forma programada na administração direta, autarquias e empresas estatais através de "reprogramação geral das prioridades" (PMDB, 1982, p. 80), de acordo com as diretrizes do plano de desenvolvimento, desacelerando os projetos resultantes de políticas setoriais específicas que apenas representariam desperdício de recursos, como o programa nuclear, e adotando critérios de recuperação embasados em cálculos sobre a evolução da demanda, maximizando a capacidade instalada em longo prazo, e substituindo as importações, ampliando a capacidade exportadora do país. Para isso a Secretaria de Controle das Empresas Estatais (Sest) deveria passar a coordenar os planos e a execução do investimento público, não se concentrando, portanto, no papel de gestora orçamentária de curto prazo, de modo a assegurar a regularidade do fluxo de financiamento externo oficial, sem recurso a improvisações prejudiciais.

A oferta em curto prazo se refere à reativação dos setores de bens de capital de modo a assegurar empregos e remuneração favorável, fomentando a economia através da demanda por bens de consumo. Os setores de bens de consumo não duráveis como alimentação, vestuário e outros, deveriam receber apoio creditício, sendo acompanhada a rentabilidade, de maneira a evitar a aceleração dos preços incentivada com o crescimento da demanda. Em relação aos bens duráveis, a mesma política deveria ser imposta, porém, com diferenciação de produtos ao favorecer aqueles de uso popular, permitindo o acesso da população de menor poder aquisitivo através do remanejamento do crédito ao consumidor, que deveria advir com juros baixos. Os centros urbanos deveriam também ser contemplados com a estabilidade de preços mínimos dos alimentos através da formação de estoques reguladores de produtos agrícolas em conjunto com a disponibilização de crédito e subsídios diretos, de modo a alcançar os objetivos de regularização da oferta, estímulo aos produtores e baixo custo da alimentação (PMDB, 1982, p. 80-81).

A retomada do crescimento em curto prazo passaria ainda pelo enfrentamento ao desequilíbrio do balanço de pagamentos, de modo a controlar o déficit externo, o que seria possível através do controle de importações e do uso da capacidade produtiva ociosa doméstica em substituição à importação de determinados produtos. A busca pelo crescimento também perpassaria por políticas de minirreajustes cambiais para amparar o crescimento das exportações de forma flexível e compensar a retirada parcial dos inventivos fiscais à sobrevalorização internacional do dólar; seria importante a adoção de taxa especial de câmbio para amortizar as operações financeiras em moeda estrangeira, o que tornaria a taxa cambial flexível; além de instituir um processo de redução em médio prazo do déficit de serviços, como fretes, seguros, turismo e assistência técnica, introduzindo assim uma política de reversão do déficit do balanço de pagamentos e desvinculando os mecanismos de endividamento externo das condições internas de crédito, estando o Banco Central sobre o controle do giro da dívida e utilizando os bancos de investimento como o BNDES, o Banco do Brasil e empresas públicas para financiar projetos que coadunassem com a nova política econômica e reforma financeira. O PMDB considerou inclusive a instituição de um Plano de Emergência de Racionamento de Combustíveis no caso de asfixia cambial imprevista (PMDB, 1982, p. 82).

Com base nessas políticas, o partido advogava ainda a necessária renegociação da dívida externa, de modo a restabelecer condições favoráveis de longo prazo para seu financiamento, utilizando para isso medidas preventivas de controle do déficit de mercadorias e serviços como precondição para negociar um novo esquema de financiamento. A continuidade da recessão dificultaria a apresentação de projetos para atrair financiamento externo e a obtenção de empréstimos e financiamentos oficiais com prazos mais longos e juros mais baixos, dada a contenção do investimento público, reduzindo a captação de recursos e aumentando a dependência em relação às operações privadas, especialmente aquelas vinculadas a bancos domésticos, além de reconduzir o ingresso líquido de capitais de risco. O racionamento global de crédito e a elevação dos juros decorrentes da redução da estrutura de fundos e da fragilidade da estrutura de capital dos bancos internacionais, comprometidos com o refinanciamento dos balanços de pagamentos dos países em desenvolvimento como o Brasil, fez com que os bancos internacionais reduzissem o prazo de seus empréstimos, cobrando *spreads* elevados, de modo a compatibilizar a taxa de crescimento dos empréstimos aos países em desenvolvimento. Com isso, os efeitos favoráveis obtidos pela balança comercial logo seriam neutralizados, provocando um colapso dos mecanismos de captação de empréstimos externos (PMDB, 1982, p. 82).

A retomada do crescimento, portanto, não deveria estar condicionada à recessão, mas sim à implantação de medidas que reativassem a economia, sendo que o documento reconhece o papel predador do país norte-americano estadunidense, apontando o fato de que vários países, inclusive no Continente Americano, estariam em processo de pré-insolvência, o que transcenderia a negociação com credores, envolvendo os estados nacionais acerca da reestruturação do sistema monetário, comercial e financeiro internacional que afetava diretamente os países em desenvolvimento.

De certo modo, algumas estratégias regressivas estariam empurrando o país para um passado agroexportador, negligenciando o potencial industrial nacional. Competia ao governo atuar para colocar em prática a reordenação dinâmica do sistema produtivo, modelando o crescimento com base na justiça social, promovendo ajustamentos no sistema produtivo, em consonância com as transformações tecnológicas em curso. Pensando nisso, o PMBD sugeriu algumas diretrizes para guiar as políticas sociais que compreendessem a política industrial, mineral, energética e de transportes, políticas para o desenvolvimento científico e tecnológico e para a agricultura e reforma agrária (PMDB, 1982, p. 84-101).

No que tange à política industrial, o documento aponta para o fato de que o país não teria qualquer política voltada para a industrialização nacional, seria conveniente, portanto, fixar estratégia industrial, a qual dependeria basicamente de definir programas de inversão em infraestrutura, sistema de transportes, programas energéticos e sociais, programas de complementação da estrutura industrial e de acompanhamento das transformações tecnológicas, sendo o investimento público o principal aditivo para a implementação da estratégia industrial, bem como, impulsionador de novos investimentos (PMDB, 1982, p. 84-86).

Em relação aos programas de expansão, haveria necessidade de inferir medidas futuras de sustentação da capacidade produtiva de setores de bens de consumo, além de prever inversões derivadas dos ajustamentos de médio prazo da estrutura produtiva. A indústria seria detentora de capacidade não utilizada em muitos setores e para o partido, caberia uma avaliação realizada pelo conjunto de investimentos públicos e privados em relação à expansão industrial, inclusive em setores cujos investimentos são de maturação de longo prazo, como insumos básicos não metálicos, químicos, siderúrgicos, metais não ferrosos, dentre outros. Para efetivar um plano estratégico no âmbito industrial seria necessário observar a evolução do mercado internacional, o financiamento interno de longo prazo, as tendências setoriais em relação às transformações tecnológicas e a relação com o capital estrangeiro instalado no país, sem descuidar dos novos pretendentes (PMDB, 1982, p. 84-85).

Nesse ponto, o documento destaca a "orientação nacionalista" (PMDB, 1982, p. 85). como ponto principal a presidir a política industrial que seria apoiada por linhas de crédito para capacitação de empresas públicas e privadas nacionais, através da Reforma Financeira que passaria a drenar os recursos especulativos ociosos para o sistema produtivo. O parque industrial contaria ainda com aproveitamento de setores tecnológicos estratégicos para enfrentar a competitividade externa e assegurar o desenvolvimento das empresas nacionais, o que requeria suporte financeiro para atividades de pesquisa e desenvolvimento tecnológico realizados por empresas nacionais, como as empresas de engenharia e tecnologia, atuando as empresas públicas como contratantes de serviços técnicos.

A orientação nacionalista requeria controle prévio quanto à entrada de empresas estrangeiras ou aquisições realizadas por estas, "[...] de modo a impedir as frequentes ameaças de desnacionalização total ou parcial" (PMDB, 1982, p. 86). Os itens supracitados tratam de mecanismos defensivos que buscavam garantir o aumento da participação relativa da capacidade nacional de produção com desenvolvimento técnico. A política industrial deveria ter como prioridade os bens de consumo popular, a utilização de matérias-primas e fontes de energia renováveis asseguradas através de financiamento, descentralização geográfica de produção ao planejar a localização dos investimentos industriais e agroindustriais, e simplificação da estrutura burocrático-fiscal de pequenas e médias empresas através de políticas de assistência técnica e crédito de longo prazo.

IV

TRANSIÇÃO PACTUADA

Das Diretas Já ao conchavo no Colégio Eleitoral

Entre as negociações para a transição política rumo à democracia estaria a convocação de uma ANC, com a elaboração de uma nova Constituição, que se daria mais adiante. Porém, algumas medidas deveriam ser tomadas como primeiro indício de mudança para que o retorno à democracia se iniciasse, como o reestabelecimento de elementos mínimos do Estado de Direito – as garantias clássicas à magistratura[1], instalação de remédios institucionais como o *habeas corpus* para delitos políticos e ampliação dos direitos aos anistiados (ROCHA, 2013, p. 42). Tem início assim uma espécie de "democratização cronometrada" com uma transição gradativa, tese que em 1973 foi sustentada pelo cientista político Wanderley Guilherme dos Santos no plenário do Congresso Nacional, e que foi duramente combatida pelos "autênticos", que não abriam mão de um objetivo político que não fosse a ruptura com o regime militar. Santos (1978 *apud* ROCHA, 2013, p. 36), porém, sugeria que a ordem política fosse descomprimida por etapas, evitando assim os riscos de "recompressão" que poderia ser desencadeada pela linha-dura, grupo militar extremista. Nesta linha de pensamento, Raymundo Faoro, presidente do Conselho Federal da OAB, iniciou a negociação com o núcleo reformista do Governo Geisel – Golbery do Couto e Silva, Leitão de Abreu e o ministro da Justiça Petrônio Portella em 1978, embora sofresse retaliação por parte de setores mais engajados com a abertura democrática (ROCHA, 2013, p. 42). Para Faoro, a questão jurídica de retorno ao Estado de Direito sobrepunha-se à questão política de redemocratização.

Parte dos atores que realizaram o pacto pela transição política parecia concordar que não havia força social para iniciar a ruptura com o regime autoritário. Isso porque a força do regime autoritário ainda se mostrava incontrastável – seja nos instrumentos de violência, como armamentos e homens bem equipados, seja no âmbito da legislação, ainda proveniente da Carta Constitucional de 1967. A opção pela "transição pelo alto", ou

[1] Tais garantias são as seguintes: inamovibilidade, vitaliciedade e irredutibilidade de vencimentos dos magistrados.

"transição transada", feita pelos peemedebistas, teria ocorrido ao analisar e se deparar com a realidade do entorno ao regime.

Mas, embora reconheça a força opositora, o PMDB já havia se tornado um estuário das reivindicações da sociedade civil brasileira. Os economistas da oposição, reconhecendo no programa *E&M* a alternativa de mudança política e econômica, passariam a se revezar em sua divulgação. Ainda em 1982, a economista Maria da Conceição Tavares fez uma visita à Ordem dos Economistas na Bahia com o propósito de apresentar o programa de governo *E&M,* afirmando ser esse o programa da oposição e que a luta do PMDB era pela derrocada do regime autoritário, seguindo com seu governo pautado nas determinações desse programa. Havia, assim, uma percepção generalizada de que o PMDB chegaria, afinal, ao poder.

Embora os programas de partido em sua maioria se trate apenas de uma questão de formalidade frente ao TSE, *Constituinte com Anistia* e *E&M* fogem dessa determinação. Enquanto o primeiro expõe à sociedade os passos a serem seguidos para que a democracia volte a reinar, com garantias individuais, sob uma esfera de justiça social, iniciando as mudanças econômicas, o segundo estipula passos a serem seguidos na esfera econômica, já sob um novo regime político, para que o crescimento pautado na redistribuição de renda se consolide.

Importante frisar que nas eleições de 1982, já com o *E&M* balizando sua estratégia política, o PMDB elege dez governadores nos principais Estados do país, com exceção do Rio de Janeiro, onde se elegeria Leonel Brizola (PDT-RS). Com isso, embora o regime autoritário retivesse o controle do sistema político federal, as forças de oposição passavam a controlar dez estados, com até mesmo suas respectivas polícias militares. Isso leva o sistema político nacional ao que um analista denominou de "diarquia política" (LAMOUNIER, 1986), quando começam a atuar dois polos de poder. Nesse âmbito, o PMDB, constituindo o segundo polo de poder, passa a priorizar a campanha das *Diretas Já,* apostando na força eleitoral, que já demonstrara possuir, para chegar ao poder principal através da eleição direta para Presidente da República. No final das contas, embora tenha havido o malogro das *Diretas Já,* houve uma manobra para que o PMDB chegasse ao poder através da candidatura de Tancredo Neves no Colégio Eleitoral, tendo o senador José Sarney (PDS-MA) na Vice-Presidência, após a incorporação do PP (Partido Popular) ao PMDB. A morte de Tancredo e a posse de Sarney na Presidência da República, no entanto, traria de volta integrantes do regime autoritário. A Nova República já se inicia com vários membros do *ancien régime* em postos-chave do poder político nacional.

O PMDB se cercava de cuidados até mesmo durante o processo constituinte, quando, segundo Ulysses Guimarães (*apud* GUTEMBERG, 1994, p. 267), caso a ANC assumisse um caráter revolucionário, "toda a arquitetura da transição, que possibilitou a capitulação disfarçada do regime militar, estaria perdida".

4.1 PMDB + Frente Liberal = "Aliança Democrática"

No dia 2 de março de 1983, o deputado Dante de Oliveira (PMDB-MT) apresentava a PEC – Proposta de Emenda Constitucional nº 5, visando à extinção do Colégio Eleitoral e ao restabelecimento das eleições diretas para Presidência da República em 1984. A proposta apresentada pelo deputado da esquerda peemedebista alterava profundamente o rumo que a agremiação oposicionista vinha seguindo até então, cujo principal objetivo, como vimos, era o retorno do país à institucionalidade democrática através de uma Assembleia Nacional Constituinte (LEÃO, 2004). Poucos dias após a apresentação da PEC, o líder peemedebista Freitas Nobre (PMDB-SP) constituiria uma comissão de cinco deputados para elaborar um documento de defesa das diretas presidencias. Em 11 de março, o grupo encaminha à Executiva Nacional um plano para a campanha nacional pelas *Diretas Já*. Nascidas no Congresso Nacional, organizadas pelos políticos profissionais e apoiando-se prioritariamente nos partidos – em especial, no PMDB –, somente *a posteriori* é que as eleições diretas para Presidência receberão a adesão dos movimentos sociais e da população dos grandes centros, ativada e ainda mobilizada pelas greves de 1978.

A partir daí, o movimento empolgará o país; mesmo as hostes governistas não lhe serão indiferentes. Deputados do PDS formarão o Grupo Pró-Diretas na agremiação governista – e, quando a hora chegar, contribuirão com 55 votos favoráveis na votação da Emenda. Ainda assim, e por pequena margem, a PEC das *Diretas Já* seria, afinal, derrotada em 25 de abril de 1984.

O resultado da votação evidenciava, contudo, que mudara a relação de forças no Congresso Nacional, abrindo a possibilidade de que o governo deixasse de contar com maioria no Colégio Eleitoral. A percepção induz as oposições a repensar sua estratégia, como aventava o senador Márcio

Santilli (PMDB-SP) em Plenário: "Devemos formular uma ampla aliança, incluindo os deputados democratas do PDS, para que possamos cacifar uma transição [...]"[2].

No partido do governo, a conversão de um grupo de deputados pedessistas à tese das eleições diretas era apenas uma parte da crise que lavrava na legenda. A questão da escolha do candidato governista à sucessão presidencial desencadeara rivalidades e disputas intestinas inconciliáveis; seu acirramento levará à crescente fragmentação do PDS, culminando numa dissensão de próceres governistas que, na sequência, deixariam o partido e abandonariam o regime.

A cizânia nas hostes do governo tem seu epicentro em junho de 1984, quando Sarney, na presidência do PDS, propõe publicamente a realização de prévias eleitorais para escolha do candidato governista. Combatidas pelos malufistas e desautorizado pelo próprio presidente Figueiredo, a convenção partidária rejeita as prévias em 11 de julho, desimpedindo o caminho para a consagração da candidatura de Maluf (PDS-SP). Com o resultado, Sarney renuncia de imediato à presidência do PDS e também à sua filiação partidária, abrindo uma crise sem precedentes na agremiação governista. Como recorda o senador Bornhausen:

> A solução virá na madrugada do dia 10 para o dia 11 de junho de 1984. Foi acertado que Sarney renunciaria à presidência do PDS e eu a assumiria. Mas, na segunda reunião, eu também renunciaria, e essa seria a senha para a formação da Frente Liberal (ECHEVERRIA, 2010, p. 289).

Em 5 de julho, a dissidência rompe com o PDS e formaliza a Frente Liberal. O ciclo se fecha. Civis levaram ao golpe de 64. Civis encerrariam o regime que ajudaram a criar.

A convergência de trajetória entre a novel dissidência governista e a ala dos moderados de oposição não virá de imediato. No dia seguinte à derrota das *Diretas Já*, partidos de oposição e o grupo Pró-Diretas do PDS empreendem articulações para que a Mesa Diretora do Congresso Nacional colocasse em votação emendas alternativas para as eleições diretas. Havia a PEC 35/84, apresentada pelo governo dias antes da votação da Emenda Dante de Oliveira, no calor da mobilização nacional, e que

2 *Diário do Congresso Nacional* de 27 de abril de 1984, p. 2531.

propunha diretas presidenciais para 1988. Com a mudança de cenário e ante a disposição dos oposicionistas de emendar a proposta e antecipar as eleições para 1985, o governo prestamente retira a sua PEC. Pelo lado da oposição, restava ainda a Emenda Theodoro Mendes[3], e, no começo de agosto, o líder Freitas Nobre pressiona a Mesa do Congresso para colocar em pauta a sua votação. Essa e outras tentativas fracassariam. A conquista da Presidência da República pela via das eleições diretas estava inviabilizada para o PMDB. Restava a alternativa do Colégio Eleitoral. Passo a passo, a direção nacional e a maioria do partido caminhariam para um acordo com os políticos da Frente Liberal.

A via da eleição indireta, no entanto, gerava intensa rejeição nas bases peemedebistas. No plenário, parlamentares se revezavam na denúncia da "farsa das eleições indiretas brasileiras", repudiando "o pacto das elites, a costura por cima, o pacto pelo pacto, a conciliação pelo poder"[4]. Não era o que pensavam os moderados – ala do PMDB que as eleições de 1982 infundiram substancial incremento, graças aos efeitos das regras institucionais postas pelo regime. No pleito daquele ano, a lei eleitoral obrigara a vinculação do voto para todos os cargos em disputa, vedando também as coligações em regime proporcional. O regramento inviabilizara o Partido Popular de Tancredo Neves e o levara a pedir reincorporação ao PMDB, de onde havia saído na criação do pluripartidarismo em 1979. Tendo feito escala no PP, ex-arenistas e conservadores estavam agora a bordo da nau oposicionista, inflando a ala dos moderados do partido[5]. No correr mesmo da campanha, há evidências de que essa facção já trabalhava com a possibilidade de derrota da Emenda Dante de Oliveira[6]. Como resumia em sua coluna o jornalista Castello Branco, o governador de Minas Gerais manobrava nos bastidores um novo movimento, articulado pelos moderados,

[3] Apresentada em 2 de agosto de 1983, tratava-se da PEC 20/83.

[4] Discurso de Luiz Henrique da Silveira (PMDB-SC). Cf. *Diário do Congresso Nacional* de 16 de maio de 1984, p. 971.

[5] Que internamente se organizarão no grupo Unidade. Instalado na 1ª Vice-Presidência do novo partido, Tancredo demarcaria terreno: "O meu PMDB não é o PMDB do Dr. Arraes".

[6] Tancredo Neves foi a única ausência política importante da oposição no palanque do comício do dia 25 de janeiro de 1984, que reuniu cerca de 300 mil pessoas no centro da cidade de São Paulo. O governador mineiro dizia-se favorável às diretas, mas, na data do comício, preferiu receber o então Presidente Figueiredo na exposição de gado em Uberaba (MG). Segundo Hagopian (1996), ali Tancredo deixava claro sua opção de criar espaço no regime para ser o fiador de uma transição negociada com as Forças Armadas, caso se confirmasse a derrota da Emenda das *Diretas Já* na Câmara, três meses mais tarde.

mas com apoio mais geral, que "(...) pode ser chamado de *Tancredo Já*, ao invés de *Diretas Já*"[7].

Os "históricos" do partido perderam mais essa batalha. A ida ao Colégio Eleitoral se imporia à oposição. Em 23 de julho de 1984, o PMDB e outros partidos de oposição lançam Tancredo Neves como candidato indireto à Presidência da República. A aliança com os dissidentes da Frente Liberal traria preciosos votos e incontáveis conexões no mundo interior do regime – urdidura a ser tecida, com os recortes aí colhidos, na vestimenta a ser usada no desfile final da ordem autoritária.

Na negociação entre frentistas e tancredistas, pesam e operam mais uma vez as regras institucionais do regime. Na composição, Marco Maciel (PDS-PE) era o preferido da ala dos "autênticos" para ocupar a candidatura de vice-presidente na chapa do PMDB. A Emenda Constitucional 11/78, no entanto, impunha perda de mandado ao candidato que disputasse eleições trocando de legenda partidária. A vedação atingia Maciel, mas não alcançava José Sarney, que havia sido eleito senador em 1978 – e era o preferido de Tancredo. Novamente, os membros históricos do partido protestam e rejeitam a chapa com José Sarney na vice-presidência. Ulysses fecharia a questão: "Não dá, aritmeticamente falando, para elegermos Tancredo sem os votos da Frente Liberal, que, como contrapartida, ganhou o direito de indicar o vice e indicou. Ou vocês acham que devemos deixar o Maluf eleger-se?" (ECHEVERRIA, 2011, p. 284).

O *dixit* do ex-"Sr. Diretas" encerraria, afinal, a contestação interna ao ex-presidente do PDS, e, em 7 de agosto, a Aliança Democrática entre o PMDB e a Frente Liberal é anunciada ao país. No dia 8, Sarney filia-se à agremiação oposicionista. Três dias depois, a chapa seria aprovada na convenção peemedebista. Consumava-se a opção do combate ao sistema "por dentro". A decisão, no entanto, parecia pesar no encontro. Discursa Tancredo:

> Assumo, diante de nosso povo, o compromisso de promover, com a força política que a Presidência da República confere a seu ocupante, a convocação de poder constituinte para, com a urgência necessária, discutir e aprovar a nova Carta Constitucional (DELGADO, 2006, p. 289).

[7] Coluna de 27 de maio de 1984. Disponível em: www.carloscastellobanco.com.br.

A intenção é formalizada dias depois, quando se lança o *Manifesto à Nação*, assinado pelo PFL e pelo PMDB, fixando as metas políticas para a nova ordem institucional:

> (...) É urgente a necessidade de proceder-se à reorganização institucional do país. Uma nova Constituição fará do Estado, das leis, dos Partidos políticos meios voltados para a realização do homem – sua dignidade, sua segurança e seu bem-estar. (...) Esse entendimento possibilita a Aliança Democrática estabelecer como compromissos impostergáveis e fundamentais com a Nação brasileira:
> – restabelecimento imediato das eleições diretas, livres e com sufrágio universal, para Presidente da República, Prefeitos das Capitais dos Estados e dos Municípios considerados estâncias hidrominerais e dos declarados de interesse da segurança nacional. Representação política de Brasília;
> – convocação de Constituinte, livre e soberana, em 1986, para elaboração de nova Constituição; [...] (DELGADO, 2006, p. 290).

4.2 No Colégio Eleitoral: o PMDB chega ao poder

O ponto crucial na marcha do PMDB é o "continuar da caminhada", ou seja, se o MDB já havia obtido êxito junto ao eleitorado com a caracterização de legenda opositora aos militares, o passo seguinte seria investir para que a oposição se tornasse governo, passando assim de oposição à "situação". Prevendo o crescimento do partido nas eleições seguintes em que seriam eleitos governadores, senadores, deputados federais, um terço do Senado e Assembleias Estaduais, além de prefeitos e vereadores, eleições adiadas pelo Governo em 1980, a ditadura realizaria mudanças nas "regras do jogo" com o lançamento de um pacote eleitoral chamado "Pacote de Novembro".

As novas regras eleitorais buscavam privilegiar o PDS utilizando a força da máquina partidária nos municípios, onde o partido teria mais força e levaria vantagem em relação ao PMDB. O "Pacote de Novembro" assim definiria: voto vinculado, no qual o eleitor obrigatoriamente deveria votar em candidatos do mesmo partido desde o cargo de vereador até o cargo de governador, para que seu voto não fosse anulado; proibição de coligações, os cargos de governador, senador e prefeito não poderiam advir de alianças entre os partidos; sublegendas ao Senado, na votação seguinte os partidos poderiam lançar três candidatos ao cargo; lançamento de candidatos em todos os níveis, neste âmbito, apenas os partidos que contassem com candidatos em todos os níveis, desde vereador até governador, poderiam participar das eleições, esse item, no entanto, não se cumpriria, já que somente o PDS tinha condições efetivas de lançar candidatos em todos os níveis, de modo que, para que a concorrência continuasse atuante, a ditadura permitiria o voto em branco no município em que o partido de escolha do eleitor não tivesse lançado candidato.

Os partidos seriam então comunicados quanto às novas regras eleitorais, duas delas afetariam diretamente o PP, partido "de centro" que seria criado pela união de forças entre Tancredo Neves e Magalhães Pinto (PP-MG): a proibição de coligações partidárias e a vinculação dos votos, que fariam com que Tancredo defendesse a fusão dos partidos oposicionistas, instituindo a formação de um partido único, proposta que seria acatada por parte do PMDB e do próprio PP. Tancredo teria negociado pessoalmente com o presidente João Figueiredo para que essa proposta não fosse acolhida, mas não obteve êxito. Nesse sentido, para manter os membros do PP politicamente ativos e como resposta ao regime, que tentava outorgar vantagens a si próprio, PP e PMDB fundiram-se.

Embora o PP estivesse, em sua maioria, formado por quadros ligados à Arena, as novas regras inviabilizavam sua efetivação como partido nas próximas eleições, logo, após acordo entre ambos, a incorporação seria anunciada com a aprovação do TSE, para desalento do ministro Leitão de Abreu, principal articulador das medidas do Governo Figueiredo contra as manobras oposicionistas.

Com eleições livres, o próximo passo seria votar para Presidente da República. A Emenda Dante de Oliveira surgiria com esse intuito, tornar as eleições indiretas em diretas, para possibilitar aos eleitores participarem do escrutínio. Essa emenda, no entanto, foi rejeitada, tornando indireta a escolha do presidente, a ser realizada pelo Colégio Eleitoral. A partir desta realidade, os partidos buscariam lançar candidatos para compor as chapas que concorreriam ao cargo de presidente, tendo a disputa interna ocorrido entre Marco Maciel, Mário Andreazza (PDS-RS), o vice-presidente da República Aureliano Chaves (PDS-MG) e Paulo Maluf (PDS-SP). Embora fora do *staff* e de não ser o preferido de Geisel e Figueiredo, Paulo Maluf seria escolhido pelo partido como candidato ao cargo de presidente. Esta escolha do partido deixou os demais candidatos descontentes, os quais optaram em romper publicamente com o PDS, com exceção de Mário Andreazza, e assumir juntamente com José Sarney e outros pedessistas dissidentes a articulação do movimento da Frente Liberal que iniciaria as negociações com o PMDB, com vistas à escolha do candidato para disputar a eleição. Em conjunto, a Frente Liberal e o PMDB formariam a Aliança Democrática, e, em acordo interno, decidiu-se que a Frente Liberal, composta de dissidentes do PDS, indicaria o candidato à Vice-Presidência, motivo pelo qual o senador José Sarney, ex-arenista, teria seu nome anunciado, com Tancredo Neves como Presidente da República. A Aliança Democrática venceu o pleito presidencial realizado em 15 de janeiro de 1985, derrotando no Colégio Eleitoral o candidato do PDS, Paulo Maluf.

Tancredo Neves foi eleito Presidente da República pelo Colégio Eleitoral em Brasília em 15 de janeiro de 1985, recebendo 480 votos favoráveis contra 180 recebidos por Paulo Maluf.

Mas, para ser eleito, Tancredo realizaria conchavos pela via indireta, contando com o apoio do regime autoritário, mediante o qual possuía influência dada sua proximidade com Geisel e Figueiredo; além do apoio das elites, que não pretendiam eleger qualquer ameaça ao seu *status quo*.

Antes mesmo de assumir a Presidência, Tancredo anunciou o seu Ministério – o primeiro da chamada "Nova República". Entre os ministros escolhidos, havia alguns expoentes, vinculados ao *ancién regime* e à antiga Arena, como Antonio Carlos Magalhães (PFL-BA), que ocuparia a pasta do Ministério das Comunicações; Aureliano Chaves, Ministro de Minas e Energia; Olavo Setúbal (PFL-SP), Ministro das Relações Exteriores; Marco Maciel, Ministro da Educação; Carlos Sant'Anna (PMDB-BA), que, apesar de ser membro do PMDB na ocasião, filiou-se inicialmente à Arena e em seguida ao PP, indo parar no PMDB por força da incorporação do PP; seria indicado Ministro da Saúde. Para a pasta que se aguardavam mudanças, Tancredo anunciou que seu sobrinho, o tributarista Francisco Dornelles (PMDB-RJ), conservador e ortodoxo, assumiria o Ministério da Fazenda. O PMDB ficaria com os Ministérios do Planejamento, assumido pelo professor João Sayad (PMDB-SP); na Agricultura, Pedro Simon seria o escolhido; no Ministério do Trabalho, Almir Pazzianotto (PMDB-SP); na Justiça, Fernando Lyra; no Ministério da Indústria e Comércio, Roberto Gusmão (PMDB-MG); na Previdência Social, Waldyr Pires (PMDB-BA); Assuntos Fundiários, Nélson Ribeiro (PMDB-PA); na Administração, Aluísio Alves (PMDB-RN); na Habitação e Saneamento, Flávio Peixoto (PMDB-GO); no Ministério do Desenvolvimento Regional, Ronaldo Costa Couto (PMDB-MG); no Ministério da Cultura, José Aparecido de

Oliveira (PMDB-MG), que ocuparia o Governo de Brasília, em seu lugar seria indicado Aluísio Pimenta (PMDB-MG); nos Transportes, Affonso Camargo (PMDB-PR); no Ministério da Ciência e Tecnologia, Renato Archer (PMDB-MA); no Ministério da Desburocratização, Paulo Lustosa (PFL-CE); no Gabinete Civil, José Hugo Castello Branco (PMDB-MG); no Gabinete Militar, General Rubem Bayma Denis; no Ministério do Exército, General Leônidas Pires Gonçalves; no comando da Marinha, Almirante Henrique Sabóia; Aeronáutica, Brigadeiro Júlio Otávio Moreira Lima; no Estado Maior das Forças Armadas (EMFA), Almirante José Maria Amaral[8].

A morte de Tancredo levaria José Sarney ao poder, ele que já havia exercido os cargos de deputado federal pela UDN, governador do Maranhão e senador pela Arena durante o regime autoritário. Em seu artigo "A nova República brasileira: sob a espada de Dâmocles", Campello de Souza (1988) demonstra que as Forças Armadas controlaram o processo de transição política no Brasil. Em tal cenário, Souza (1988, p. 564-565) menciona a existência de certo consenso quanto à responsabilidade dos grupos de oposição, em relação às dificuldades de transição, pela sua posição omissa na construção de um projeto que orientasse o debate constitucional na sociedade e pela "negociação intramuros", que acabou por limitar as vias de mudança, permitindo que houvesse, em pleno governo civil, fortes traços de continuidade do regime autoritário anterior. O acordo entre as partes foi de que o governo atuaria em setores específicos que cuidassem do sistema tributário e salarial, da Reforma Agrária e da distribuição de renda.

A experiência mostrou que os poucos espaços conquistados pela esquerda e a diminuta redução do poder militar nos centros de decisões, com grande permanência ainda dos militares no centro decisório que não teriam voltado aos quartéis, não teriam assim sido o suficiente para reordenar o aparelho do Estado (SOUZA, 1988, p. 566). Havia um "centrismo" no processo partidário-parlamentar, o qual Souza chamava de "invertebrado", e que teria causado dificuldades para governar e formar uma base parlamentar de apoio ao governo.

Parte da Arena continuou a obter grande número de cadeiras no Congresso Nacional, como demonstrou Souza (1988, p. 570) quando constatou que, dos 559 parlamentares constituintes, nada menos que 217 haviam sido filiados à Arena, legenda pró-governo autoritário (ou cerca de 40%

---

[8] Retirado dos arquivos do CPDOC. Disponível em: http://www.fgv.br/cpdoc/acervo/dicionarios/verbete-biografico/antonio-aureliano-chaves-de-mendonca. Acesso em: set. 2017.

da composição da ANC) –, alguns deles integrantes inclusive do PMDB, que contava com 40 parlamentares que fizeram parte do PDS (legenda que substituiu a Arena) e 42 que pertenceram diretamente à Arena, reduzindo ao número de 137 os constituintes que realmente provieram da "sigla mágica", o MDB. A Constituinte se desenrolaria sob a vigência da Lei de Segurança Nacional promulgada pelo regime autoritário e não haveria uma votação própria para eleger os membros que a comporiam, contando, assim, com os representantes eleitos nas eleições para o Congresso Nacional em 1986.

Mas a principal variável explicativa quanto às dificuldades no processo de transição seria o "clientelismo estatal", que versaria sobre a relação entre o Estado e o partido. Os partidos no Brasil convivem com essa condição cultural desde 1945, e utilizar ou não o clientelismo tem relação com o modo como as lideranças partidárias se associam às bases populares.

V

NOVA REPÚBLICA

A "situação constituinte" (1985-1987)

5.1 Eleições de 1986: o PMDB vai ao paraíso

Primeira eleição geral a acontecer na Nova República, o PMDB alcançaria grande êxito nos resultados que confirmariam o reconhecimento pela sociedade de que o partido poderia ser mandatário das mudanças que se alinhariam com a redemocratização. A mudança interna no PMDB empreendida ao longo dos anos, que reestruturaria suas bases em direção a exercer um papel "oposicionista efetivo" e que aos poucos conquistou adeptos, foi o principal propulsor para essa conquista eleitoral.

Mas as estratégias intentadas pelo partido após 1982, com a adesão do PP à sua base, denotavam esmorecimento da identidade doutrinária que emergira nos anos anteriores e que teria tido seu ápice com o fim do bipartidarismo, quando o partido iniciaria um processo de homogeneidade após a desfiliação de membros mais conservadores, que colidiam com o posicionamento de confronto adotado pelo partido durante o regime militar. O partido que daí adveio se preparou para galgar o poder através de acordos e tratativas, o que de fato aconteceu com a escolha de membros do PMDB (egressos do PDS) para compor a presidência, instituída através de eleição indireta.

De qualquer maneira, essas eleições denotam algumas considerações: é possível que ainda houvesse identificação com o partido pela sua longa trajetória de luta durante o período do regime militar, atrelando-o diretamente ao antigo MDB. Embora muitos especialistas concordem que o voto brasileiro havia se tornado cada vez mais personalista (LAVAREDA, 1999; CARREIRÃO e KINZO, 2004; SAMUELS, 2004), as eleições de 1986 demonstraram que o PMDB elegeu mais de 50% do total dos parlamentares-constituintes, indicando que a afinidade particular com o candidato, no mínimo, teria uma junção com a legenda que estaria o apoiando. Essa eleição propõe ainda haver superação da ideia de "síndrome do Flamengo"[1], na qual o "eleitor popular" se identificaria com o oposicionismo

[1] Reis indica em seu artigo a existência de um padrão comportamental dos eleitores ditos "populares", que, ao exercerem seu voto, não o submeteria às "dimensões do universo

contra a elite política reinante, demonstrando mesmo haver consagração do partido que estava governando o país (o PMDB já estava à frente do Poder Executivo Nacional há 22 meses; cf. Reis, 2000, p. 78).

A teoria do comportamento eleitoral a partir do modelo econômico (DOWNS, 1957) vigora entre alguns analistas em relação a esse pleito por acreditar que os eleitores teriam feito suas escolhas baseadas na estrutura produzida mediante os resultados econômicos obtidos. O Plano Cruzado é considerado o maior responsável pelo elevado número de congressistas do PMDB eleitos em 1986 (FLEISCHER, 2007; SOUZA, 1988; BARBOSA, 1989). Com a popularidade em alta após o "congelamento" dos preços e a estratégia do governo em transformar o povo em "fiscais do Sarney"[2], o PMDB obteve maioria no Congresso Nacional e, por conseguinte, na Constituinte Congressual. Embora não sejam aqui investigadas as causas que levaram o PMDB a obter maioria no Congresso no pleito de 1986, é fato que o partido iniciou um processo de crescimento eleitoral desde as eleições de 1974.

Há de se mencionar que contribuíram para alterar esse resultado o desmembramento do PMDB com a saída de vários membros "de peso" do partido para a formação do PSDB e o insucesso do Plano Cruzado, que não sustentou os resultados iniciais, permitindo o retorno inflacionário em altos níveis, o que poderia ter contribuído para o resultado nas eleições municipais seguintes, em que, segundo Fleischer (2007, p. 315), o PMDB teria perdido o poder de governar grande número de cidades, passando de 75 – que estavam entre as 100 maiores – para apenas 20 delas.

Ao todo, trinta legendas participaram do pleito em 1986, mas apenas 13 obtiveram votos que garantiriam representação. A dita "fragilidade congênita" (DINIZ; BOSCHI, 1989, p. 46) com a qual a maioria desses partidos se formou impediu o fortalecimento desses partidos, visto que sua

sócio-político" que contrasta "popular" e "elitista" ("pobres" *versus* "ricos", "povo" *versus* "governo") quanto aos votos que praticam: "votar na oposição é, para o eleitor em questão (popular), um pouco como "torcer" por um clube popular de futebol – o Flamengo, digamos, para tomar talvez o mais popular deles" (REIS, 2000, p. 78). A propensão a esse tipo de voto adquire "consistência e estabilidade", de modo que, embora haja rearranjos artificiais impostos pela elite política conservadora, o que temos é a volta ao "leito natural", como ocorrera com o MDB.

[2] Expressão atribuída aos consumidores que controlavam os preços no comércio varejista, denunciando aqueles que elevavam os preços e rompiam com o "congelamento" anunciado pelo Governo.

origem eminentemente parlamentar, não construída a partir do eleitorado, cada vez mais demonstraria não possuir fundamentação para continuidade partidária – artificialidade afastada pelo PMDB desde que sua agenda se tornou condizente com as expectativas da sociedade. E foi com base nessa perspectiva, de construção constitucional das propostas embutidas nos programas partidários do PMDB, que parte dos eleitores atribuiria ao partido a primazia de liderar a ANC, já que as eleições de 1986 elegeriam os parlamentares "congressuais" mas também os parlamentares "constituintes", os quais estariam finalmente inseridos na ANC, apelo que vigorava desde 1971, com a "Carta de Recife".

5.2 ANC: a montagem da hegemonia do PMDB no processo decisório

Em 27 de novembro de 1985, o presidente José Sarney promulgaria a Emenda Constitucional nº 26, que tinha como finalidade convocar a Constituinte, com início em 1º de fevereiro de 1987, tendo a tarefa de iniciar os trabalhos do documento que selaria o término do período autoritário, expungindo toda regulamentação que ainda perdurasse e que tivesse elo com o período anterior. A composição partidária da ANC assim foi definida após o pleito:

Gráfico 1. Composição Partidária ANC[3]

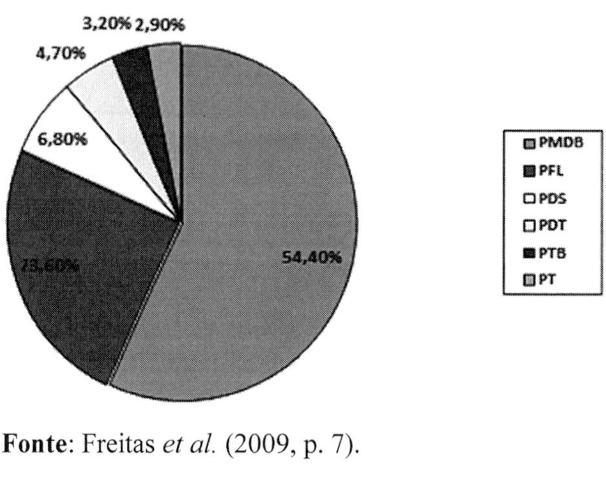

Fonte: Freitas *et al.* (2009, p. 7).

[3] Dados constantes no gráfico original: Composição partidária na abertura da ANC. Fonte primária: Banco de Dados da ANC – Cebrap.

Como se pode perceber pelo Gráfico 1 exposto anteriormente, o PMDB concentrou o maior número de constituintes na ANC, detendo controle sobre a maioria das Comissões e dedicando-se especialmente às relatorias responsáveis por apresentar os Projetos Constitucionais de cada setor que seriam entregues à Comissão de Sistematização.

A formação do PMDB que participaria da ANC ainda contava com o grupo dos "autênticos" do antigo MDB, mas nele estaria inserida uma série de membros que aderiram a essa agremiação sem afinidades com o ideário doutrinário, assemelhavam-se às alas de esquerda ou mesmo aos moderados do partido. O PDS havia perdido parte de seus membros após a indicação de Paulo Maluf ao cargo de Presidente da República. Esses se uniram e formaram a Frente Liberal, aderindo em seguida à oposição, instituindo a Aliança Democrática ao se unir com o PMDB, PDT e PTB, que apoiaria Tancredo Neves. Em contrapartida, foram beneficiados com a escolha do vice-presidente, o senador José Sarney, ex-partidário da Arena. E com essa composição, que permitiria a Sarney assumir o poder após a morte de Tancredo Neves, o PMDB – afinal – chegou ao poder.

As Comissões foram divididas em 8 temas e subdivididas em 24 Subcomissões Temáticas. A Comissão Temática teria a função de aglutinar os três projetos das Subcomissões pertinentes, seguindo para a Comissão de Sistematização 08 Projeto das Comissões Temáticas. Quanto aos temas que nos interessa, a Ordem Econômica seria composta de três Subcomissões, com a seguinte composição partidária:

a) Subcomissão VI-a) *Subcomissão de Princípios Gerais, Intervenção do Estado, Regime da Propriedade do Subsolo e da Atividade Econômica.*
b) Subcomissão VI-b) *Subcomissão da Questão Urbana e Transporte.*
c) Subcomissão VI-c) *Subcomissão da Política Agrícola e Fundiária e da Reforma Agrária.*

Tabela 3 – Composição partidária na Ordem Econômica

Partidos	Subcomissão VI-a	Subcomissão VI-b	Subcomissão VI-c	Comissão	TOTAL	%
PMDB	12	08	13	34	67	52,7%
PFL	05	04	05	15	29	22,8%
PDS	02	01	01	04	08	6,3%
PDT	01	01	01	03	06	4,7%
PT	01	00	01	02	04	3,1%
PL	01	00	00	01	02	1,5%
PSB	01	00	00	01	02	1,5%
PTB	00	00	01	02	03	2,3%
PDC	00	00	01	01	02	1,5%
PCdoB	00	00	01	01	02	1,5%
PCB	00	00	01	01	02	1,5%
Total	**23**	**14**	**25**	**65**	**127**	**100%**

Fonte: Câmara dos Deputados (BRASIL, 1987i), organizado pelos autores.

A Ordem Econômica foi uma comissão em grande parte controlada pelo PMDB, tendo obtido mais de 50% do total de cadeiras titulares, enquanto o PFL, segundo maior partido em número de cadeiras na ANC, obteve pouco mais de 20%. Juntos, PMDB e PFL dominaram cerca de 80% da Assembleia Constituinte, enquanto os partidos minoritários deixaram muitas cadeiras vagas – em outras palavras, a vaga para o partido existia, porém, não havia parlamentares habilitados a participar da comissão correspondente.

Quanto aos cargos de execução e controle, o PMDB controlou todas as Relatorias das Comissões e Subcomissões analisadas – sendo a relatoria um dos cargos mais poderosos da ANC –, enquanto o PFL ficou com a maioria das presidências das Comissões. Havia ainda peemedebistas na 1ª e 2ª Vice-Presidências da Comissão Temática, na Presidência e na 2ª Vice-Presidência da Subcomissão VI-b e na 1ª Vice-Presidência da Subcomissão VI-c.

No que se refere à Ordem Social, não houve grandes alterações, especialmente porque as divisões foram realizadas de modo proporcional ao número de parlamentares eleitos, o que levou o PMDB a deter o maior número de cadeiras. As Subcomissões foram assim divididas:

- Subcomissão VII-a) *Subcomissão dos Direitos dos Trabalhadores e Servidores Públicos*.
- Subcomissão VII-b) *Subcomissão de Saúde, Seguridade e do Meio Ambiente*.
- Subcomissão VII-c) *Subcomissão dos Negros, Populações Indígenas, Deficientes e Minorias*.

Tabela 4 – Composição partidária na Comissão da Ordem Social

Partidos	Subcomissão VII-a	Subcomissão VII-b	Subcomissão VII-c	Comissão	TOTAL	%
PMDB	13	12	09	34	68	52,7%
PFL	05	05	04	15	29	22,5%
PDS	02	02	00	04	08	6,2%
PDT	01	01	01	03	06	4,6%
PT	01	01	01	03	06	4,6%
PL	00	01	00	01	02	1,5%
PTB	01	01	00	02	04	3,1%
PDC	01	00	00	01	02	1,5%
PCdoB	01	00	00	01	02	1,5%
PCB	01	00	00	01	02	1,5%
Total	**26**	**23**	**15**	**65**	**129**	**100%**

Fonte: Câmara dos Deputados (BRASIL, 1987i), organizado pelos autores.

Nessa Comissão, o PMDB repetiu o feito com as relatorias, exceto a Subcomissão VII-c, na qual não conseguiu alocar correligionários. Compôs, porém, a Mesa Diretora da ANC, com o presidente e os dois vice-presidentes. O partido também controlou a presidência da Subcomissão VII-a e a 1ª Vice-Presidência da Comissão Temática e da Subcomissão VII-b.

Embora o PMDB tenha ocupado grande parte das cadeiras, nem todos os membros do partido seguiam os mesmos preceitos doutrinários

– especialmente após a incorporação do PP, legenda de nítido pendor conservador. Com o seu ingresso, o PMDB passou a dividir espaço com ex-arenistas e outros apoiadores do regime militar. Logo, haveria discordância em torno de vários temas, indicando que deter maioria nas Comissões e Subcomissões não necessariamente seria condição suficiente para incutir os desígnios do partido, o que será demonstrado ao destrincharmos o material dos Anais da ANC.

VI

PMDB E A ORDEM ECONÔMICA NA CONSTITUIÇÃO

Comparativo I

Algumas características do processo constituinte foram abordadas na Ordem Econômica Constitucional, demonstrando convergência com o ideário e consequente produção escrita pelo PMDB ao longo de sua trajetória. Nesse âmbito, o sistema produtivo, deveras defendido pelo partido, ganha notoriedade constitucional, de modo que até mesmo a regulamentação financeira proposta nesse documento tentaria fincar bases nos interesses da coletividade, realçando a função social do sistema financeiro[1]. Dentro desta proposta, alguns pontos elencados fazem menção à proteção conferida à produção nacionalista, tendo destaque a política comercial, que primaria pela substituição de importações; o sistema financeiro em si, no qual as ações para contenção da inflação e endividamento público apontariam para a redução da especulação, pautando-se para isso no sistema produtivo; a política industrial, que, sob orientação nacionalista, utilizaria as transformações tecnológicas para ampliar o desenvolvimento do país; a política mineral, garantidora de soberania ao instituir monopólios sobre os recursos naturais nacionais; a reforma agrária, promotora de redução de desigualdades; e o sistema tributário, que implantaria um modelo progressivo de arrecadação.

Assim, sob uma perspectiva de crescimento nacional e reconhecendo as dificuldades apresentadas pelo balanço de pagamentos em instituir superávit comercial, a proposta por minorar a acumulação de déficits adviria com a ênfase que se aplicaria à exportação de produtos nacionais, em detrimento das importações, o que se nota nos dispositivos a seguir:

> Compete à União instituir impostos sobre: I – importação de produtos estrangeiros[2].
> Não incidirá [imposto]: a) sobre operações que destinem ao exterior produtos industrializados, excluídos os semielaborados definidos em lei complementar[3].

[1] BRASIL, 1988, art. 192, p. 22.
[2] BRASIL, 1988, art. 153, I, p. 18.
[3] BRASIL, 1988, art. 155, X, p. 19.

> Cabe à lei complementar: [...] e) excluir da incidência do imposto, nas exportações para o exterior, serviços e outros produtos além dos mencionados no inciso X, "a"; f) prever casos de manutenção de crédito, relativamente à remessa para outro Estado e exportação para o exterior, de serviços e de mercadorias[4].

A Constituição Federal de 1988 definiria ainda que os municípios teriam entre suas atribuições a instituição de impostos sobre serviços de qualquer natureza[5], com exceção daqueles que tivessem o exterior como destino. Do mesmo modo, a substituição de importações pela industrialização foi tema patente nas discussões do PMDB, ao destacar a necessidade de adotar controle rigoroso sobre as importações, utilizando a capacidade produtiva ociosa doméstica para substituir importações de certos itens (MDB, 1978, p. 113; PMDB, 1982, p. 81). Além disso, deveriam ser realizados pequenos reajustes cambiais para amparar o crescimento das exportações, ações estas que tinham como critério nortear os investimentos públicos (MDB, 1978, p. 110; PMDB, 1982, p. 80) e garantir o superávit da balança comercial ao promover uma espécie de "correção de rota" na economia (PMDB, 1982, p. 67).

Além da substituição de importações, o PMDB expressou críticas severas às medidas econômicas e financeiras que ocasionavam hiperinflação, bem como, àquelas que tentavam conter a inflação através de ações de desaceleração da economia. Dentre tais práticas, estavam elevação de juros, os altos *spreads* adotados pelos bancos e o endividamento que levou à adoção de práticas especulativas com a demasiada emissão de títulos da dívida pública. Já em 1978, o MDB defendia o fim dos juros elevados e o fim do corte aos gastos públicos, apontados pelo governo como instrumentos de contenção à inflação, devendo haver mesmo elevação de gastos públicos em áreas carentes. Para o MDB, com o fomento da economia, o crescimento das indústrias de bens de consumo estaria garantido, recusando a ideia de que os gastos públicos seriam responsáveis pela tendência inflacionária; revertendo o princípio econômico dominante de que a elevação de juros e o corte de créditos se trataria de mecanismos viáveis para a redução da inflação, o PMDB se apoiaria no caráter elementar da capacidade ociosa (MDB, 1978, p. 110-111).

---

4 BRASIL, 1988, art. 155, XII, p. 19.

5 BRASIL, 1988, art. 156, IV, p. 19.

Um dos mais enfáticos pontos abordados na CF 88 em relação à ordem financeira, e que de certo modo ia de encontro às teses contrárias à elevação das taxas de juros em valores exorbitantes, esteve em tentar limitar o nível da taxa de juros no país, a qual não poderia ultrapassar o montante de 12% ao ano:

> As taxas de juros reais, nelas incluídas comissões e quaisquer outras remunerações direta ou indiretamente referidas à concessão de crédito, não poderão ser superiores a doze por cento ao ano; a cobrança acima deste limite será conceituada como crime de usura, punido, em todas as suas modalidades, nos termos que a lei determinar[6].

As altas taxas de juros impediam a execução de qualquer política de recuperação econômica, e não se poderia conceber que o sistema industrial continuasse a operar sem incutir em falência geral (PMDB, 1982, p. 74). Uma das formas de conter os juros estava centrada na punição àqueles que descumprissem o dispositivo citado, dada a conclusão da equipe econômica peemedebista de que os juros seriam uma espécie de trava ao desenvolvimento.

Nesse âmbito, os *spreads* bancários também foram combatidos indiretamente pela Constituição Federal de 1988, ao determinar que fossem reprimidos, através de lei, o abuso do poder econômico que visasse à dominação dos mercados, eliminação da concorrência e aumento arbitrário dos lucros[7]. Os *spreads*, margens operacionais de lucro, sem qualquer controle, tratando-se de comissões que garantiam aos bancos que atuavam no Brasil a obtenção de lucros acima da média internacional, fator que vitalizava as altas taxas de juros (PMDB, 1982, p. 75). Os altos níveis de lucro dos bancos também se associaram ao mecanismo de captação de empréstimos, já que, para efetuar o pagamento da dívida externa adquirida, exigiu-se concentração de recursos em moeda estrangeira, em grande escala (MDB, 1978, p. 109). O incentivo à captação privada consistiu no barateamento do crédito interno em relação ao externo, o que efetivamente elevou as taxas internas de juros e exigiu do governo a execução de política de lançamento de títulos públicos, para conter a liquidez e se autofinanciar (PMDB, 1982, p. 67-68). O sistema financeiro passaria, assim, a funcionar

---

6 BRASIL, 1988, art. 192, § 3º, p. 22.

7 BRASIL, 1988, art. 173, § 4º, p. 21.

como um veículo de "realimentação inflacionária" (MDB, 1978, p. 123), tornando as políticas monetária e cambial ineficazes.

Dadas as dificuldades enfrentadas pelo Estado mediante a tentativa de efetivar o compromisso de efetuar o pagamento das dívidas adquiridas, em harmonia com o posicionamento do (P)MDB quanto à necessidade de contenção do endividamento e de redução das taxas de juros, os constituintes entenderam que o endividamento deveria conter regras mais claras, passando pelo crivo do Poder Legislativo, de modo a tentar conter a ampliação da dívida e o beneficiamento por parte de instituições financeiras. Com isso, a dívida pública interna e externa, bem como a emissão e resgate de títulos da dívida pública, passariam a ser dispostas por lei complementar, cabendo ao Congresso Nacional, com a sanção presidencial, dispor sobre as matérias de operações de crédito e dívida pública[8], ficando o Senado Federal responsável por dispor limites globais e condições que seriam admitidas para as operações de crédito externo e interno da União, demais entes federados e entidades controladas pelo Poder Público, especificando os limites de concessão de garantia por parte da União em operações de crédito[9].

As empresas públicas, também utilizadas como veículo de endividamento (MDB, 1978, p. 113; PMDB, 1982, p. 68), teriam suas relações com o Estado e a sociedade regulamentadas por lei[10]. Do mesmo modo, o afluxo de dólares, obtido com o endividamento externo, seria contido em lei. A entrada de capital estrangeiro no país, bem como a remessa de lucros, passaria a ser disciplinada com base no interesse nacional, sendo que a participação deste em instituições financeiras, estabelecimentos de seguro, previdência e capitalização, bem como em órgão oficial fiscalizador e ressegurador, somente se daria mediante acordos internacionais ou interesses nacionais[11].

Como houve drenagem das reservas cambiais que afetaram diretamente a economia (PMDB, 1982, p. 70), o constituinte considerou atribuir à União a competência de administrar as reservas cambiais do país e fiscalizar as operações de natureza financeira, especialmente as de crédito, câmbio e capitalização[12].

---

[8] BRASIL, 1988, art. 48, II, p. 9; art. 163, II, IV, p. 20.

[9] BRASIL, 1988, art. 52, VII-VIII, p. 9.

[10] BRASIL, 1988, art. 173, § 3º, p. 21.

[11] BRASIL, 1988, art. 172, p. 21; art. 192, I-III, *a-b*, p. 22.

[12] BRASIL, 1988, art. 21, VIII, p. 5.

Diante destes fatores, a proposta de reestruturação desse sistema financeiro nacional se voltaria para o desenvolvimento e para a promoção do equilíbrio do país, servindo aos interesses da coletividade (MDB, 1978, p. 129; PMDB, 1982, p. 103). Esse sistema seria responsável pela autorização para o funcionamento de instituições financeiras, assegurando às instituições bancárias acesso aos instrumentos de mercado[13]. O PMDB defenderia a instituição de um sistema no qual os bancos estaduais e regionais atuassem em prol de ofertar suporte às pequenas e médias empresas nacionais e aos programas regionais de desenvolvimento (MDB, 1978, p. 115; PMDB, 1982, p. 105). A CF 88 criaria, assim, o Banco de Desenvolvimento do Centro-Oeste[14], para dar cumprimento, na referida região, à aplicação de porcentagem que seria transferida para programas de financiamento em setores produtivos nas regiões Norte, Nordeste e Centro-Oeste, através de instituições financeiras de caráter regional, de acordo com os planos de desenvolvimento, ficando assegurada ao semiárido do Nordeste a metade dos recursos destinados à Região[15].

Os recursos financeiros relativos a programas e projetos de caráter regional, de responsabilidade da União, passariam assim a ser depositados em instituições regionais de crédito e por elas aplicados[16]. O Poder Público administraria ainda o montante que seria dispensado a programas de desenvolvimento econômico através do BNDES[17], banco ao qual ficaria adstrito o financiamento em longo prazo (MDB, 1978, p. 126), além de conceber o sistema de poupança, com captação e garantia da poupança popular[18] "voluntária" (PMDB, 1982, p. 105).

Há de se mencionar ainda que o risco admitido no sistema financeiro não poderia acarretar utilização de recursos públicos para sanar falências ou liquidações (PMDB, 1982, p. 106), sendo vedado qualquer ônus ao Poder Público mediante concessão de benefícios por bancos comerciais privados[19].

As mudanças e reformas propostas pelo PMDB em seu plano de governo tentavam assim garantir a retomada do crescimento, que somente poderia constituir-se mediante recuperação econômica implementada sólida

[13] BRASIL, 1988, art. 192, I-II. p. 22.
[14] BRASIL, 1988, ADCT, art. 34, § 11, p. 30.
[15] BRASIL, 1988, art. 159, I, *c*, p. 19.
[16] BRASIL, 1988, art. 192, § 2º, p. 22.
[17] BRASIL, 1988, art. 239, § 1º, p. 26.
[18] BRASIL, 1988, art. 22, XIX, p. 5.
[19] BRASIL, 1988, ADCT, art. 47, § 6º, p. 31.

e ordenadamente, de maneira a preparar estratégias para alçar o desenvolvimento econômico e social (PMDB, 1982, p. 74)[20].

Para o PMDB, a estratégia industrial dependeria de programas de expansão em infraestrutura, transporte, energia e área social, sendo que a estrutura industrial e o ajustamento de novas tecnologias estariam associados ao investimento público que moldaria o desenvolvimento do país (MDB, 1978, p. 114). Pensando nisso, a partir de 1974, o Programa de Integração Social (PIS) e o Programa de Formação do Patrimônio do Servidor Público (Pasep) passariam a ser controlados pelo BNDES, com o objetivo de financiar os programas de apoio à indústria de base e à pequena e média empresa. O partido defenderia a ampliação do orçamento do BNDES, de modo a permitir a liberação dos recursos do PIS/Pasep para o programa de investimento público em infraestrutura e serviços de interesse coletivo (MDB, 1978, p. 69). O constituinte também entenderia que esses fundos deveriam financiar os programas de desenvolvimento econômico através do BNDE, destinando 40% dos recursos para esse fim[21]. Os investimentos privados, por sua vez, deveriam concentrar-se em ampliar a capacidade produtiva nos setores de bens de consumo.

De certo modo, o conjunto de investimentos públicos e privados delineados se afastaria da política financeira especulativa, priorizando o papel produtivo das indústrias, o que tornaria tal estratégia compatível com a distribuição de renda.

A efetivação da política industrial caminharia em conjunto com as tendências de mudança tecnológica e com o financiamento interno recebido através de disponibilização de crédito, destacando-se a orientação nacionalista que capacitaria as empresas nacionais para lidar competitivamente no comércio internacional, viabilizando as relações com o capital estrangeiro instalado no país, sendo que o plano de desenvolvimento deveria estabelecer critérios e centrar-se em áreas de concentração do esforço nacional de produção tecnológica (PMDB, 1982, p. 94), não vinculando empréstimos a importações que acarretariam prejuízo ao parque produtor nacional e resistindo a pressões protecionistas dos países desenvolvidos (MDB, 1978, p. 49).

Reconhecendo as transformações tecnológicas que estariam por vir e a reestruturação pujante dos processos produtivos e de sua matriz energética,

[20] BRASIL, 1988, art. 21, IX, p. 5.

[21] BRASIL, 1988, art. 239, § 1º, p. 26.

incentivando a utilização dos recursos naturais, o PMDB abordaria a necessidade de se instituírem estratégicas econômicas que visassem aos interesses sociais e preparassem condições para ajustar, proteger e desenvolver a competitividade e potencialidades tecnológicas do sistema produtivo, reordenando o sistema e moldando o crescimento fundado na justiça social (MDB, 1978, p. 110; PMDB, 1982, p. 84).

Assim, em relação ao desenvolvimento tecnológico, o (P)MDB destacaria a necessidade de se instalar a promoção tecnológica, visando a habilitar empresas nacionais para que enfrentassem competidores estrangeiros, transferindo recursos ociosos que gravitariam na circulação financeira para o sistema produtivo. Sob essa mesma perspectiva, a Constituição Federal de 1988 estabeleceu que a pesquisa tecnológica se voltasse "preponderantemente para a solução dos problemas brasileiros e para o desenvolvimento do sistema produtivo nacional e regional"[22], concentrando-se, portanto, na "acumulação produtiva de capital" (PMDB, 1982, p. 85).

As empresas nacionais públicas e privadas contariam ainda com suporte financeiro privilegiado para as atividades de pesquisa e desenvolvimento tecnológico (PMDB, 1982, p. 86), apoiadas e estimuladas aquelas que investissem em pesquisa e criação de tecnologias adequadas ao país[23]. A proteção destas empresas seria vinculada ao controle de setores estratégicos à soberania e indispensáveis à manutenção da capacidade interna de decisão da política econômica e social (MDB, 1978, p. 49). A política industrial deveria, portanto, estar "articulada a uma política científica e tecnológica eficiente" (PMDB, 1982, p. 86), sendo o Estado obrigado a incentivar o "desenvolvimento científico, a pesquisa e a capacitação tecnológica"[24].

Para o (P)MDB, as transformações tecnológicas impactariam o parque produtivo, motivo pelo qual se deveria considerar instalar política seletiva de investimentos e de regulação, de maneira a promover o desenvolvimento ao estabelecer critérios e áreas de concentração do esforço nacional em produção tecnológica, inclusive tal desenvolvimento se daria sob controle social da tecnologia de comunicação, educação e cultura. A política de desenvolvimento tecnológico na ocasião se caracterizaria pela ausência de princípio diretor e descoordenação administrativa (MDB,

---

22 BRASIL, 1988, art. 218, § 2º, p. 24.

23 BRASIL, 1988, art. 218, § 4º, p. 24.

24 BRASIL, 1988, art. 218, p. 24.

1978, p. 45-46). A Constituição Federal[25] logo se incumbiria de introduzir a promoção científica e tecnológica no plano nacional de educação, como também o faria em relação à cultura ao incluir as criações científicas e tecnológicas como patrimônio cultural brasileiro. O uso de computadores como base na automação industrial também obrigaria o Estado a concretizar política nacional de informática, o que tornaria a União responsável por legislar sobre esse tema[26].

Ainda de forma a preservar o parque industrial nacional, o (P)MDB destacaria a importância da orientação nacionalista, a qual requeria a adoção de mecanismos de reforço de capitalização das empresas nacionais e controle prévio de transferência de tecnologias e de entrada e permanência do capital estrangeiro no país, acompanhando aquisições de empresas nacionais por estrangeiras de maneira a impedir ameaças de desnacionalização total ou parcial (MDB, 1978, p. 49; PMDB, 1982, p. 86).

Pensando nisso, o constituinte definiria empresa brasileira de capital nacional como aquela cujo controle efetivo estaria em caráter permanente, sob titularidade de pessoas físicas domiciliadas e residentes no país ou sob regimento de entidades de direito público interno. O controle efetivo mencionado compreenderia a maioria de capital votante e o exercício, de fato e de direito, do poder decisório para gerir as atividades[27]. Essa medida tentava proteger as empresas brasileiras frente à desmedida inserção de empresas transnacionais que adentravam o país e poderiam assolar o mercado interno, caso não houvesse tratamento diferenciado às empresas nacionais. Estabelecida a definição, o documento constitucional concederia benefícios especiais às empresas nacionais que desenvolvessem atividades estratégicas ou imprescindíveis ao desenvolvimento do país. Além disso, o controle referido acima se estenderia às atividades tecnológicas da empresa, sempre que considerar um setor imprescindível ao desenvolvimento tecnológico nacional[28].

A implantação destes mecanismos defensivos, conforme reverbera o PMDB (1982, p. 86), seria para garantir aumento da "participação relativa da capacidade nacional de produção, com desenvolvimento técnico endógeno, especialmente nos setores de maior densidade tecnológica".

---

[25] BRASIL, 1988, art. 214, V; art. 216, III, p. 24.

[26] BRASIL, 1988, art. 22, IV, p. 5.

[27] BRASIL, 1988, art. 171, II, p. 21.

[28] BRASIL, 1988, art. 171, § 1º, I-II, a, p. 21.

Isso porque a peculiaridade de funcionar como núcleo dinâmico de progresso tecnológico seria fundamental para garantir a competitividade do sistema industrial nacional.

Outro tema que ganharia destaque na Ordem Econômica Constitucional, a política mineral, seria lapidada sob uma perspectiva nacionalista. O (P)MDB insistia nessa perspectiva para convencer a sociedade de que as importações de minérios deveriam ser reduzidas, dada a grande soma de reservas de recursos minerais (MDB, 1978, p. 49; PMDB, 1982, p. 87). As concessões internas habilitadas ao capital estrangeiro nesse setor também implicariam em enfraquecimento das empresas nacionais. A forma para conter o avanço de medidas internacionalistas em relação aos minerais estava em atribuir monopólio à União referente às atividades praticadas em relação aos recursos naturais, tais como: pesquisa, lavra de jazidas de petróleo, refinação de petróleo, importação e exportação de produtos resultantes dessas atividades, transporte de gás, petróleo ou derivados, atividades inerentes ao manuseio de minerais nucleares (pesquisa, lavra, enriquecimento, reprocessamento, industrialização, comercialização), sendo vedado à União conceder qualquer tipo de participação na exploração de jazidas de petróleo ou gás natural[29].

A natureza primária das riquezas minerais, não renovável, implicaria definir estratégias de desenvolvimento ajustadas ao crescimento industrial (MDB, 1978, p. 49; PMDB, 1982, p. 87). A orientação nacionalista do partido reconhecia o pertencimento do solo à nação brasileira, como bem advoga a Constituição Federal ao identificar como bens da União "os recursos minerais, inclusive os do subsolo"[30]. Isso com vistas a assegurar que as atividades mineradoras deveriam se desenvolver em benefício da população brasileira, contendo a "desnacionalização" do setor (PMDB, 1982, p. 88).

A pesquisa a ser empreendida nesse meio, segundo o (P)MDB (MDB, 1978, p. 115; PMDB, 1982, p. 88), deveria beneficiar o trabalho realizado por pequenas e médias empresas nacionais, em detrimento de grandes empresas e multinacionais que possuíam tecnologia avançada, com as quais não seria possível competir, razão pela qual o Poder Público, a partir de 1988, passaria a registrar, acompanhar e fiscalizar as concessões de direito de pesquisa e exploração de recursos hídricos e minerais[31].

---

[29] BRASIL, 1988, art. 177, I-V, § 1º, p. 21.

[30] BRASIL, 1988, art. 20, IX, p. 5.

[31] BRASIL, 1988, art. 23, XI, p. 6; art. 176, § 1º, p. 21.

A empresa nacional ganharia então notoriedade em relação à política mineral e passaria a ser capaz de obter autorização para absorver atividades de pesquisa e lavra de recursos minerais e aproveitamento dos potenciais de energia hidráulica[32]. As cooperativas também passaram a ter prioridade na autorização e concessão para pesquisa e lavra de recursos e jazidas minerais, favorecendo especialmente as áreas que atuavam[33], medidas que têm em vista garantir que o benefício das riquezas geradas seja revertido para a população da região local (PMDB, 1982, p. 88).

Haveria ainda de ser criado organismo responsável por centralizar e difundir o conhecimento geológico do país, elaborando cartografia básica referente à cobertura geológica (PMDB, 1982, p. 88), organizando e mantendo os serviços oficiais de estatística, geografia, geologia nacional e cartografia de âmbito nacional[34].

O país possui ainda vasto potencial hidroenergético (MDB, 1978, p. 49; PMDB, 1982, p. 90) que pode ser explorado diretamente pelo Poder Público ou por empresas que tenham recebido autorização, concessão ou permissão para tal[35]. Os combustíveis líquidos contariam com maior escassez por se tratar de fonte não renovável, motivo pelo qual a instituição do monopólio estatal era perseguida pelo partido e pelos constituintes[36] (MDB, 1978, p. 49; PMDB, 1982, p. 91). O Estado deveria ser responsável pela distribuição nacional de derivados de petróleo, sendo ordenada a venda e revenda de combustíveis de petróleo, álcool e derivados de matérias-primas renováveis através de lei específica[37] (MDB, 1978, p. 49; PMDB, 1982, p. 91), tornando prioritário o desenvolvimento de processos que viabilizassem a aplicação econômica em matérias-primas renováveis e abundantes no território nacional (PMDB, 1982, p. 94).

Outra prática comum, o processamento agroindustrial, receberia incentivos através da construção de infraestrutura de armazenamento e da descentralização regional para minimizar os custos com transportes (MDB, 1978, p. 119; PMDB, 1982, p. 92), estando as atividades agroindustriais inseridas no planejamento agrícola, efetivado com a participação

---

32 BRASIL, 1988, art. 176, § 1º, p. 21.

33 BRASIL, 1988, art. 174, § 4º, p. 21.

34 BRASIL, 1988, art. 21, XV; art. 22, XVIII, p. 5.

35 BRASIL, 1988, art. 21, XII, p. 5.

36 BRASIL, 1988, art. 177, I-V, § 1º, p. 21.

37 BRASIL, 1988, art. 238, p. 26.

dos setores de produção, comercialização, armazenamento e de transportes[38], priorizando a localização industrial e os polos de energia.

Já a participação no resultado da exploração de recursos hídricos para fins de geração de energia elétrica, em substituição ao uso de petróleo como combustível em usinas e no transporte de massas (MDB, 1978, p. 108; PMDB, 1982, p. 92), passou a ser assegurada ao Poder Público e órgãos da administração direta da União[39]. A pesquisa em energia elétrica, com ênfase em processos termonucleares, também se destaca nas propostas peemedebistas (PMDB, 1982, p. 92) e no âmbito do processo constituinte[40], ao designar à União a exploração de serviços e instalações de usinas nucleares.

O partido firma ainda suas ideias sobre a política de transporte de maneira a promover o ajustamento da estrutura modal, desenvolvendo a navegação de cabotagem (fluvial e marítima), o transporte ferroviário e rodoviário (MDB, 1978, p. 108; PMDB, 1982, p. 93), temas absorvidos no documento constitucional, que reservariam tais práticas ao poder estatal, permitindo a exploração destes serviços através de concessões, ou os tornando privativos aos nacionais, como a navegação de cabotagem e de interior[41].

Um dos temas mais debatidos na Assembleia Nacional Constituinte, a Reforma Agrária, é exposto pelo (P)MDB em seu cerne ao explicitar questões em torno da desapropriação por interesse social, como ele próprio descreve: "O espírito desse instrumento é o da função social e econômica da propriedade da terra" (PMDB, 1982, p. 100), de modo a desvincular a terra da "dominação parasitária" dos proprietários, que a deixaria inculta à espera de valorização ou a utilizaria como forma de aproveitar-se indevidamente de incentivos fiscais ou para repassar custos financeiros (MDB, 1978, p. 72). A ideia da função social da propriedade seria então expressa em momentos diversos ao longo da Constituição Federal[42]:

> Art. 5º [...] – XXIII – a propriedade atenderá a sua *função social* [...].

---

38 BRASIL, 1988, art. 187, § 1º, p. 22.

39 BRASIL, 1988, art. 20, § 1º, p. 5.

40 BRASIL, 1988, art. 21, XXIII, XXVI, p. 5.

41 BRASIL, 1988, art. 21, XII, *d-e*; art. 22, X, p. 5; art. 178, § 3º, p. 21.

42 BRASIL, 1988, art. 5º, XXIII, p. 2; art. 170, III, p. 21; art. 184, p. 22; art. 185, parágrafo único, p. 22; art. 186, I-IV, p. 22.

> Art. 170 – A ordem econômica, fundada na valorização do trabalho humano e na livre-iniciativa, tem por fim assegurar a todos existência digna, conforme os ditames da justiça social, observados os seguintes princípios: [...] III – *função social da propriedade* [...].
>
> Art. 184 – Compete à União *desapropriar por interesse social*, para fins de reforma agrária, o imóvel rural que não esteja cumprindo sua função social, mediante prévia e justa indenização em títulos da dívida agrária, com cláusula de preservação do valor real, resgatáveis no prazo de até vinte anos, a partir do segundo ano de sua emissão, e cuja utilização será definida em lei.
>
> Art. 185 [...] – Parágrafo único – A lei garantirá tratamento especial à propriedade produtiva e fixará normas para o cumprimento dos requisitos relativos a sua *função social.*
>
> Art. 186 – A *função social* é cumprida quando a propriedade rural atende, simultaneamente, segundo critérios e graus de exigência estabelecidos em lei, aos seguintes requisitos: I – aproveitamento racional e adequado; II – utilização adequada dos recursos naturais disponíveis e preservação do meio ambiente; III – observância das disposições que regulam as relações de trabalho; IV – exploração que favoreça o bem-estar dos proprietários e dos trabalhadores[43].

As passagens demonstram que o constituinte pautou a Reforma Agrária sobre o ideário da função social da propriedade, que deveria ser exercido pelo proprietário em relação à propriedade. Por outro lado, ao designar as condições nas quais a propriedade não poderia ser desapropriada para fins de reforma, o documento constitucional dificultaria tal processo:

> Art. 185. São insuscetíveis de desapropriação para fins de reforma agrária: I – a pequena e média propriedade rural, assim definida em lei, desde que seu proprietário não possua outra; II – a propriedade produtiva[44].

A busca por tentar implantar agricultura eficiente, que garantisse o acesso à terra àqueles que nela trabalhassem e que atendesse os níveis

---

[43] Grifo nosso.
[44] BRASIL, 1988, art. 185, I-II, p. 22.

de produtividade crescente, estaria entre as proposituras do partido, utilizando para isso o parâmetro norteador do interesse social e a implantação de sistemas em consonância com as características regionais. A União articularia assim suas ações visando o desenvolvimento e a redução das desigualdades regionais. Caberia ainda reformular a política agrícola controlando o subsídio adquirido ao transferir parte deste aos pequenos produtores (MDB, 1978, p. 117; PMDB, 1982, p. 99), o que faria com que a política agrícola fosse planejada e executada com a participação do setor de produção, envolvendo produtores e trabalhadores rurais[45].

O PMDB enfatizaria algumas medidas a serem tomadas pelo Poder Público que corresponderiam, após alguns anos, às ações adotadas pelo modelo constitucional, como o estímulo ao sistema direto de compra e venda, buscando a redução de custos para beneficiar o produtor e o consumidor final (PMDB, 1982, p. 97), de modo a destituir a política agrícola da "inépcia governamental", centrando assim no poder estatal a regulação das atividades de produção e consumo[46]. O cooperativismo e o associativismo receberiam apoio do Estado[47] (PMDB, 1982, p. 82), e o investimento público seria transferido às obras de irrigação, drenagem e eletrificação rural, além da produção e comercialização de insumos estratégicos, priorizando gastos públicos sociais (PMDB, 1982, p. 99). Nesse âmbito, a União passaria a incentivar a recuperação de terras áridas, cooperando com pequenos e médios proprietários rurais para o estabelecimento de fontes de água e pequenas irrigações, além de cuidar da eletrificação rural, atuando em áreas de baixa renda, sujeitas a secas periódicas[48]. Assim, se implementaria uma Reforma Agrária que assegurasse o uso social da água e dos recursos do solo, reordenando a estrutura rural.

O (P)MDB faria menção ainda à existência de injustiça fiscal presente no sistema tributário, que se daria parte pela regressividade na cobrança de impostos, parte pela desigualdade regional interestados da Federação, que concentraria a arrecadação do Imposto sobre Circulação de Mercadorias (ICM) nos estados que lideravam a produção industrial, em detrimento dos demais estados, especialmente aqueles localizados nas regiões mais atrasadas do país, motivo pelo qual o estado consumidor deveria ser o

[45] BRASIL, 1988, art. 43, p. 8; art. 187, p. 22.
[46] BRASIL, 1988, art. 24, V, p. 6.
[47] BRASIL, 1988, art. 174, § 2º, p. 21.
[48] BRASIL, 1988, art. 43, §§ 2º e 3º, IV, p. 8; art. 187, VII, p. 22.

beneficiário da arrecadação do tributo (MDB, 1978, p. 129-133; PMDB, 1982, p. 107, 109).

O constituinte, reconhecendo as diferenças que circundavam a arrecadação dos impostos, buscaria alterar esse quadro, de modo que tal imposto (ICM), além de ser estendido à prestação de serviços de transporte interestadual e intermunicipal e de comunicação na Constituição Federal, teria definido medidas que primariam por beneficiar o consumo de bens e serviços essenciais (princípio da essencialidade) em detrimento de bens e serviços supérfluos, além disso, a arrecadação do imposto visaria reduzir a desigualdade regional. Na Constituição Federal de 1988, ficou definido que o Estado produtor do bem ou serviço (alienante) seria responsável pela arrecadação do Imposto sobre Circulação de Mercadorias e Serviços (ICMS)[49]; o Estado consumidor (adquirente), porém, seria beneficiado, de modo a receber parte da arrecadação do imposto, já que as alíquotas internas dos estados, operacionalizadas na circulação de mercadorias e prestação de serviços, deveriam obrigatoriamente ser iguais ou maiores àquelas praticadas nas operações interestaduais[50]. O Estado produtor ficaria assim com menor parte na arrecadação, dado o fato de a alíquota interestadual ser menor que a alíquota interna do estado adquirente. Já quando se trata de consumidor final, a alíquota seria definida conforme o *status* do consumidor, adotando-se a alíquota interestadual quando o destinatário for contribuinte do imposto, ou alíquota interna quando não o for, cabendo ao Estado de localização do destinatário (caso ele seja contribuinte do imposto), o imposto correspondente à diferença entre a alíquota interna e a interestadual[51].

A desigualdade fiscal dentre as mesmas classes de renda, ou seja, a desigualdade horizontal, exposta pelo PMDB (1982, p. 107), e a desigualdade vertical, em que as classes de menor renda pagam proporcionalmente mais impostos que as classes de alta renda (MDB, 1978, p. 129), denunciaria o tratamento desigual em relação aos diferentes rendimentos como juros ou ganhos externos às rendas, enquanto os assalariados contribuiriam com o imposto sendo descontado sobre a fonte. Para dirimir essa questão,

---

49 Após a Constituição Federal de 1988, o tributo sobre circulação de mercadorias (ICM) passaria a integrar os serviços de transporte interestadual, intermunicipal e de comunicação, recebendo a nova denominação de ICMS.

50 BRASIL, 1988, art. 155, § 2º, VI, p. 19.

51 BRASIL, 1988, art. 155, § 2º, VII-VIII, *a-b*, p. 19.

o constituinte definiria como critérios a serem seguidos, no que se refere ao imposto sobre renda e proventos de qualquer natureza: a generalidade, a universalidade e a progressividade[52]. Esse imposto incidiria, assim, sobre todas as espécies de renda ou acréscimos patrimoniais, tributando-se as rendas do contribuinte independente de suas fontes produtoras e adotando-se alíquotas condizentes com a renda disponível para tributação, a qual se tornaria maior quanto maior for a base que se pretende tributar.

Para o (P)MDB, a progressividade implícita na carga indireta (IPI, ICM) teria como guia a essencialidade dos bens: "produtos de luxo, diferenciados e supérfluos, devem ter alíquotas elevadas enquanto os bens de consumo popular devem ter alíquotas reduzidas ou suprimidas – gêneros de primeira necessidade" (MDB, 1978, p. 61; PMDB, 1982, p. 108). Sob esse prisma, a Constituição Federal instituiria a seletividade na arrecadação do IPI, "em função da essencialidade do produto"[53].

As propostas do PMDB para a Ordem Econômica buscavam, assim, aportar recursos para reequipar o Estado e tornar viável a implementação de programas que dinamizassem a economia, estruturando a redistribuição de renda sob o aspecto da justiça social.

[52] BRASIL, 1988, art. 153, III, § 2º, I, p. 18.

[53] BRASIL, 1988, art. 153, IV, § 3º, I, p. 18.

VII

(P)MDB E A ORDEM SOCIAL NA CF 88

Comparativo II

O desenvolvimento econômico e social, perseguido pelo MDB, e mais tarde pelo (P)MDB, ao longo de sua trajetória, se efetiva em linhas constitucionais. O Estado passa a ser responsável pela elaboração de planos nacionais que garantam a ordenação do território e seu desenvolvimento, sob uma perspectiva social. Em todo documento constitucional, é possível identificar esse contorno social de suas medidas e a tentativa por solidificar a justiça, reconhecendo a hipossuficiência das políticas voltadas para os cidadãos, que necessitam de proteção para que haja garantia de direitos.

Com tais objetivos, o (P)MDB considerava que o desenvolvimento com justiça social vise fundamentalmente "a dignidade e a valorização da pessoa humana" (MDB, 1978, p. 51), fundamento que seria expresso na ordenação constitucional[1] como parte do Estado de Direito. Logo, todas as políticas sociais se empreenderiam a partir dessa prescrição.

Sob essa mesma perspectiva, o (P)MDB elencou políticas sociais que mais tarde serviriam de provimento ao veio constitucional social que se empreenderia com a redemocratização. A política social impressa nos documentos *Constituinte com Anistia* e *E&M* contemplaria reformas sociais e políticas públicas como medidas a serem adotadas para alcançar o objetivo principal do programa do partido: a redistribuição de renda como pilar da justiça social. Para isso, as reformas sociais compreenderiam: reforma trabalhista, reforma agrária, reforma institucional, reforma tributária e reforma financeira, ao passo que as políticas públicas se concentrariam no trabalho e na política de emprego e salarial, previdência social, assistência social, assistência médica (saúde), educação e abastecimento alimentar popular.

A primeira reforma citada – a trabalhista – teria como alicerce a autonomização sindical, um dos pontos mais defendidos pelo (P)MDB ao longo de sua história. O fato de a ditadura ter podado a liberdade sindical e inviabilizado o direito de greve (ainda que houvesse menção na Constituição

[1] BRASIL, 1988, art. 1º, III.

de 1967 quanto ao direito de greve, na prática, esse direito se tornou inviável em alguns períodos), fez com que o partido oposicionista alocasse a reforma trabalhista como primeiro item na busca pela concretização da distribuição de renda. Para a legenda, o "princípio da autonomia sindical implica extinguir a tutela do Estado sobre a organização sindical e sobre as relações entre patrões e empregados" (PMDB, 1982, p. 21), posicionamento que tinha como base reverter as deliberações do regime autoritário, nas quais o Governo (representado no Ministério do Trabalho) impedia a solidificação dos direitos trabalhistas ao interromper os trabalhos sindicais. Tolher a intervenção estatal, no entanto, não significava para o partido manter o corporativismo existente nas leis trabalhistas até então:

> Os resquícios de corporativismo, que impregnam a legislação trabalhista, facilitam a manipulação autoritária dos sindicatos através da vinculação financeira, da possibilidade de intervenção e de outros mecanismos de dependência (PMDB, 1982, p. 21).

A herança corporativista da legislação deveria assim ser extirpada, estando a subordinação das organizações sindicais, inclusive financeiramente, garantindo sua livre organização, conforme a Convenção n° 87 da Organização Internacional do Trabalho (OIT), que dispõe sobre "Liberdade sindical e proteção ao direito de sindicalização" (SUSSEKIND, 1998), além de estabelecer restauração do direito de greve, proibição que deteriora as condições de trabalho ao impedir livre negociação entre as partes (patrões e trabalhadores), o que implicaria na redução de salários, dificultando a distribuição de renda. Nesse quadro, a organização sindical seria composta de modo uno, com a estruturação de uma central única sindical, conforme estabelecido na I Conferência das Classes Trabalhadoras (Conclat) em 1981. O serviço público, também afetado com a exceção e as restrições salariais, deveria ser inserido em um plano no qual se compatibilizasse o desempenho da função pública com a expressão dos direitos (MDB, 1978, p. 36-37).

Analisando o trecho constitucional que trata dos direitos dos trabalhadores, é possível observar a inclusão dos sindicatos como organização central na regulação desses direitos, sendo "vedadas ao Poder Público a interferência e a intervenção na organização sindical", bem como, "a criação de mais de uma organização sindical, em qualquer grau, representativa de categoria profissional ou econômica, na mesma base territorial", prescrevendo assim o princípio da unicidade sindical, além de caber ao sindicato "a defesa dos direitos e interesses coletivos ou individuais da categoria, inclusive em questões judiciais ou administrativas"[2].

A consagração da contribuição sindical através da folha de pagamento dos trabalhadores, que seria adquirida pelos sindicatos, permitiria maior manejo das ações sindicais, de modo que os sindicatos poderiam se apresentar frente ao Estado, ou em face dos empresários, como ator autônomo, sem dependência externa, o que seria uma vantagem nas negociações. É certo ainda que a unicidade sindical dificultaria a competição entre sindicatos, competitividade esta que os tornava vulneráveis ao mando do patronato. Como bem aponta Rodrigues (1988, p. 9):

> Acho que os sindicalistas tiveram, em plenário, vitórias enormes: afinal, o sindicato passou a ser representante legal, obrigatório e único do trabalhador, que passou a ter o direito irrestrito de greve, inclusive a greve política e de solidariedade, até mesmo nos serviços classificados como essenciais.

Ainda assim, Rodrigues (1990) apontou contradições e ambiguidades no texto que mais tarde fragilizaria a autonomia dos sindicatos e promoveria o corporativismo sindical. Não há de ser ignorada a incessante presença do *lobby* empresarial nas negociações em reuniões que ocorriam nas Comissões, fator corroborado pelo senador Fernando Henrique Cardoso ao mencionar, em debate promovido em Brasília pelos jornais *O Estado de São Paulo* e *O Globo*, que presenciou tal *lobby* ao participar ativamente das negociações com empresários e operários, seja como líder no PMDB no Senado, seja como relator-auxiliar da Comissão de Sistematização (CARDOSO, 1988, p. 9). De qualquer modo, o sistema de sindicato único e autônomo teria, constitucionalmente, o monopólio de representação sindical dos trabalhadores.

O direito de greve também seria assegurado na CF 88 de modo irrestrito, "competindo aos trabalhadores decidir sobre a oportunidade de exercê-lo e sobre os interesses que devam por meio dele defender"[3], convergindo com a luta peemedebista.

Ainda sob a perspectiva trabalhista, outro fator expresso nos documentos (pe)emedebistas (MDB, 1978, p. 49; PMDB, 1982, p. 22) e inserido

---

[2] BRASIL, 1988, art. 8º, I-III, p. 3.

[3] BRASIL, 1988, art. 9º, p. 4.

constitucionalmente: o nível de renda mínima, salário mínimo, no que competiria ao Estado intervir diretamente, destoando do posicionamento anterior quanto à ação do Estado o qual deveria limitar-se a não interferir nas organizações sindicais, estabeleceu-se que o salário mínimo seria fixado em lei, sendo instituído piso salarial (MDB, 1978, p. 62), de modo a atender as necessidades vitais básicas dos trabalhadores e de suas famílias, aferido proporcionalmente conforme extensão e complexidade do trabalho, contendo reajustes periódicos que lhe preservassem o poder aquisitivo, tendo caráter irredutível[4]. Há ainda de se considerar que os salários dispensados a diversas categorias e seguimentos da sociedade não poderiam ser inferiores ao mínimo – dentre eles, trabalhadores rurais como os seringueiros carentes, segurados da previdência, portadores de deficiência e idosos que não possuam meios de se prover[5].

No que compete à Reforma Agrária, é notável a tentativa do (P)MDB em conseguir implementar constitucionalmente a ideia de função social da propriedade, o que também se verifica no âmbito urbano. Constitucionalmente, no entanto, nem todo esforço promovido por algumas figuras partidárias peemedebistas foi capaz de conter os oponentes (como será demonstrado no capítulo que realiza a leitura das Atas Constitucionais). Para o partido, a Reforma Agrária significaria a obtenção de acesso à terra e ocupação produtiva do campo, de maneira a angariar renda e permitir a liberdade de organização de produtores e trabalhadores rurais, reordenando o sistema agrícola. O Estado seria atuante quanto à formulação da política agrícola, comercialização dos produtos, promoção de crédito, financiamento de longo prazo e apoio às cooperativas.

Embora a introdução da perspectiva de função social da propriedade trate-se de garantia constitucional, conforme exposto em capítulo voltado para a Reforma Agrária e para a política agrícola, a efetivação da desapropriação para fins sociais tornou-se quase inalcançável ao indicar em seu teor que apenas as propriedades que não cumprissem a função social para a qual se destinavam, poderiam ser desapropriadas. Tal função social resumiu-se em: propriedade produtiva e pequena e média propriedade rural, desde que seu proprietário não seja detentor de outrem[6]. Além de elencar condição que dificultaria a indenização do imóvel desapropriado, ao tornar

[4] BRASIL, 1988, art. 7º, IV-VII, p. 3.

[5] BRASIL, 1988, art. 201; art. 203, V, p. 23; ADCT, art. 54, p. 31.

[6] BRASIL, 1988, art. 185, I-II, p. 22.

obrigação da União o pagamento em dinheiro pelas benfeitorias que este imóvel tenha recebido[7].

Há de se considerar, no entanto, que o texto constitucional não desconsiderou a política agrícola como um todo. O constituinte buscou democratizar o planejamento agrícola ao reservar participação aos produtores e trabalhadores rurais, bem como aos setores de comercialização, armazenamento e de transportes, os quais contribuiriam com as decisões que envolvessem crédito e instrumentos fiscais, preços compatíveis com custos de produção de modo a garantir a comercialização dos produtos, cooperativismo[8], dentre outros itens, dialogando, assim, com os estudos peemedebistas nessa esfera.

A ocupação produtiva do campo, outro item requerido nos propósitos democráticos do MDB (1978, p. 70-71), deveria contemplar os "verdadeiros posseiros", os quais trabalhavam na terra, mas tinham seus direitos tolhidos pelos "grileiros" – falsos posseiros que os expulsavam das terras através de violência ou manipulações legais de toda ordem, cobiçando a valorização das terras, principalmente em função da abertura de estradas e captação de incentivos fiscais. Para corrigir esse quadro, o tema ganha designação constitucional, quando se reconhece a entrega de títulos aos ocupantes de terras que estejam ali alocados por cinco anos ininterruptos, sem oposição de terceiros quanto a essa ocupação, desde que não seja proprietário de outro imóvel e que tenha tornado essa terra produtiva para si e para sua família[9] – instituto jurídico que se conhece por usucapião. Esse pensamento vigora ainda mediante as terras ocupadas por pequenos proprietários, que, ao tornar suas terras produtivas e acumular débitos são protegidos pela Constituição Federal[10], que proíbe a penhora dessa propriedade. Quanto às terras públicas e devolutas, o constituinte determinou que sua destinação fosse compatibilizada com a política agrícola e com o plano que estabelecesse a Reforma Agrária[11].

Outra maneira de estimular a ocupação produtiva das terras estaria na política fiscal. O Imposto de Propriedade Territorial Rural (ITR), cobrado mediante a ocupação das terras, tenderia a não estimular os proprietários

[7] BRASIL, 1988, art. 184, § 1º, p. 22.
[8] BRASIL, 1988, art. 187, I-II, VI, p. 22.
[9] BRASIL, 1988, art. 191, p. 22.
[10] BRASIL, 1988, art. 5º, XXVI, p. 1.
[11] BRASIL, 1988, art. 188, p. 22.

a manterem propriedades improdutivas, as quais teriam seu valor elevado como meio para influenciar o proprietário a tornar sua terra produtiva, quando os preços seriam reduzidos, penalizando assim a ociosidade e a especulação com a terra (MDB, 1978, p. 118; PMDB, 1982, p. 108). A Constituição Federal de 1988 endossaria a cobrança desse imposto, fixando alíquotas de forma a "desestimular a manutenção de propriedades improdutivas", não incidindo sobre pequenas glebas rurais, as quais seriam poupadas dos altos encargos com a cobrança do imposto, desde que produtivas e exploradas pelo proprietário que não possua outro imóvel[12].

No âmbito urbano, o (P)MDB (MDB, 1978, p. 81-94; PMDB, 1982, p. 45-47) destaca a busca pelo desenvolvimento em uma perspectiva de efetivação dos serviços públicos e de disponibilização de moradias, afastando o viés especulativo que possa circundar as propriedades e garantindo, através de planejamento urbano, a ocupação do solo e a distribuição de renda. Do mesmo modo, a CF 88 frisa o desenvolvimento urbano como uma das políticas a ser executada pelo Poder Público, objetivando instituir as funções sociais da cidade e garantir o bem-estar de seus habitantes, especialmente no que se refere à moradia e habitação[13]. Quanto aos serviços públicos, a CF 88 garante a sua prestação ao cidadão, sob incumbência do Poder Público – seja diretamente ou através de concessão, ou permissão[14]. E, para que a política de desenvolvimento urbano se efetive, o documento constitucional determina que a União e o Congresso Nacional disponham sobre a distribuição de rendas e que haja controle do uso do território, de maneira a promover o parcelamento e ocupação do solo, alavancando a expansão urbana[15].

As reformas institucionais deveriam ainda ser acompanhadas de ajustamentos estruturais que reordenassem o espaço urbano e regional, protegendo o meio ambiente e readequando as condições de moradia, saneamento, iluminação pública, transporte, saúde, educação e lazer, através de políticas públicas (MDB, 1978, p. 87; PMDB, 1982, p. 45-46). Pensando nisso, o constituinte determinou como competência da União a elaboração e execução de planos nacionais e regionais de ordenação do território e a instituição de diretrizes para o desenvolvimento urbano,

---

[12] BRASIL, 1988, art. 153, VI; § 4º, p. 18.

[13] BRASIL, 1988, art. 21, XX, p. 5; art. 23, p. 6; art. 182, p. 22.

[14] BRASIL, 1988, art. 30, V, p. 6; art. 175, p. 21.

[15] BRASIL, 1988, art. 30, VIII, p. 6; art. 48, I, p. 8; art. 182, § 2º, p. 22.

incluindo habitação, saneamento e transporte; e como competência do município, o ordenamento territorial, mediante planejamento e controle do uso, parcelamento e ocupação do solo urbano, ordenando assim o pleno desenvolvimento das funções sociais da cidade e garantindo o bem-estar de seus habitantes[16]. Além disso, o reconhecimento de que educação, saúde, trabalho, lazer, segurança, previdência social, proteção à maternidade e infância e assistência aos desamparados se tratariam de direitos sociais garantidos pelo Estado, permitiria a promoção de programas voltados para a construção de moradias e a melhoria das condições habitacionais e de saneamento básico, além de fixar direitos como o salário mínimo, que garantiriam ao cidadão a capacidade de atender necessidades básicas como moradia, alimentação, educação, saúde, lazer, vestuário, higiene, transporte e previdência social[17].

As políticas habitacionais tiveram início com a implementação da CF 88, com a formação de um capítulo voltado apenas para a política urbana. A base desse capítulo se pauta na transformação da questão habitacional em política social através da função social da propriedade, tema difundido pelo (P)MDB ao longo de sua trajetória (MDB, 1978, p. 118; PMDB, 1982, p. 50-53). A compatibilização da habitação com o planejamento urbano, meta perseguida pela agremiação oposicionista para democratizar o acesso à moradia, foi estruturada na política urbana constitucional[18] através de planos de desapropriação e usucapião para garantir função social da propriedade inseridos no Plano Diretor Municipal, instrumento básico da política de desenvolvimento e de expansão urbana, indicando assim que a política habitacional de outrora não teria conseguido atender as demandas familiares em sua plenitude ao excluir um dos direitos básicos do cidadão: o direito à moradia. Logo, tal desorganização permitiria que as famílias adentrassem recintos ociosos, dos quais não tinham posse, obrigando o Poder Público a instituir modelos de regularização fundiária sem descumprir os princípios da Ordem Econômica: direito à propriedade privada e garantia de função social da propriedade[19]. Embora haja certo diálogo entre ambos, esse tema acarretaria intenso debate entre os constituintes, e algumas manobras adotadas enfraqueceriam a desapropriação por

[16] BRASIL, 1988, art. 21, IX, XX, p. 5; art. 30, VIII, p. 6; art. 182, p. 22.
[17] BRASIL, 1988, art. 7, IV, p. 3; art. 23, IX, p. 6.
[18] BRASIL, 1988, art. 182-183, p. 22.
[19] BRASIL, 1988, art. 170, II-III, p. 21.

interesse social – o que será analisado em capítulo posterior, ao destrincharmos os debates entre os constituintes em atas pertinentes ao tema.

Para que o desenvolvimento urbano possa se efetivar e permitir a adequação de moradias pelas famílias mais pobres, o (P)MDB (MDB, 1978, p. 85; PMDB, 1982, p. 46-47) indicava a instituição de planejamento urbano, interligando áreas habitadas e regularizando-as, impedindo loteamentos em áreas insalubres, que elevavam os índices de mortalidade infantil, e inundáveis, através de desapropriações ou deslocamentos. Considerando esse cenário, a CF 88 permitiria às unidades federativas instituir regiões metropolitanas, aglomerações urbanas e microrregiões para integrar a organização, o planejamento e a execução de funções públicas de interesse comum. O planejamento promovido pela União, por sua vez, deveria promover a defesa contra calamidades públicas, como secas e inundações[20]. A responsabilidade, no entanto, não recairia apenas sobre a União, já que a estrutura administrativa seria redefinida e as competências distribuídas entre os entes federados, os quais ficariam responsáveis pela implementação de programas destinados à edificação da política habitacional. A instituição dessa descentralização administrativa é parte da pregação peemedebista (MDB, 1978, p. 100; PMDB, 1982, p. 51) que seria reportada no documento constitucional[21].

Quanto ao financiamento dos programas habitacionais, o (P)MDB (MDB, 1978, p. 66; PMDB, 1982, p. 51-52) apostaria em transferências orçamentárias da União "a fundo perdido", recursos "sem retorno" para subsidiar a habitação popular; além de considerar a admissão de recursos advindos de fundos sociais. O documento constitucional[22], nessa perspectiva, buscaria consolidar a promoção de programas de construção de moradias e melhoria das condições habitacionais, estando o projeto de lei orçamentária apto a presidir sobre receitas e despesas decorrentes de isenções, subsídios e benefícios que tivessem, entre outros, natureza financeira e creditícia.

A participação popular é ainda citada pelo partido como fator essencial para democratizar a distribuição e o acesso aos bens e serviços públicos, estando inseridos nessa realidade associações, sindicatos e demais organizações populares (MDB, 1978, p. 84; PMDB, 1982, p. 47), o que

---

[20] BRASIL, 1988, art. 21, XVIII, p. 5; art. 25, § 3º, p. 6.

[21] BRASIL, 1988, art. 23, IX, p. 6.

[22] BRASIL, 1988, art. 23, IX, p. 6; art. 165, § 6º, p. 20.

seria considerado pela Constituição Federal quando apontou a participação popular, por meio de organizações representativas, na formulação de políticas e no controle de ações em todos os níveis, sendo livre a criação de associações representativas e de cooperativas, inclusive sendo possível atuação destas em relação ao planejamento municipal[23].

Ambos, (P)MDB (MDB, 1978, p. 87; PMDB, 1982, p. 48) e Constituição Federal[24], reconhecem como legítimo o processo de desapropriação, que teria como fim o interesse social e a utilidade pública, sendo plausível a indenização em títulos da dívida pública. A faculdade legal do Poder Público de promover o "parcelamento ou loteamento compulsório" (PMDB, 1982, p. 48) de glebas ociosas em área urbana foi determinada pela Constituição Federal[25] mediante omissão do proprietário frente ao solo não edificado, subutilizado ou não utilizado, além de instituir o usucapião[26] como medida para regularizar a moradia daqueles que tenham ocupado propriedades privadas não utilizadas por seus proprietários, estabelecendo, assim, um instrumento de regularização de posse defendido pelo PMDB (1982, p. 48-49). Do mesmo modo, o uso de medida fiscal para conter o avanço da retenção especulativa sobre terrenos urbanos, que obtivessem valorização em função de investimentos públicos, seria formulado pelo MDB (1978, p. 87), que também exigiria o uso de critérios progressivos na cobrança de impostos, como no caso do Imposto Predial Urbano. Essa iniciativa não seria negligenciada no documento constitucional, ao considerar embutir o Imposto sobre a Propriedade Predial e Territorial Urbana de modo progressivo no tempo[27] como parte da política urbana a ser empreendida pelo Estado para impedir a especulação sobre terrenos urbanos.

Ainda sob o aspecto urbano, o (P)MDB (MDB, 1978, p. 88-91; PMDB, 1982, p. 53-54) reconheceria o saneamento básico como direito do cidadão e dever do Estado, tratando-se de necessidade coletiva, que deveria disponibilizar política tarifária acessível, sendo gerida com autonomia municipal. A distribuição de água e esgoto não deveria privilegiar multinacionais, que, na ocasião, eram beneficiárias do sistema. A estrutura proposta pelo (P)MDB se repete na Constituição Federal, ao descentralizar

---

[23] BRASIL, 1988, art. 5º, XVII-XVIII, p. 1; art. 29, XII, p. 6; art. 204, II, p. 23.
[24] BRASIL, 1988, art. 5º, XXIV, p. 1; art. 182, §§ 3º e 4º, III, p. 22.
[25] BRASIL, 1988, art. 182, § 4º, I, p. 22.
[26] BRASIL, 1988, art. 183, p. 22.
[27] BRASIL, 1988, art. 182, § 4º, II, p. 22.

a responsabilidade sobre essa política quando determina que União, Estados, Distrito Federal e municípios promovam programas de melhorias do sistema básico de saneamento[28]. A autonomia municipal, os cuidados do Estado com a política tarifária exercida em serviços públicos e o resguardo às empresas nacionais, embora não se concentrem apenas nesse tema, encontram-se dispersos ao longo do documento constitucional[29], mas sempre sob o prisma garantidor dos direitos sociais.

O transporte coletivo também esteve entre os temas debatidos pelo (P)MDB (MDB, 1978, p. 91; PMDB, 1982, p. 54-55), priorizando o investimento público e a expansão de empresas públicas nessa área. Além de apoiar ônibus elétricos como alternativa para melhorar a disponibilidade de energia, o (P)MDB apostava na ampliação do transporte ferroviário ao nível de metrô de superfície e no transporte aquático de massa nos locais nos quais este fosse viável, resguardando tarifas reduzidas e fiscalizando a qualidade dos serviços prestados aos usuários. A nova Constituição Federal[30] reconheceria a necessidade de ordenar os transportes aéreo, aquático e terrestre, ficando a cargo do município organizar e prestar, diretamente ou sob regime de concessão ou permissão, serviços públicos de interesse local como o transporte coletivo, que tem caráter essencial.

Por se tratar de agente normativo e regulador da economia, o Estado ficaria constitucionalmente incumbido[31] de fiscalizar a prestação de serviços públicos, dentre eles o transporte coletivo, inclusive garantindo que sejam atribuídas tarifas módicas ao serviço, sendo plausível a rescisão de contrato de concessão ou permissão para assegurar os direitos dos usuários.

Entre as políticas destacadas pelo (P)MDB, a questão ambiental se constituiria sob um aspecto participativo e democrático, com descentralização das decisões em que estruturas administrativas, de planejamento e de pesquisa, atuariam em conjunto com a comunidade (MDB, 1978, p. 98; PMDB, 1982, p. 55-56), fator conjugado com o documento constitucional[32], que designaria ao Poder Público e à coletividade o dever de defender e preservar o meio ambiente – tornado princípio na Ordem Econômica constitucional.

---

[28] BRASIL, 1988, art. 23, IX, p. 6.

[29] BRASIL, 1988, art. 34, VII, *c*, p. 7; art. 171; art. 175, parágrafo único, p. 21.

[30] BRASIL, 1988, art. 30, V, p. 6; art. 178, I, p. 21.

[31] BRASIL, 1988, art. 174; art. 175, parágrafo único, I-II, p. 21.

[32] BRASIL, 1988, art. 225, p. 25.

Para isso, o (P)MDB discutia a ocupação racional do espaço físico e de recursos naturais e o uso responsável de recursos hídricos e potencial energético, sem impactar o meio ambiente, através de alterações em ecossistemas naturais ou ocasionar efeitos erosivos mediante extinção de espécies ou eliminação de coberturas vegetais, defendendo elaboração de uma política ecológica (MDB, 1978, p. 98). Seguindo essa linha de pensamento e a influência internacional, o constituinte traçou um novo ordenamento jurídico pautado na proteção ambiental e não mais na proteção econômica, como ocorria dantes. Com isso, passa a ser determinante o ordenamento territorial, mediante controle de uso do solo[33], a preservação dos recursos naturais, sendo de competência do Poder Público legislar sobre tais recursos – tal como o faria em relação ao meio ambiente, uso do solo, controle da poluição e em relação a atividades como caça, pesca e exploração de florestas e fauna[34], inclusive, para que a função social da propriedade seja cumprida, há de se preservar o meio ambiente e os recursos naturais disponíveis[35]. Já para proteger os ecossistemas naturais, a CF 88 tornaria indisponíveis terras devolutas ou arrecadadas pelos Estados por ações discriminatórias, cabendo ao Poder Público preservar e restaurar os processos ecológicos essenciais e prover o manejo ecológico dos ecossistemas[36]. A fim de impedir a extinção de espécies ameaçadas, a Constituição compreenderia ainda a proibição de práticas que colocassem em risco a função ecológica ou de espécies[37].

A descentralização e prescrição de um modelo que tornasse factível a responsabilização de estados e municípios quanto ao controle da poluição e a faculdade de interditar poluidores (MDB, 1978, p. 97; PMDB, 1982, p. 57) ganharia ênfase constitucionalmente com a distribuição de competências entre União, Estados, Distrito Federal e municípios no que compete ao combate à poluição[38].

Recuperar os recursos naturais também foi objeto de convergência entre o ideário do partido oposicionista e o documento constitucional de 1988. Através de estudos de impacto ambiental, os recursos minerais degradados pela mineração e os recursos hídricos que possam ter sofrido

---

[33] BRASIL, 1988, art. 30, VIII, p. 6.
[34] BRASIL, 1988, art. 24, VI, p. 6.
[35] BRASIL, 1988, art. 186, II, p. 22.
[36] BRASIL, 1988, art. 225, § 1º, I; § 5º, p. 25.
[37] BRASIL, 1988, art. 225, § 1º, VII, p. 25.
[38] BRASIL, 1988, art. 23, VI; art. 24, VI, p. 6.

deterioração (MDB, 1978, p. 98; PMDB, 1982, p. 57) seriam recuperados obrigatoriamente por aqueles que os tenham explorado. No caso dos recursos minerais, essa recuperação ocorreria "de acordo com solução técnica exigida pelo órgão público competente"[39]. As concessões de direitos de pesquisa e exploração de recursos hídricos seriam ainda fiscalizadas e acompanhadas pelo poder estatal, sendo que as condutas e atividades consideradas lesivas ao meio ambiente sujeitariam os infratores a sanções penais e administrativas, além da obrigação de reparar os danos causados[40], dada a esfera participativa da sociedade admitida nas leis constitucionais quanto à defesa e preservação do meio ambiente.

Os recursos hídricos poderiam ser utilizados não apenas para fins energéticos, mas também para promover a irrigação, proposta peemedebista que ganharia formato com a CF 88, e a tentativa por recuperar terras áridas e incentivar pequenos e médios proprietários rurais, especialmente em regiões de baixa renda e sujeitas a secas periódicas[41]. As atividades nucleares estiveram entre os temas debatidos, sob o aspecto ambiental. No programa *E&M*, ficava estabelecida a necessidade de revisão de acordos sobre esse tema, considerando o programa energético brasileiro (PMDB, 1982, p. 59); com essa mesma preocupação, o constituinte designaria competência legislativa quanto à definição de localização para instalação de usinas nucleares com esse fim, tratando-se de monopólio da União o enriquecimento de minerais nucleares a fim de utilização em usinas[42]. E, para garantir a participação da sociedade, ambos, *Esperança e Mudança* (PMDB, 1982, p. 58) e a Constituição Federal buscariam formar mentalidade preservacionista através da educação ambiental, investindo na "conscientização pública para a preservação do meio ambiente"[43].

A comunicação social também seria utilizada para veicular a defesa ao meio ambiente (PMDB, 1982, p. 59), possibilitando ao cidadão a defesa contra programas e propagandas nocivas ao meio ambiente[44].

Ainda sob a perspectiva reformista, os programas do partido oposicionista (MDB, 1978, p. 105; PMDB, 1982, p. 21-24, 109) demonstrou

---

39 BRASIL, 1988, art. 225, § 2º, p. 25.

40 BRASIL, 1988, art. 23, XI, p. 6; art. 225, § 3º, p. 25.

41 BRASIL, 1988, art. 43, § 2º, IV; § 3º, p. 8.

42 BRASIL, 1988, art. 177, V, p. 21; art. 225, § 6º, p. 25.

43 BRASIL, 1988, art. 225, § 1º, VI, p. 25.

44 BRASIL, 1988, art. 220, § 3º, II, p. 25.

os motivos pelos quais deveria haver reforma tributária. Dentre os itens citados, estava a renovação dos impostos, que deveriam ser revestidos de caráter progressivo. As taxas de contribuição de melhoria, por exemplo, tornariam o município participante da valorização por obras públicas, gerando recursos. Destarte, na esfera municipal, a instituição de contribuições de melhoria, de impostos sobre o solo como o IPTU, com caráter progressivo, e de impostos sobre transmissão da propriedade (que seria chamado de Imposto de Transmissão de Bens Imóveis *Inter Vivos* – ITBI), tratar-se-iam de tributações garantidoras de rendas que seriam utilizadas no desenvolvimento urbano, disposição expressa constitucionalmente[45].

Dentre os impostos que caberiam transferência de receitas aos municípios, o MDB (1978, p. 105) apontava o Fundo de Participação dos Municípios (FPM), que concederia pequena cota do produto de arrecadação do Imposto de Renda pelo Governo Federal (5%), cota que deveria ser reformada. A CF 88[46] estipularia esse valor para 20%, considerando a arrecadação advinda dos impostos sobre renda e proventos de qualquer natureza e sobre produtos industrializados.

A progressividade no imposto foi aplicada no âmbito constitucional em relação ao IPI, IR e IPTU. O fato de a estrutura progressiva não ter sido implementada nas Constituições anteriores, e sim na Constituição de 1988, denota haver certa influência de atores que pensavam as reformas políticas a ser empreendidas no setor fiscal, dentre eles o (P)MDB (MDB, 1978, p. 103-104; PMDB, 1982, p. 23-24, 49-50, 78-79, 107-110), que demonstrou, em seus programas partidários, que a mudança de formato fiscal seria congruente com a redemocratização, afastando o teor regressivo que impelia as classes mais abastadas a serem favorecidas no âmbito fiscal. A base de tributação deveria ser ampliada de forma socialmente justa, de maneira que o Imposto de Renda fosse elevado na fonte "sobre os ganhos extraordinários provenientes de aplicações financeiras (de pessoas físicas e jurídicas) e sobre os lucros extraordinários dos bancos" (PMDB, 1982, p. 78).

Os incentivos fiscais disponibilizados pelo Poder Público deveriam, dentro desta proposta, ser reavaliados, de modo que fossem suprimidos, excetuando-se aqueles voltados para o desenvolvimento regional, como aqueles aplicados no Nordeste e na Amazônia (MDB, 1978, p. 134; PMDB, 1982, p. 78), fator que seria corroborado na CF 88 ao determinar

---

[45] BRASIL, 1988, art. 30, III, p. 6; art. 145, III, p. 18; art. 156, I-II, § 1º, p. 19.

[46] BRASIL, 1988, art. 159, I, *b*, p. 19; ADCT, art. 34, § 2º, I, p. 30.

que seria vedado à União instituir tributo disforme no território nacional em relação aos entes federados, admitido apenas incentivos fiscais destinados a promover o equilíbrio do desenvolvimento socioeconômico entre as diferentes regiões do país, como o faria com a Zona Franca de Manaus, concedendo-lhe incentivos pelo prazo de 25 anos a partir da promulgação da Constituição Federal[47].

O partido primava ainda pela desconcentração fiscal em favor de municípios e estados para viabilizar a ampliação de recursos que sustentassem programas sociais, "reforma digna deste nome, estrutural, reforma revolucionária, será reconhecer, na Constituição, categoria política, administrativa e financeira aos municípios" (MDB, 1978, p. 100). A organização político-administrativa da República Federativa no âmbito constitucional compreenderia autonomia aos entes que a compõe[48]. Do mesmo modo, as alterações no sistema tributário deveriam contribuir para extinguir a subordinação de municípios e estados. Seguindo esse prisma, a Constituição de 1988 conferiu maior autonomia tributária aos entes federados, conforme aponta Palos (2011, p. 4):

> Na Constituição de 1988, concebida sob o espírito da redemocratização, a concepção do novo sistema de financiamento do Estado pautou-se por uma maior autonomia fiscal para estados e municípios. O novo texto constitucional confirmou a tendência de desconcentração financeira iniciada em meados da década de setenta, ao conferir aos Estados o poder para, autonomamente, fixarem alíquotas do ICM – principal tributo estadual, cuja base de incidência havia-se ampliado pela extinção de tributos federais. Paralelamente, cresceu também a repartição de receitas por meio das transferências intergovernamentais, principalmente em favor dos municípios. Diante dessas mudanças, houve significativa mudança na distribuição da receita pública disponível entre os entes federativos. Em 1987, aproximadamente 64% da receita pública disponível pertencia à União; em 1991, a participação federal alcançava 53% do total de recursos arrecadados nas três esferas de governo.

Quanto à reforma financeira, a democratização do crédito era apontada pelo partido de oposição como uma das medidas determinantes para

[47] BRASIL, 1988, art. 151, I, p. 18; ADCT, arts. 40-41, p. 30.
[48] BRASIL, 1988, art. 18, p. 5.

que se efetivasse a função social do sistema financeiro nacional. Nesse sentido, os dispositivos constitucionais[49] que tratam sobre o tema acolheram a criação de um fundo ou seguro que objetivasse proteger a economia popular, garantindo créditos, aplicações e o funcionamento de cooperativas de crédito para que o sistema financeiro obtivesse operacionalidade, servindo aos interesses da coletividade. Além disso, os coeficientes aplicados em fundos sociais, em cadernetas de poupança e em títulos financeiros que se pretendesse incentivar, deveriam ser fixados em patamares mais altos, cumprindo assim sua função social (MDB, 1978, p. 67; PMDB, 1982, p. 77). Os recursos dos fundos sociais seriam aplicados em títulos públicos de longo prazo, garantidos por uma nova política de dívida pública dirigida para o desenvolvimento econômico-social, o que impediria sua descapitalização (MDB, 1978, p. 68).

O crédito cooperativo exposto constitucionalmente é indicado pelo (P)MDB (MDB, 1978, p. 116-117; PMDB, 1982, p. 24) como meio para democratização do crédito, especialmente ao conceder apoio à Reforma Agrária e financiar pequenos empreendimentos cooperativos urbanos, como microempresas. A regulamentação do crédito, por sua vez, deveria ser balizada com taxas de juros baixas e prazos e prestações condizentes com os orçamentos familiares das classes com menores rendas no mercado. Seguindo essa diretriz, os juros aplicados financeiramente no âmbito constitucional foram limitados em 12% ao ano, sendo considerado crime de usura qualquer cobrança que exceda essa porcentagem[50]. Esse fator, em congruência com os incentivos regionais que compreendiam juros favorecidos a algumas regiões em relação àquelas mais abastadas[51], expressava a tentativa do constituinte em promover o desenvolvimento da sociedade sob um aspecto mais redistributivo.

Como mencionado no início deste capítulo, para o (P)MDB, as políticas públicas teriam como objetivo principal a redistribuição de renda. Apesar de esse termo ser tão central nos programas do partido, ele não é mencionado diretamente no texto constitucional, mas o espectro de sua ideia perpassa todo documento – seja no âmbito das políticas sociais clássicas como a política salarial, previdenciária, de saúde, educação ou alimentação; seja no que se refere à reordenação do espaço urbano, regional

---

49 BRASIL, 1988, art. 192, VI-VII, p. 22.

50 BRASIL, 1988, art. 192, § 2º, p. 22.

51 BRASIL, 1988, art. 43, § 2º, II, p. 8.

e do meio ambiente, afetando habitação, saneamento, transporte coletivo etc., ou mesmo em relação às políticas voltadas para o sistema produtivo como o crescimento industrial, a política agrícola ou o desenvolvimento da mineração e do sistema de energia, fatores estes que denotam o cerne distributivo da justiça social.

Assim, o trabalho e a política de emprego e salarial estruturados pelo (P)MDB (MDB, 1978, p. 35, 52, 62-66; PMDB, 1982, p. 24-30) ganham vida constitucional, embora alguns itens destacados nas publicações *Constituinte com Anistia* e *E&M* não tenham se efetivado – como o pedido de elaboração de um novo Código de Trabalho, ou a tentativa de voltar ao sistema anterior à formação do FGTS, quando a estabilidade no emprego era uma das garantias ao trabalhador que mantivesse vínculos com uma empresa pelo período de dez anos. A demissão sem justa causa utilizando o FGTS possibilitava aos empresários recontratar os trabalhadores com salários reduzidos, o que provocava elevada rotatividade da força de trabalho, sendo a indenização paga pelo sistema do FGTS inferior à indenização calculada pelo regime trabalhista anterior. Entretanto, o (P)MDB não se opusera ao FGTS e sim aos dispositivos e expedientes da regulamentação desse que redundaram na supressão da estabilidade do trabalhador. O partido sugeriria assim a reforma do FGTS, com sua continuidade em comunhão com a estabilidade. Para evitar os efeitos deletérios da rotatividade, o MDB (1978, p. 66) clamou pelo estabelecimento de cláusulas penalizadoras, que atuassem como freio à demissão abusiva.

De qualquer modo, a minudência das declarações do (P)MDB identificaria a fragilidade do emprego, que seria constantemente exposto à degradação do salário, corroído pela inflação, o que refletia diretamente na oferta dos produtos, inviabilizando sua abundância e impactando nos preços. Logo, há o reconhecimento de que a política de emprego e salarial influiria na economia, tendo efeito sobre a recuperação da produção e sobre os setores industrial, agrícola e de serviços.

Os constituintes, admitindo como verdadeiro o impacto econômico que o emprego possa ocasionar, decidiram responsabilizar o Estado quanto à legislação que influa sobre a produção e consumo[52], inclusive punindo empresas que efetivem alta rotatividade de força de trabalho, em dissonância com o setor em questão ao superar o índice de rotatividade que

[52] BRASIL, 1988, art. 24, p. 6.

seria plausível para o setor. Tais empresas disponibilizariam uma contribuição adicional ao seguro-desemprego[53]. A relação de emprego passaria a ser protegida contra a despedida arbitrária ao efetivar como direito dos trabalhadores a indenização compensatória[54]. Essas medidas claramente reconhecem que o emprego deve ser mantido em níveis congruentes com o fomento econômico, sob risco de desestruturar o sistema econômico nacional. Para isso, a exploração direta de atividade econômica pelo Estado faz-se imperativa, controlando os preços e as margens de lucro e reduzindo as taxas de juros (PMDB, 1982, p. 28). A CF 88, do mesmo modo, verticaliza as ações do Estado em prol de reprimir o abuso do poder econômico que vise à dominação do mercado, eliminação da concorrência e aumento arbitrário dos lucros[55]. Os preços adotados deveriam ser compatíveis com os custos de produção e com a garantia de comercialização[56]. Esses fatores estavam diretamente relacionados com a política do trabalho e salarial, que é o que garantiria o ciclo econômico.

Além dos fatores de mercado, o trabalho se instituiu como direito social que enobrece a existência humana; o emprego e a ocupação produtiva "são requisitos essenciais para a construção de uma sociedade democrática, no contexto de um sistema produtivo eficiente. Emprego e redistribuição de renda são indissociáveis" (PMDB, 1982, p. 62). Em seus preceitos, a CF 88 não deixou de introduzir a garantia de que o trabalho se consolide como fundamento do Estado Democrático de Direito[57], como primado da ordem social[58], como princípio da ordem econômica[59] e como direito social[60].

Analisando o aspecto humano das relações de trabalho, o (P)MDB (MDB, 1978, p. 35, 61; PMDB, 1982, p. 30) demonstrou também preocupação com as condições de salubridade, periculosidade e penosidade das atividades trabalhistas. A forma de correção dada pela CF 88 foi garantir, como direitos dos trabalhadores, a redução dos riscos inerentes ao trabalho por meio de normas de saúde, higiene e segurança, além de disponibilizar adicional de remuneração para atividades tidas como

---

[53] BRASIL, 1988, art. 239, § 4º, p. 26.
[54] BRASIL, 1988, art. 7º, I, p. 3.
[55] BRASIL, 1988, art. 173, § 4º, p. 21.
[56] BRASIL, 1988, art. 187, II, p. 22.
[57] BRASIL, 1988, art. 1º, IV, p. 1.
[58] BRASIL, 1988, art. 193, p. 22.
[59] BRASIL, 1988, art. 170, VIII, p. 21.
[60] BRASIL, 1988, art. 6º, p. 3.

penosas, insalubres ou perigosas e proibição de que menores de 18 anos exerçam tais atividades[61].

No que diz respeito ao trabalho, para o (P)MDB (MDB, 1978, p. 51-63; PMDB, 1982, p. 62-65), os direitos sociais se ampliariam ainda mediante a instituição do seguro-desemprego, a elaboração de políticas públicas compensatórias e a transferência de gastos governamentais para a esfera social, considerando, entre outros itens, a crescente incorporação da mulher ao mercado de trabalho, sem que haja resguardo de seus direitos, e a tentativa por erradicar a pobreza e a marginalização, partes do problema estrutural que envolvia a questão do emprego. A CF 88[62] lograria assegurar aos trabalhadores direitos básicos veiculados em políticas públicas como o seguro-desemprego, ou mesmo "indenização compensatória" a ser efetuada pela empresa responsável mediante dispensa do trabalhador sem justa causa, ou em casos de desemprego involuntário, quando os planos de previdência social alicerçam a proteção ao trabalhador[63]. No caso da introdução no mercado de força de trabalho feminina, a Constituição de 1988 prescreveu incentivos que protegessem a mulher, tentado reparar o desequilíbrio que tomava conta do mercado de trabalho. Ainda sob esse aspecto, o constituinte articulou a implementação da assistência social que garantiria proteção inclusive aos cidadãos que não tenham contribuído à Seguridade Social, modo esse encontrado para "combater as causas da pobreza e os fatores de marginalização, promovendo a integração social dos setores desfavorecidos", objetivo a ser perseguido pela República Federativa do Brasil[64].

O (P)MDB também vislumbrou mudanças tecnológicas, que permeariam o avanço da automação nos processos de produção na indústria e setor de serviços. Embora tal avanço seja positivo quanto ao nível de desenvolvimento tecnológico, que poderia acarretar melhorias em vários setores, o partido não deixou de ser sensível à causa trabalhadora. Proteger essa classe dos intentos abusivos praticados por grandes empresas, que buscavam recriar a trama de trabalho, substituindo mão de obra pelo mercado tecnológico, far-se-ia fundamental, dado o desequilíbrio entre as partes. Assim se manifestou o partido:

---

[61] BRASIL, 1988, art. 7º, XXII-XXIII; XXXIII, p. 3.

[62] BRASIL, 1988, art. 7º, I-III, p. 3.

[63] BRASIL, art. 201, IV, p. 23.

[64] BRASIL, 1988, art. 3º, p. 1; art. 23, X, p. 6.

> Estas tendências do progresso técnico, que certamente far-se-ão sentir a médio e longo prazo, são em grande medida inexoráveis – e, até certo ponto, desejáveis. Será possível talvez liberar cada vez mais o homem da necessidade do trabalho, especialmente do trabalho repetitivo, não criativo. O rápido aumento da produtividade pode tornar-se um fator extremamente positivo para o desenvolvimento social. Requer, contudo, que a questão do emprego (e da distribuição de renda) passe a ser objeto central da política pública de forma a evitar os efeitos disruptivos das inovações técnicas, maximizando-se seus benefícios (PMDB, 1982, p. 65).

Entendendo os riscos que envolviam o avanço da tecnologia em detrimento de certas atividades no trabalho, no âmbito constitucional, a proteção ao trabalhador em face da automação passou a ser vinculada ao direito social[65], tendo o Estado assumido o papel de apoiador à formação de recursos humanos nas áreas de ciência e tecnologia, concedendo condições especiais de trabalho àqueles que dessas funções se ocupassem[66], entendendo, portanto, que além do risco coletivo frente à possibilidade de desemprego, o trabalhador admitido nessas novas funções deveria ser provido de segurança no ambiente de trabalho, mais uma vez se voltando para o aspecto humano nas relações de trabalho, como alicerça os intentos assinalados no programa *E&M.* A CF 88 determinou ainda que deveriam receber apoio as empresas que investissem em pesquisa e criação de tecnologias, adequando a formação e o aperfeiçoamento de recursos humanos, inclusive ao disponibilizar remuneração que assegure aos empregados participação nos ganhos econômicos resultantes da produtividade de seu trabalho.

Em conjunto com a política voltada para o trabalho, a previdência social foi tema de extenso debate pelo (P)MDB, especialmente por avaliar que o desemprego estrutural vivenciado nos anos ditatoriais intensificava cada vez mais a redução das contribuições previdenciárias, o que poderia provocar um colapso dessa política pública, dado o seu financiamento ser efetuado através da sociedade, quando os trabalhadores ativos, por solidariedade, cooperam com a sobrevivência dos trabalhadores inativos e seus dependentes. Reconhecendo essa fragilidade, o partido aponta a necessidade de se estabelecer prioridades: ênfase aos trabalhadores de baixa renda,

---

[65] BRASIL, 1988, art. 7º, XXVII, p. 3.

[66] BRASIL, 1988, art. 218, §§ 2º-4º, p. 24.

por serem estes os mais expostos aos riscos, com relação aos quais a Seguridade Social propõe proteção e concentração de recursos no atendimento aos riscos que podem atingir o trabalhador. Constitucionalmente, a previdência social se consubstancia como direito social, tendo como desiderato propiciar ao trabalhador existência digna, que permita a ele e sua família serem protegidos quando por qualquer motivo (desemprego, gravidez e maternidade, acidente de trabalho, doença, invalidez, reclusão, velhice e morte) o trabalhador não tiver condições efetivas de prestar assistência aos demais entes. Há, portanto, convergência entre ambos, partido e documento constitucional, quanto ao papel da previdência social.

O atendimento às famílias de baixa renda, fator principal elencado pelo (P)MDB como prioridade previdenciária, está inserido entre as funções do plano de previdência social constitucional quando propõe: "ajuda à manutenção dos dependentes dos segurados de baixa renda" (PMDB, 1982, p. 32), sendo que qualquer pessoa estaria apta a participar dos benefícios da previdência, desde que contribuísse com os planos previdenciários ao qual sua categoria profissional esteja vinculada[67], reconhecimento da solidariedade prestada pela sociedade quanto ao financiamento como responsabilidade de todos.

Como o rol de direitos sociais, a Constituição de 1988[68] asseguraria a participação de trabalhadores e empregadores nos colegiados, em órgãos públicos, nos quais seus interesses profissionais ou previdenciários sejam objeto de discussão e deliberação, competindo à União, aos Estados, Municípios e Distrito Federal legislar sobre a previdência social, teor contido na reformulação institucional exposta pelo (P)MDB quando propôs a instituição de mecanismos de controle social sobre a administração previdenciária, criando órgãos de controle "com representação de sindicatos de empregados e empregadores" (PMDB, 1982, p. 33-34), além do governo local e federal para supervisionar as atividades da previdência social.

No âmbito rural, o (P)MDB chamava atenção para o atendimento prestado aos trabalhadores deste segmento, exigindo a equiparação de direitos entre estes e trabalhadores urbanos, de maneira a "assegurar um regime previdenciário rural mais justo e democrático" (MDB, 1978, p. 72; PMDB, 1982, p. 32). A Constituição Federal não deixou de contemplar esse setor, ao introduzir a ideia de compensação financeira prestada ao

---

[67] BRASIL, 1988, art. 201, II, § 1º, p. 23.
[68] BRASIL, 1988, art. 10, p. 4.

beneficiário mediante alocação empregatícia em sistemas diversos de administração pública e privada, além de reduzir em cinco anos o limite de idade para obtenção da aposentadoria, no que se refere aos trabalhadores rurais em comparação com o trabalhador urbano, contemplando inclusive aqueles que exerçam atividades em regime de economia familiar, como o produtor rural, o garimpeiro e o pescador artesanal[69].

Em outra questão relevante, embora a filiação previdenciária estivesse presente quanto ao seguro que cobre as famílias, o (P)MDB (MDB, 1978, p. 75; PMDB, 1982, p. 33-35) dedicou parte de sua produção escrita a defender a ampliação do sistema de saúde, de modo que o aporte de recursos orçamentários amparasse a população como um todo, prestando assistência médica universal, independentemente de qualquer junção a sistemas preexistentes, como ocorria na ocasião, quando o Instituto Nacional de Assistência Médica da Previdência Social (Inamps) era responsável pela assistência médica prestada aos segurados que possuíssem vínculo empregatício, sendo negligenciado todo contingente que não estivesse empregado ou que habitasse área rural, local de evidente ausência de serviços médicos. O PMDB (1982, p. 37) assim resumiu os objetivos de sua política nacional de saúde:

> [...] – *acesso igualitário aos serviços de saúde para toda a população que deles necessite*, independentemente de sua condição econômica e social ou filiação previdenciária; – ampliação da cobertura e melhoria da qualidade assistencial[70].

A assistência médica prestada à sociedade ganharia formato universal com a nova Constituição Federal[71], mais uma vez convergindo com as diretrizes peemedebistas:

> Art. 196. A saúde é direito de todos e dever do Estado, garantido mediante políticas sociais e econômicas que visem à redução do risco de doença e de outros agravos e ao *acesso universal e igualitário às ações e serviços* para sua promoção, proteção e recuperação[72].

---

[69] BRASIL, 1988, art. 202, I, § 2º, p. 23.
[70] Grifo nosso.
[71] BRASIL, 1988, art. 196, p. 23.
[72] Grifo nosso.

Outros pontos seriam congruentes em ambas as perspectivas, como a participação direta das comunidades e da sociedade através de organismos representativos, ênfase nas medidas preventivas e descentralização executiva, decisória e financeira, fatores apontados pelo (P)MDB como requisitos exequíveis para a execução dos objetivos propostos pelo partido e mantras seguidos pelo esboço constitucional ao organizar as diretrizes do sistema único:

> Art. 198. As ações e serviços públicos de saúde integram uma rede regionalizada e hierarquizada e constituem um sistema único, organizado de acordo com as seguintes diretrizes: I – descentralização, com direção única em cada esfera de governo; II – atendimento integral, com prioridade para as atividades preventivas, sem prejuízo dos serviços assistenciais; III – participação da comunidade[73].

A assistência médica contaria ainda com a integração da medicina curativa e preventiva, ajustando medidas voltadas para o saneamento básico, assistência materno-infantil e política de vigilância sanitária (MDB, 1978, p. 73-75; PMDB, 1982, p. 33, 39), fatores reconhecidos no documento constitucional quando se identificou que o desenvolvimento somente seria alcançado com a instituição de diretrizes que contemplassem programas de vigilância sanitária e epidemiológica, formulação de políticas de execução das ações de saneamento básico e aplicação de recursos públicos na assistência materno-infantil[74]. O ordenamento dos recursos humanos e os cuidados com a saúde do trabalhador[75] também estiveram em voga, tendo o PMDB (1982, p. 38-39) apontado a necessidade de implantação de políticas de saúde ocupacional e planos que estimulassem a prática profissional e a educação continuada.

O financiamento da saúde também compreenderia recursos semelhantes nas propostas peemedebista e constitucional. A base financeira contaria com percentual dos recursos previdenciários (PMDB, 1982, p. 38), que no documento constitucional estariam inseridos na Seguridade Social[76] e com dotações orçamentárias advindas da União, que seriam

---

[73] BRASIL, 1988, art. 198, p. 23.

[74] BRASIL, 1988, art. 21, XX, p. 5; art. 23, IX, p. 6; art. 200, II, p. 23; art. 227, I, p. 25.

[75] BRASIL, 1988, art. 200, II-IV, p. 23.

[76] BRASIL, 1988, art. 198, parágrafo único, p. 23.

estendidas aos demais entes quando da proposição do documento final constitucional. Quanto à extinção do Inamps, esta foi premeditada pelo (P)MDB ao englobar os recursos e ações de saúde em uma "nova política global sob a coordenação do Ministério da Saúde", ato repetido na esfera constitucional, como bem indica Médici, ao explicitar parte das transformações na saúde contidas no Sistema Único de Saúde (SUS): "definição de um comando único para o sistema de saúde em cada esfera de governo, o que implicaria a futura transferência do Inamps para o Ministério da Saúde e a sua posterior extinção" (MÉDICI, 1995, p. 124-125 *apud* COSTA, 2002, p. 53).

O manejo financeiro previsto pela CF 88 a partir da formação do Sistema Único de Saúde permitiria a esse setor gerir os recursos que lhe fossem designados via proposta orçamentária, seguindo determinadas prioridades e tendo como ênfase a cooperação entre União, Estados e municípios[77], o que também foi previsto pelo PMDB (1982, p. 38), ao determinar que tais prioridades seriam coordenadas pela União através do Ministério da Saúde e pelos Estados e municípios através de secretarias de saúde.

Quanto à iniciativa privada, a CF 88 permitiu que a assistência à saúde fosse livre às instituições que desejassem participar de forma complementar ao sistema de saúde, vedando, porém, a destinação de recursos públicos para auxílios ou subvenções às instituições privadas com fins lucrativos e a participação de empresas ou capitais estrangeiros na assistência à saúde[78]. No que se refere à prestação de serviços de medicina, já estipulara o (P)MDB (MDB, 1978, p. 44-45; PMDB, 1982, p. 33, 38) que deveriam ser definidas as áreas de atuação dependentes de recursos oficiais e os critérios de financiamento subsidiado pelo Estado, acompanhando a aplicação de recursos públicos em entidades de direito privado. Esses cuidados seriam ainda prestados em relação à indústria farmacêutica nacional, que estaria sofrendo prática desnacionalizante frente à sua absorção por grandes empresas estrangeiras, ao ser dominada por trustes internacionais que obtinham lucros exacerbados mercê da diversificação de marcas e produtos, existentes em função de interesses comerciais.

Prevendo os malefícios da capitalização da medicina, o documento constitucional estabeleceu que o SUS deveria participar da produção de

[77] BRASIL, 1988, art. 30, VII, p. 6; art. 195, § 2º, p. 23.

[78] BRASIL, 1988, art. 199, §§ 1º-3º, p. 23.

medicamentos, equipamentos, imunobiológicos, hemoderivados e demais insumos[79], modelo configurado pelo (P)MDB ao defender a implementação de "política nacional de produção e distribuição de medicamentos" (MDB, 1978, p. 44), elencando como medidas: "desenvolver a indústria genuinamente nacional de insumos básicos para o setor; alcançar a autossuficiência na produção de medicamentos essenciais" (PMDB, 1982, p. 38-39). Assim, a participação privada não é negada na esfera da saúde, porém, dever-se-ia ater ao bem comum, e não ao enriquecimento ilícito adquirido através de recursos públicos, o que parecem concordar ambos os agentes em questão.

Ainda analisando as publicações *Constituinte com Anistia*, *E&M* e a CF 88, o sistema educacional foi listado como política pública que geraria preocupação verossímil entre os atores estudados. A erradicação do analfabetismo[80] foi tema para o (P)MDB (MDB, 1978, p. 76-77; PMDB, 1982, p. 39, 42) como política base para o desenvolvimento e democratização. Para isso, a inclusão no sistema educacional de cidadãos que não concluíram os estudos ou que nunca estudaram, foi exibido como condição *sine qua non* para promoção do direito social, observando suas necessidades, como o ensino noturno[81].

As etapas escolares foram exploradas tanto pelo partido oposicionista do regime autoritário como também pelo constituinte. Nos anos iniciais, o desenvolvimento integral da criança é garantido com o acesso à pré-escola e ao ensino fundamental[82] (MDB, 1978, p. 78-79; PMDB, 1982, p. 39), os quais, por suas condições deficitárias, excludente das classes mais pobres, seriam constitucionalmente consagradas como obrigação do Estado, competindo ao município prestar atendimento prioritário a estas fases escolares.

O ensino profissionalizante admitido pelo (P)MDB (MDB, 1978, p. 79; PMDB, 1982, p. 40, 42) no antigo segundo grau, por tratar-se de tema premente, expresso constitucionalmente[83], visaria ao desempenho do ensino na qualificação para o trabalho. Para que tal desempenho se mostrasse efetivo, o Estado admitiria a participação privada no âmbito

---

79 BRASIL, 1988, art. 200, I, p. 23.

80 BRASIL, 1988, art. 214, I, p. 24.

81 BRASIL, 1988, art. 208, VI, p. 24.

82 BRASIL, 1988, art. 30, VI, p. 6; art. 208, IV; art. 211, § 2º, p. 24.

83 BRASIL, 1988, art. 205, p. 23; art. 215, IV, p. 24.

educacional, coexistindo instituições públicas e privadas[84] desde que cumpridas as normas de educação nacional e que os cursos disponibilizados por esse meio se tornassem alvo de constante avaliação de qualidade pelo Poder Público[85], combatendo a busca por lucro incessante, derivado da visão mercantil, sem dispor de ensino com qualidade (PMDB, 1982, p. 40-41).

O ensino universitário, por sua vez, tratar-se-ia de reflexo da "desigualdade de oportunidades" (PMDB, 1982, p. 40) reproduzido na sociedade, denotando o perfil antidemocrático da situação educacional. Para conter esse avanço desproporcional do ensino, o (P)MDB reivindicou a importância de fortalecer a pesquisa básica na universidade, o que também proporia o constituinte ao declarar expressamente que o ensino fosse ministrado com base na "igualdade de condições", respeitando a "gestão democrática" e buscando garantir a efetivação do "padrão de qualidade"[86]. A ampliação e democratização do ensino para o (P)MDB (MDB, 1978, p. 80-81; PMDB, 1982, p. 43) contaria com expansão de oportunidades, denotando poder decisório ao corpo docente e discente e desenvolvendo métodos de aperfeiçoamento da administração universitária, medidas que convergem com o documento constitucional que edifica a autonomia universitária em diversos meios, dentre eles o administrativo e financeiro[87].

Outros fatores estiveram inseridos na questão educacional, tendo destaque a alimentação e a saúde, condições a serem dispensadas aos alunos, o que seria preconizado pelo PMDB (1982, p. 39, 42) e garantido pela Constituição Federal[88]; a valorização dos profissionais de ensino (MDB, 1978, p. 80-81; PMDB, 1982, p. 40), disponibilizando piso salarial e plano de carreira[89]; a formação com base em valores culturais e artísticos, nacionais e regionais[90], preservando a memória nacional e o apoio à cultura popular e a adoção de critérios regionais para a educação, especialmente em áreas rurais (PMDB, 1982, p. 42).

No que se refere ao financiamento da educação, os valores apontados pelo (P)MDB e pela Constituição Federal mostrar-se-iam próximos:

---

[84] BRASIL, 1988, art. 206, III, p. 24.

[85] BRASIL, 1988, art. 209, I-II, p. 24.

[86] BRASIL, 1988, art. 206, I, IV-VII; art. 214, III, p. 23-24.

[87] BRASIL, 1988, art. 207, p. 24.

[88] BRASIL, 1988, art. 208, VII; art. 212, § 4º, p. 24.

[89] BRASIL, 1988, art. 206, V, p. 24.

[90] BRASIL, 1988, art. 210, p. 24.

> Elevação substancial da participação dos gastos educacionais no orçamento público, inclusive fixando-se o percentual mínimo de 12% do Orçamento da União e de 20% dos Orçamentos dos Municípios e Estados e transferindo-se automaticamente os recursos da União (PMDB, 1982, p. 41).

> A União aplicará, anualmente, nunca menos de dezoito, e os Estados, o Distrito Federal e os Municípios vinte e cinco por cento, no mínimo, da receita resultante de impostos, compreendida a proveniente de transferências, na manutenção e desenvolvimento do ensino[91].

Há de se observar ainda que o acesso ao ensino obrigatório e gratuito se trata de direito público subjetivo, afastando assim interpretações minimalistas de que direitos sociais não seriam acionáveis em juízo (DUARTE, 2004, p. 117), de maneira que o Poder Público poderia ser responsabilizado pelo não oferecimento do ensino, ou mediante oferecimento irregular deste[92]. Instituir o direito gratuito em todos os níveis, medida imperativa para o (P)MDB (MDB, 1978, p. 76-81; PMDB, 1982, p. 42), teria como pilar a destinação de recursos para todos os anos escolares. Do mesmo modo, a CF 88 consideraria distribuir recursos para todo ensino obrigatório[93].

Outro tema debatido pelo (P)MDB, o abastecimento popular, trouxe à baila aspectos importantes da alimentação em geral, como a contaminação de alimentos hortifrutigranjeiros ou industrializados por micro-organismos patogênicos ou através do emprego de produtos químicos – fertilizantes, corantes, dentre outros – em nível de concentração superior aos tolerados pelo organismo humano e conservação inadequada dos produtos ofertados ao público, que denotaria a precária fiscalização pelos órgãos competentes. O abastecimento popular adequado, com efetiva inspeção da produção de alimentos, incentivo à pesquisa de produtos químicos não tóxicos a serem utilizados na agricultura e na conservação de produtos alimentícios e adoção de políticas agrícola e agropecuária que priorizassem a produção de alimentos para o mercado interno, implantando subsídios para produtos essenciais, estaria entre as propostas (pe)emedebistas de políticas sociais clássicas (MDB, 1978, p. 43-44; PMDB, 1982, p. 43-45), como fatores condicionais para melhoria nos padrões nutricionais da saúde.

91 BRASIL, 1988, art. 212, p. 24.

92 BRASIL, 1988, art. 208, §§ 1º-2º, p. 24.

93 BRASIL, 1988, art. 212, § 3º, p. 24.

O constituinte concordou com essa proposição, ao indicar que caberia ao Estado fomentar a produção agropecuária, organizando o abastecimento alimentar[94], inspecionando alimentos e analisando seu teor nutricional[95]. Assim, os objetivos e instrumentos da política agrícola, do abastecimento interno, bem como dos demais fatores que envolvem essa política, como a comercialização, a definição de prioridades e a instituição de crédito fundiário, perpetrados pela Constituição Federal[96], convergiriam com a proposição de iniciativas populares peemedebistas.

Nesse âmbito, o (P)MDB (MDB, 1978, p. 119; PMDB, 1982, p. 44) defenderia a priorização da implantação de produção alimentar voltada para o mercado interno, estando o Poder Público apto a intervir na esfera da comercialização, seja ela atacadista ou varejista, inclusive com a inserção de cooperativas no armazenamento e nos transportes. A CF 88, do mesmo modo, contaria com a participação dos setores de comercialização, de armazenamento e de transportes na formulação da política agrícola, considerando a compatibilidade de preços com os custos de produção, a garantia de comercialização e o cooperativismo[97].

Os produtos alimentícios industrializados também estariam integrados à política de abastecimento popular, devendo haver controle sobre os preços, qualidade dos produtos disponibilizados, formação de estoques reguladores, dispensação de crédito e subsídios diretos, objetivando assim regularizar a oferta, estimular os produtores, especialmente os pequenos, e reduzir o custo da alimentação (PMDB, 1982, p. 81).

[94] BRASIL, 1988, art. 23, VIII, p. 6.
[95] BRASIL, 1988, art. 200, VI, p. 23.
[96] BRASIL, 1988, ADCT, art. 50, p. 31.
[97] BRASIL, 1988, art. 187, II; VI, p. 22.

VIII

ORDEM ECONÔMICA

(P)MDB e o embate entre os modelos de país

Em 28 de junho de 1985, o Presidente da República José Sarney (PMDB-MA) encaminhou a Mensagem nº 48, de 1985-CN (BRASIL, 1985a), ao Congresso Nacional, relativa à convocação da Assembleia Nacional Constituinte. A busca por reformular a moldura constitucional autoritária do regime foi uma das bandeiras levantadas pelo MDB desde a formação do grupo dos "autênticos" quando em julho de 1971, em Recife, o MDB realizou uma das primeiras reuniões regionais e aprovou um Manifesto que se chamaria "Carta de Recife" (KINZO, 1988, p. 140) e que reivindicaria a ANC. Em 5 de julho de 1985, o Presidente José Sarney (PMDB-MA) encaminhou a Proposta de Emenda Constitucional (BRASIL, 1985b) ao Congresso Nacional, solicitando caráter preferencial ao seu acolhimento. A Emenda Constitucional foi aprovada em 27 de novembro de 1985 (BRASIL, 1985c), com previsão para início no primeiro dia de fevereiro de 1987, como de fato ocorreu.

A ANC teve seus trabalhos divididos em oito Comissões Temáticas, sendo essas subdivididas em três Subcomissões cada, contando, assim, com 24 Subcomissões ao todo. Os membros das Subcomissões se encontraram e participaram de reuniões extraordinárias e audiências públicas, sendo responsáveis por elaborar os dispositivos constitucionais, constituindo Anteprojetos que seriam encaminhados às Comissões temáticas em um prazo de 45 dias, estas por sua vez, admitiriam esses trabalhos e apresentariam substitutivos, elaborando capítulos e realizando um novo Anteprojeto que seria submetido à Comissão de Sistematização, a qual seria encarregada de elaborar os títulos e realizar a sistematização dos dispositivos aprovados pelas Comissões, somente após a votação em Plenário o projeto final seria encaminhado à redação para em seguida ser promulgado. Confira-se no quadro a seguir as principais etapas do processo constituinte.

Quadro 1

Fases da ANC

Etapas	Fases
1. Preliminar	– Definição: Regimento Interno da ANC – Sugestões: Cidadãos, Constituinte e Entidades
2. Subcomissões Temáticas	A: Anteprojeto do Relator B: Emenda ao Anteprojeto do Relator C: Anteprojeto da Subcomissão
3. Comissões Temáticas	D: Emenda ao Anteprojeto da Subcomissão na Comissão E: Substitutivo do Relator F: Emenda ao Substitutivo G: Anteprojeto da Comissão
4. Comissão de Sistematização	H: Anteprojeto de Constituição I: Emenda Mérito (CS) ao Anteprojeto J: Emenda Adequação (CS) ao Anteprojeto K: Projeto de Constituição L: Emenda (1P) de Plenário e Populares M: Substitutivo 1 do Relator N: Emenda (ES) ao Substitutivo 1 O: Substitutivo 2 do Relator
5. Plenário	P: Projeto A (início 1º turno) Q: Ato das Disposições Transitórias R: Emenda (2P) de Plenário de Plenário e Emendas do *Centrão* S: Projeto B (fim 1º turno, início 2º turno) T: Emenda (2T) ao Projeto B U: Projeto C (fim 2º turno)
6. Comissão de Redação	V: Proposta exclusivamente de redação W: Projeto D – redação final
7. Epílogo	X: Promulgação

Fonte: Oliveira (1993, p. 104).

O Regimento Interno da ANC[1] determinou que as Comissões deveriam ser compostas de 63 membros e igual número de suplentes,

[1] BRASIL, 1987a, p. 874-884.

enquanto a Comissão de Sistematização contaria com 49 membros e igual número de suplentes. Participariam ainda desta Comissão os presidentes e relatores das demais Comissões e os relatores das Subcomissões, com representação de todos os partidos com assento na Assembleia Constituinte. Os líderes dos partidos indicariam os integrantes de cada Comissão, e estas se subdividiriam em Subcomissões, assegurando a proporcionalidade partidária.

8.1 Subcomissão de Princípios Gerais, Intervenção do Estado, Regime da Propriedade do Subsolo e da Atividade Econômica

Tema de debate extensivo na Subcomissão VI-a, o papel do Estado e a intervenção que se empreenderia a partir de sua participação em âmbito econômico intensificou os ânimos e por vezes transformou-se em embate ideológico que poderia impedir acordos em prol de um objetivo comum. Os setores estratégicos, como mineração, energia e petróleo nutriram controvérsias entre os presentes, opondo de um lado os movimentos sociais que defendiam maior envolvimento do Estado na prestação de serviços públicos, e de outro lado os liberais que defendiam redução do poder estatal na economia, de modo a viabilizar a abertura econômica e a livre-iniciativa privada, potencializando assim o livre mercado e reduzindo a ineficiência em setores essenciais.

Os trabalhos que suscitaram em dispositivos constitucionais posteriormente, segundo Lima (2008, p. 3), estariam representados no art. 20 (bens da União); art. 37, XIX (criação de empresas estatais); art. 170 (Ordem Econômica); art. 171 (tratamento preferencial à empresa nacional); art. 173 (exploração de atividade econômica pelo Estado); art. 176 (recursos minerais e potenciais de energia hidráulica); art. 177 (monopólio da União na exploração de petróleo, gás natural e minerais nucleares). A ideia contida nesses artigos estaria diretamente relacionada ao relatório apresentando na Subcomissão VI-a pelo Relator, deputado Virgildásio de Senna (PMDB/BA), que propunha, dentre outros temas, o monopólio estatal sobre petróleo, gás natural e minerais nucleares, dispondo o mercado financeiro a serviço das atividades empreendidas pelas empresas nacionais.

A presença de "conservadores de carreira", como o deputado Delfim Netto (PDS-SP), o senador Roberto Campos (PDS-MT) e o deputado Afif Domingos (PL-SP), acabou por rejeitar diversos dispositivos expressos pelo relator em seu relatório. Além da presença de tais parlamentares, essa

Subcomissão era composta por membros comprometidos com as transnacionais (RODRIGUES, 1987, p. 19; PASSONI, 1987a, p. 32; PALMEIRA, 1987, p. 33; MUNIZ, 1987a, p. 37), o que levaria à derrota inicial de temas caros à esquerda. O deputado Luiz Alberto Rodrigues (PMDB-MG) (1987, p. 19) denunciou que os *lobbies* das multinacionais estariam pagando viagens para os constituintes e os entulhando de propostas de textos que deveriam constar na Constituição.

A votação contou com 23 votos favoráveis ao parecer do Relator Virgildásio de Senna –, todos os presentes, portanto, mas sem prejuízo de que nessa sessão fossem também apreciados os requerimentos de destaque e emendas[2], o que faria com que o "jogo" se revertesse. A princípio, o grupo dos "liberais" manteve os dispositivos que continham ideias que pudessem de alguma forma atender seus interesses. Com isso, o Anteprojeto que adviria dessa Subcomissão aprovaria dispositivos que se empenhavam em admitir a legitimidade do capital estrangeiro em território nacional, viabilizando sua entrada como forma de investimento sob o pretexto de atender interesse nacional, o que seria posteriormente disciplinado em lei específica; limitar a atuação das empresas estatais ao reduzi-las às mesmas leis que normatizam as atividades das empresas privadas, inclusive incumbindo ao Estado um papel de caráter provisório em atividades que não seriam atendidas em sua totalidade pela iniciativa privada; restringir a intervenção do Estado a um papel secundário.

Outros dispositivos foram mantidos, como aquele que define o Estado como agente normativo e regulador da atividade econômica, permitindo que exerça funções de controle, fiscalização, incentivo e planejamento, como o faria ao inibir a formação de monopólios, oligopólios e cartéis, promover proteção às pequenas e microempresas ao conceder-lhes estímulos especiais como a isenção ou imunidade tributária, estimular o cooperativismo e associativismo com incentivos financeiros, fiscais e creditícios,

[2] Ao todo, foram recebidas 357 emendas pela Subcomissão VI-a, tendo sido aprovadas em grande parte as emendas impetradas pelo deputado Rubem Medina (PFL-RJ), sendo de sua autoria os requerimentos 247, que regimentava o monopólio do Estado; 251 e 252, voltados para a restrição da atuação estatal na economia; e 242, a qual inseriu a ideia de propriedade privada dos meios de produção, alterando os princípios da Ordem Econômica. Já o deputado Afif Domingos apresentou o requerimento 287, no qual expunha emenda com a nova definição de empresa nacional, e Jalles Fontoura (PFL-GO) indicou a emenda 225, que garantia o direito de propriedade, sucessão hereditária e a desapropriação realizada mediante indenização paga previamente em dinheiro.

e viabilizar a proteção ao consumidor. O Estado deveria ainda prestar serviço público, diretamente ou através de regime de concessão ou permissão, respeitando a concorrência pública e a limitação de prazo, reservando à lei ordinária o regimento sobre as concessões em serviços públicos e as condições de caducidade, rescisão e reversão de seu contrato, respeitando os direitos do usuário. A União, os Estados e os municípios deveriam compatibilizar as oportunidades de utilização dos recursos hídricos.

Algumas singelas alterações, no entanto, poderiam fazer toda a diferença no conjunto, como ao manter a ideia de monopólio estatal, mas submetendo-a apenas a algumas atividades: pesquisa e lavra de petróleo e minérios nucleares (neste último caso, admitindo também o enriquecimento), excluindo, assim, o monopólio sobre o refino, o processamento, a importação e exportação, o transporte marítimo e em condutos do petróleo e do gás natural, além de não abranger como monopólio a industrialização e o comércio de minérios nucleares e materiais férteis e físseis, que estariam embutidos no relatório original do Relator.

A definição de empresa nacional também foi alterada através de emenda, a qual passaria a vigorar com a ideia de que toda empresa constituída sob leis brasileiras ou que possuísse administração no país poderia ser considerada nacional, divergindo assim do entendimento do Relator para o qual a empresa nacional se constituiria a partir de sua sede no país, cujo controle decisório e de capital pertencesse a brasileiros. A nova definição implicaria permitir que empresas transnacionais conquistassem os mesmos direitos que empresas brasileiras, o que poderia ser danoso para o parque industrial nacional e para as empresas especializadas em serviços. O deputado Vladimir Palmeira (PT-RJ) (1987, p. 34) chama de "paraíso das multinacionais" a simples instalação de empresas internacionais em solo brasileiro: qualquer sociedade constituída no país receberia assim essa definição e, por consequência, seria detentoras dos mesmos privilégios.

O papel interventor do Estado em prol do interesse nacional, dos objetivos, princípios e fundamentos da Ordem Econômica, deveria atribuir-lhe a função de agente produtivo, normativo e regulador da economia. Porém, em emenda excludente, o Plenário concordou em sua maioria que a intervenção do Estado no domínio econômico e o monopólio somente deveria ocorrer no caso de organização de setores de interesse coletivo, deficientes de eficácia no âmbito da livre concorrência e liberdade de iniciativa, de modo que, a "normalidade" seja retomada após cessar as razões que impuseram tal iniciativa, que adviria por "força maior", por parte do Estado.

Ainda em relação à intervenção estatal, o legislador buscou restringir a extensão de atividades econômicas por parte do Estado, ao indicar que esse não poderia substituir a empresa privada, excetuando-se em caso de imperativos da segurança nacional ou mediante ineficácia da livre-iniciativa, de maneira a descaracterizar a atuação do Estado como empresário quando o impede de participar como agente produtivo na atividade econômica.

No *caput* que daria início ao capítulo da Ordem Econômica, o Relator Virgildásio de Senna fundamentou tal ordem no trabalho, atribuindo-lhe os princípios do desenvolvimento harmônico das forças produtivas e o objetivo de assegurar a todos justiça social e dignidade, subordinando, entre outros, à plena utilização das forças produtivas e à função social da propriedade e da empresa. A mutação dessa concepção sobreveio com a inclusão do termo "livre iniciativa" como fundamento da Ordem Econômica, embora a emenda que seria ali aplicada ainda reconhecesse a imposição de asseverar existência digna e justiça social, com a introdução da ideia de propriedade privada dos meios de produção, além de excluir do texto a função social da empresa, a coexistência entre as empresas públicas, privadas e outros agentes, a defesa e o fortalecimento da empresa nacional, dentre outros dispositivos.

Como é possível perceber, há duas ideologias que se interpõem, ao tentar garantir direitos individuais, como o direito à propriedade privada, e direitos sociais, como a função social da propriedade, ambos em busca de garantir direitos fundamentais. Segundo o autor dessa emenda, o deputado Rubem Medina (1987, p. 324), no Estado liberal, o princípio da livre-iniciativa e a justiça social conviveriam de forma harmônica, não havendo qualquer empecilho, portanto, para que ambos coexistam na regulamentação constitucional. Já no material preparado pelo Relator, a liberdade de iniciativa teria sido arremessada a uma condição secundária, o que poderia ocasionar, segundo Medina, em "distorção estatizante da ordem econômica". Posteriormente, tais artigos seriam tema de grande debate na literatura. Uma das maiores autoridades nesse assunto, Grau (1990, p. 247) assim interpretou esses dispositivos:

> [...] quanto à inclusão do princípio da garantia da propriedade privada dos bens de produção entre os princípios da ordem econômica, tem o condão de não apenas afetá-los pela função social [...], mas, além disso, de subordinar o exercício dessa propriedade aos ditames da justiça social e de transformar esse mesmo exercício em instrumento para a realização do fim de assegurar a todos existência digna.

O direito de propriedade e a sucessão hereditária também suscitaram debates. Enquanto o Relator entendia que tais determinações poderiam ser aplicadas por lei ordinária, uma emenda retirou a infraconstitucionalidade desse dispositivo, determinando a garantia desses direitos já em âmbito constitucional. Essa emenda tratou ainda da desapropriação de propriedades para fins de interesse social, atribuindo-lhe como procedimento para tal a indenização prévia e justa em dinheiro, o que por vezes poderia inviabilizar a desapropriação.

A votação ocorreu de forma que as emendas que continham pareceres favoráveis ao Anteprojeto do Relator fossem rejeitadas, tendo sido votados os artigos um a um e admitindo-se a votação dos destaques. Em sua maioria, o resultado das votações esteve sempre entre 15 votos contra 08, ou 14 votos contra 9, conforme o dispositivo votado. Abaixo, segue quadro que demonstra como teria se empreendido a votação nessa Subcomissão, considerando o posicionamento dos parlamentares na maioria dos pleitos.

Quadro 2

VOTAÇÃO NA SUBCOMISSÃO IV-a

Votaram contra as propostas de tendência estatizante	
Delfim Netto (PDS-SP)	Irapuan Costa Jr. (PMDB-GO)
Presidente Afif Domingos (PL-SP)	Jalles Fontoura (PFL-GO)
Albano Franco (PMDB-SE)	Marcus Lima (PMDB-MG)
Antônio Carlos Franco (PMDB-SE)	Nyder Barbosa (PMDB-ES)
Antônio Ueno (PFL-PR)	Renato Johnsson (PMDB-PR)
Gil César (PMDB-MG)	Roberto Campos (PDS-MT)
Gilson Machado (PFL-PE)	Rubem Medina (PFL-RJ)[3]
Gustavo de Faria (PMDB-RJ)	

[3] Nome que não estaria contando na lista de votação publicada pelo jornal, mas que esteve presente na sessão de votação, dedicando-se a apreciar as emendas contrárias ao relatório do Relator Virgildásio de Senna.

Votaram a favor	
Rel. Virgildásio Senna (PMDB-BA)	Ismael Wanderley (PMDB-RN)
Beth Azize (PSB-AM)	Luiz Salomão (PDT-RJ)
Gabriel Guerreiro (PMDB-BA)	Raquel Cândido (PFL-RO)
Hélio Duque (PMDB-PR)	Vladimir Palmeira (PT-RJ)

Fonte: *Folha de S.Paulo* (CONSERVADORES vencem primeira etapa da Constituinte, 1987, n.p.).

Na segunda fase de votação, ao serem apreciados os artigos que substituiriam os artigos rejeitados, os progressistas se ausentaram do Plenário, permitindo que as emendas fossem aprovadas com facilidade, computando 16 votos favoráveis aos artigos substitutivos e dois contrários por parte do Relator Virgildásio Senna e do deputado Ismael Wanderley (PMDB-RN), que votaram contra. Desse modo, o grupo dos conservadores impediu a concretização do Anteprojeto elaborado pelo Relator, substituindo os artigos que não lhes interessava por outros que expressassem seus posicionamentos. De acordo com o que o jornal *O Globo* noticiou na ocasião[4], os dois principais articuladores desse grupo apontados pelos progressistas foram o deputado Delfim Netto e o senador Roberto Campos, tendo sido este a principal referência dos demais membros do grupo (Afif Domingos, Irapuan Costa Júnior/PMDB-GO e Antônio Carlos Franco/PMDB-SE) para notificar quanto aos resultados obtidos na estratégia de convencimento em relação às votações que ocorreriam na Comissão principal. Ainda assim, faz-se importante mencionar que, no caso dessa Subcomissão, a relatoria concedida a um membro de esquerda do PMDB não teria surtido integralmente o efeito desejado contra a engenhosidade do grupo conservador.

A estratégia conservadora mostrou-se eficiente tão logo a sessão de trabalhos fora aberta, como informou matéria no jornal *O Globo*[5], ao flagrar o deputado Marcos Lima (PMDB-MG), do *Centrão*, recepcionando os demais parlamentares, mesmo quando o grupo já alcançara maioria para as votações: "Como vai, companheiro? Vota conosco, hoje? Estou ansioso para votarmos juntos".

---

[4] CONSERVADORES festejam em sessão sem a presença dos "progressistas", 1987, p. 6.

[5] ALA articula agora votos da Comissão, 1987, p. 6.

8.2 Subcomissão da Questão Urbana e Transporte

Entre os convidados que suscitaram debate na Subcomissão VI-b, esteve presente o geógrafo Milton Santos (1987, p. 89), que chamaria atenção para o fato de que o espaço urbano deveria ser ocupado considerando-se a fluidez e a densidade demográfica e econômica da área. A concentração de serviços essenciais em locais definidos pelo mercado apenas elevaria as desigualdades sociais. Com os polos de comércio e serviço sendo instalados em regiões distantes do centro, para evitar cobranças tributárias exorbitantes, as vendas nem sempre conseguiriam atingir níveis que balizassem a continuidade do serviço. O preço, em consequência, se elevaria, e o serviço se tornaria menos acessível, dificultando o crescimento dos centros urbanos nessas áreas. Contrariamente, esses mesmos bens e serviços ofertados exclusivamente em prol do interesse público reduziriam o índice de desemprego, fomentaria a criação de novas atividades, reduziria os preços em função do maior número de compradores, os quais continuariam crescendo mediante o barateamento dos preços e fomentando a economia ao incorporar os dados geográficos no tratamento dos problemas sociais.

Os subespaços regionais deveriam ser preenchidos sem subvertê-los ao estigma de que seriam minoritários frente ao centro. Para isso, os pactos territoriais estruturais seriam fundamentais. O *lugar* teria se tornado elemento de desigualdade: os brasileiros seriam desiguais não apenas em função da reduzida instrução educacional, pela conjuntura de exercício da força de trabalho ou pela renda auferida, mas também pelo lugar no qual residem. Daí que a função dos constituintes deva ser a reversão desse quadro.

A existência de um banco voltado para habitação, que se concentraria em fornecer crédito para compra de imóveis, foi exposta por Santos (1987, p. 90) como um dos aspectos que diferenciava o Brasil frente aos demais países, inclusive desenvolvidos, por construir instituição bancária com o fim de transformar as cidades. O desvio de seu uso pelo mercado logo o tornaria instrumento de ações especulativas e o distanciaria do projeto fundacional.

As reuniões que se seguiram contaram com a participação de organizações e entidades de representação em grande número. Nabil Georgis (1987, p. 90), arquiteto, citou ao todo 63 entidades que estariam unidas em função da ANC e que buscariam garantir que os interesses do setor em torno da reforma urbana fossem compreendidos no âmbito constitucional. A Subcomissão recebeu 159 sugestões dos constituintes, compareceram e registraram depoimentos 46 entidades e 53 representantes.

O art. 1º apresentado pelo Relator baseou-se na sugestão do Instituto dos Arquitetos do Brasil (IAB) e estaria no capítulo voltado para moradia constante no "Anteprojeto Afonso Arinos" (BRASIL, 1986c). Mas, de fato, ambas as sugestões teriam se baseado na Constituição Portuguesa de 1976, documento que guiaria grande parte dos dispositivos elencados pelo senador Afonso Arinos (PFL-RJ), segundo José Ulisses de Oliveira (PMDB-MG) (1987, p. 126). Para o Relator, o tema tratado nesse artigo – a moradia – não teria encontrado melhor expressão jurídica do que aquela estabelecida pela Constituição Portuguesa.

O artigo seguinte definiria o princípio da função social da propriedade, alçando-a sobre os direitos individuais. Esse dispositivo resultou de proposta por 80% dos parlamentares e entidades de classe. Mas sua redação não prevaleceria no texto final, ao transferirem posteriormente aos municípios a autonomia quanto à definição de quais propriedades urbanas cumpririam função social, exigências que seriam definidas e expressas no Plano Diretor. No entanto, algumas ideias contidas no relatório da Subcomissão ganhariam molde constitucional, como foi o caso das desapropriações mediante pagamento em dinheiro; usucapião, sendo reconhecido tal direito apenas uma vez ao mesmo possuidor; inadmissibilidade de usucapião em caso de imóveis públicos; estabelecimento, pelo Estado-membro, de regiões metropolitanas, constituídas por agrupamentos de municípios limítrofes para a organização e administração dos serviços públicos[6]; arrecadação de impostos pelos municípios no caso de transmissão de imóveis *inter vivos*[7]; tornar as navegações de cabotagem e de interior privativas para nacionais; permitir a manifestação popular através de projetos de lei de interesse das cidades, bairros ou regiões a que pertençam, sempre que alcançar 5% do eleitorado[8]; instituir o princípio da reciprocidade em relação ao transporte internacional e quanto à predominância de transporte marítimo dos países importadores e exportadores; e impor gratuidade nos transportes coletivos aos maiores de 65 anos.

O Anteprojeto designaria ainda algumas competências da União (arts. 21 e 22, da CF 88, capítulo II, "Da União") como consolidação de

---

[6] Tópico que seria admitido no capítulo III da CF 88, "Dos Estados federados".

[7] Constante no capítulo Sistema Tributário Nacional, art. 156, II.

[8] Que se tornaria o art. 29, XIII, da CF 88.

princípios e diretrizes para o sistema nacional de aviação; execução de serviços de polícia marítima, aérea e de fronteira; organizar e manter polícia federal, rodoviária e ferroviária federais; definir o caráter prioritário e essencial do transporte; manter o correio aéreo nacional; explorar, diretamente ou mediante concessão ou permissão, a navegação aérea e aeroespacial, a utilização da estrutura aeroportuária, os serviços de transporte entre portos brasileiros e fronteiras nacionais, ou que transpusessem os limites de Estado ou Território e o aproveitamento energético dos cursos de água; e incumbiu a União de legislar sobre regime dos portos, navegação lacustre, fluvial, marítima, aérea, aeroespacial, transporte, tráfego e trânsito e sobre meio ambiente, patrimônio histórico e cultural e a responsabilidade pelos danos causados.

Por outro lado, algumas questões, embora passassem a vigorar na Constituição após a votação final, sofreriam alterações. O Anteprojeto imputaria à União e, supletivamente, aos municípios, a competência de legislar sobre diretrizes e bases do uso e ocupação do solo. O texto final, no entanto, determinaria tal função somente aos municípios. Do mesmo modo, a autorização para exploração de serviços de transporte interestadual caberia, segundo o relatório, ao Congresso Nacional, mas o legislador originário optou por conceder essa prerrogativa à União. A União também ficaria responsável pela cobrança de impostos sobre transportes segundo o relatório inicial, porém, essa previsão não se confirmaria ao transferir essa tarefa aos estados e ao Distrito Federal, tendo os municípios direito a receber parte do produto da arrecadação do imposto no que se refere à circulação de mercadorias e serviços em transportes interestadual e intermunicipal. O relatório inicial ainda definiria que os armadores, proprietários, comandantes de navios nacionais e pelo menos dois terços de seus tripulantes fossem brasileiros natos, mas os constituintes retiraram o termo "nato" da expressão, estendendo o direito a todos brasileiros, inclusive naturalizados. Quanto à competência para instituir regiões metropolitanas, aglomerações urbanas e microrregiões estaria sob responsabilidade dos estados, segundo o art. 25, § 3º, da CF 88, porém, em sua versão original, tal faculdade caberia à União.

O relatório original da Subcomissão VI-b, no que se refere ao tratamento ofertado à questão das regiões metropolitanas, consistiu no aproveitamento integral do texto do Anteprojeto Afonso Arinos (BRASIL, 1986c). Embora algumas emendas tenham sido integradas ao texto, a estrutura original do Anteprojeto foi mantida. Nas palavras de José Ulisses de Oliveira (1987, p. 105):

> [...] no relatório apresentado, não pudemos encontrar texto que mais nos empolgasse pela sua abrangência e objetividade. Entretanto, dezenas de emendas sugeriram efetivos aperfeiçoamentos para o assunto, de forma que mantivemos a estrutura original do Anteprojeto, com o acolhimento total e parcial de uma série de emendas.

Nas reuniões que se seguiram, o Relator apresentou o relatório inicial, e, em seguida, o Presidente da Mesa, senador Dirceu Carneiro (PMDB-SC), apresentou um segundo relatório. O Relator então propôs apresentar um substitutivo com a apreciação das emendas dos demais constituintes após debate sobre os temas, para que, em comum acordo, apresentassem o Anteprojeto final da Subcomissão. Após exposição do substitutivo, alguns parlamentares, dentre eles o Relator, solicitaram preferência ao relatório, de modo que este fosse votado em seu formato original, integralmente, prejudicando os destaques contrários no caso de aprovação do texto. O Presidente da Mesa e parte dos parlamentares recusaram a proposta, em prol de que os destaques arquitetados pelos constituintes fossem votados ainda que o substitutivo fosse aprovado. Os debates que se seguiram oporiam a Subcomissão entre aqueles que tentavam aprovar os feitos do Relator, que apresentaria uma proposta ligeiramente progressista, e aqueles que se opunham ao relatório integral e tentavam inserir suas emendas, as quais teriam em parte sido rejeitadas em Plenário e parte aceitas pelos seus pares, mas não inclusas no relatório do Relator. O próprio Presidente da Mesa fez críticas ao relatório apresentado, alegando tratar-se de documento que prezaria pela "má técnica legislativa", apresentando uma confusão de ideias. A importância de conseguir emplacar um dispositivo no Anteprojeto significaria, por um lado, ter a chance de eternizar uma ideia através da letra constitucional, ou mesmo inserir uma perspectiva diversa daquela proposta pelo Relator, que poderia resumir-se em um comportamento mais progressista ou, ao contrário, meramente conservador.

Em cumprimento ao Regimento Interno, o substitutivo deveria ser votado na forma apresentada; caso aprovado, a votação estaria encerrada, mas, se rejeitado, caberia o emendamento proposto pelos demais constituintes. Mas os opositores edificaram suas teses no art. 63 do RI, que estabelecia a admissão dos requerimentos de destaque para votação no caso de projetos ou substitutivos. Assim, para resolver o *imbróglio*, o Relator e os demais parlamentares que o seguiam propuseram ao Presidente da Mesa que mediante aprovação do substitutivo, os destaques seriam ressalvados desde que não se admitissem emendas modificativas, já no caso de rejeição, as emendas seriam votadas em totalidade, na forma regimental. Em seguida, o relatório foi aprovado, e para tentar resguardar o texto apresentado, o Relator José Ulisses de Oliveira (1987, p. 112) solicitou ao Presidente da Subcomissão que lhe fosse concedido o direito regimental de preferência na votação que definiria o tipo de emenda que seria admitido nas votações seguintes e que teria como finalidade alterar o texto expresso. O Relator votou pela admissão da emenda supressiva, de modo a afastar propostas de emendas modificativas, substitutivas e aditivas, as quais alterariam diretamente o texto, e foi seguido pela maioria dos parlamentares. A partir desse momento, apenas seriam admissíveis emendas que tivessem como proposta extrair palavras e termos ou excluir dispositivos inteiros, reduzindo o risco de alteração da essência do documento.

Nas votações que se seguiram, alguns constituintes votaram constantemente contrários ao relatório apresentado pelo Relator, mas, como não se tratava de maioria e como não houve consenso entre eles em relação aos temas, o Relator conseguiu emplacar a maioria dos dispositivos que elaborou. Dentre os opositores, estavam o Presidente da Mesa Dirceu Carneiro (PMDB-SC), além dos deputados Myriam Portella (PDS-PI), Ricardo Izar (PFL-SP), Luís Roberto Ponte (PMDB-RS), Manoel Castro (PFL-BA), Nelton Friedrich (PMDB-PR) e Luiz Marques (PFL-CE).

Um dos temas mais debatidos, como na Subcomissão IV-c, referenciou a função social da propriedade. Em discussão, os parlamentares optaram por garantir o direito de propriedade subordinado a sua função social, sendo a desapropriação indenizada previamente em dinheiro, a preço de mercado. Esse texto suscitou discórdias pelo fato de que alguns constituintes defenderiam o pagamento em títulos da dívida pública, como foi o caso de Myriam Portella e Manoel Castro (1987, p. 114-115), ao votar pela supressão de parte do artigo, permanecendo apenas o princípio da propriedade com a finalidade social, enquanto Nelton Friedrich (1987, p. 115) votaria pela supressão completa do artigo – isso porque o Plenário decidiu que apenas as emendas supressivas seriam votadas. Dirceu Carneiro votaria favorável às emendas, mas nenhuma delas ascenderia ao relatório. As votações ocorreriam sem maiores infortúnios, especialmente por se tratar de uma Comissão com pequeno número de parlamentares – 14 presentes, sendo 18 constituintes ao todo. Parte do texto aprovado seria admitida posteriormente no art. 5º, que trata sobre direitos e garantias fundamentais, desmembrado em três incisos:

XXII – é garantido o direito de propriedade;

XXIII – a propriedade atenderá a sua função social;

XXIV – a lei estabelecerá o procedimento para desapropriação por necessidade ou utilidade pública, ou por interesse social, mediante justa e prévia indenização em dinheiro, ressalvados os casos previstos nesta Constituição[9].

O artigo que trata a moradia e sua indisponibilidade como bem de troca quando adquirida por financiamento, usucapião e doação pública foi também criticado pelos mesmos constituintes que se opuseram ao dispositivo que versa sobre desapropriação. Em prol do direito de propriedade, os parlamentares Myriam Portella, Ricardo Izar e Luís Roberto Ponte (1987, p. 116-117) apresentaram propostas para suprimir o artigo e parágrafos que tornariam o imóvel inalienável, sob a justificativa de que a liberdade do indivíduo seria tolhida quanto à compra e venda do imóvel como bem particular. A indisponibilidade do bem público como objeto de usucapião foi ainda questionada por Myriam Portella (1987, p. 117), bem como a extinção do instituto de enfiteuse, o qual teria funcionamento primordial para determinadas prefeituras que dependiam de rendas provenientes dos laudêmios. Ambas as proposições, no entanto, não obtiveram adeptos suficientes para serem aprovadas.

O problema da sub-habitação dividiu parlamentares. Enquanto o Relator prescrevia que fossem estabelecidos percentuais mínimos a serem transferidos para municípios e regiões de pequeno e médio porte, alguns parlamentares (CASTRO; PORTELLA; PONTE; 1987, p. 118) se opuseram, defendendo exatamente o contrário, alegando que os problemas de habitação estariam concentrados nas grandes cidades, destino dos migrantes. Ofertar proteção às regiões de menor porte e com recursos deficitários, para o Relator, seria uma forma de tentar conter o avanço da urbanização desenfreada e desigual que ocorria nos municípios e estados centrais e que influenciava a migração, desestabilizando as regiões do oeste do país e dificultando a formação de cidades de grande porte.

Outro tema que suscitou intenso debate diz respeito aos dispositivos que trataram da região metropolitana. Ao todo, foram seis artigos que, segundo alguns parlamentares, transitavam entre conceder a responsabilidade por essas regiões à União em alguns momentos e aos estados em outros.

[9] BRASIL, 1988, art. 5º, XXII-XXIV, p. 2.

Nos debates anteriores, os parlamentes haviam decidido unanimemente que caberia aos estados tomar decisões referentes a estas regiões, mas o relatório final não contemplou essa ideia como proposta ao designar a competência de legislar à União, quando determinou no art. 10 (BRASIL, 1987b, p. 12) que o estabelecimento e organização dessas regiões seria decidido em lei complementar. Em seguida, no art. 12, a região metropolitana é exposta como um nível de governo, ganhando formato e esfera de poder e competência. Em sua defesa, o Relator argumentou que haveria verossimilhança entre o texto escrito por ele e o Anteprojeto Afonso Arinos, no qual teria se baseado.

Com o seguimento do debate, como eram admitidas apenas emendas supressivas, parte dos constituintes tentaram extinguir todo o estatuto das regiões metropolitanas proposto pelo Relator, preferindo a ausência da tratativa do tema supracitado no Anteprojeto que cuidaria da questão urbana (mesmo se tratando de assuntos interligados), a corroborar o texto do Relator, mas não obtiveram êxito inicialmente. A Comissão de Sistematização, no entanto, posteriormente admitiria apenas um desses artigos, não recepcionando os demais.

Embora não tenha se tratado de tema amplamente discutido, chamou atenção a votação que definiria a distância dos campos de treinamento e instrução militar em relação aos centros urbanos. Em uma votação polarizada, sete parlamentares decidiram por manter o texto do Relator que estabeleceria a distância de dez quilômetros entre ambos e seis parlamentares votaram pela supressão do artigo. Inicialmente, o presidente Dirceu Carneiro comunicou que com essa votação o texto permaneceria como tal, para em seguida alegar que houve um equívoco e que o dispositivo expresso pelo Relator não teria obtido quórum para permanecer no substitutivo, o qual deveria ser excluído do texto. Embora o Relator tenha protestado contra a decisão, aduzindo que o texto do substitutivo já teria sido aprovado e o que estaria em votação seria a emenda, sendo esta, portanto, a proposta que deveria alcançar quórum, Dirceu Carneiro (1987, p. 121) se mostrou irredutível e sugeriu à Secretária da Subcomissão que oferecesse ao Relator o RI da ANC "para tomar conhecimento integral de seu texto".

No término da reunião, o constituinte Luís Roberto Ponte (1987, p. 118) tentou ainda emplacar uma emenda aditiva que seria integrada às disposições transitórias, na qual deveriam constar os temas que alcançaram votação unânime entre os parlamentares, com voto vencido do Relator, e que não teria sido integrado ao texto. A votação ocorreu diante de repúdio do Relator, mas não obteve quórum para aprovação.

8.3 Subcomissão da Política Agrícola e Fundiária e da Reforma Agrária

Com o Plenário lotado de membros da União Democrática Ruralista (UDR) e entidades ligadas à Reforma Agrária, os debates se deram em torno da proposição de "desapropriação por interesse social". Esse dispositivo, defendido pela Associação Brasileira de Reforma Agrária (Abra), Confederação Nacional dos Trabalhadores na Agricultura (Contag), Comissão Pastoral da Terra (CPT), Movimento dos Trabalhadores Rurais sem Terra (MST), Incra e Ministério da Reforma e do Desenvolvimento Agrário (Mirad) opôs constituintes e malogrou o resultado, segundo a literatura (SILVA, 1989; SORJ, 1998; MARTINS, 1999; STÉDILE e FERNANDES, 1999; MEDEIROS, 2003; SILVA, 1996).

Nesse momento, faz-se importante conhecer os pontos defendidos pelos opositores da Reforma Agrária, que se balizavam no poder latifundiário para aprovar medidas que os beneficiassem, conforme demonstra Ferreira *et al.* (2008, p. 163-164) ao identificar seis itens que eram impostos por parlamentares e latifundiários à Comissão da Ordem Econômica: não seria atribuída definição precisa à empresa nacional, de modo a favorecer empresas transnacionais, que também eram representadas nas Comissões; limitação da criação de áreas de reserva de mercado; intervenção estatal na economia apenas seria admitida em casos de segurança nacional ou relevante interesse coletivo; ampliação de prestação de serviços públicos pela iniciativa privada, segundo os autores, "no interesse desta e não dos usuários ou do Estado"; as concessões de lavra seriam mantidas, prescrevendo tais direitos apenas na condição de não haver exploração comercial nos cinco anos seguintes; as terras indígenas seriam exploradas por empresas estatais ou nacionais, distinguindo os domínios: solo e subsolo; privatização do transporte coletivo urbano de passageiros substituindo as concessões existentes em um período máximo de quatro anos.

Em relação à Reforma Agrária, a defesa desse grupo se resume em desassociar a ideia de produtividade e função social da propriedade rural, o que levaria à execução da desapropriação apenas em casos nos quais a terra fosse considerada improdutiva e situada em zona prioritária para esse fim, previamente definida. Tal grupo defendia ainda que a desapropriação para fins de Reforma Agrária apenas seria possível mediante pagamento de prévia e justa indenização em Títulos da Dívida Agrária (TDAs), com correção monetária e juros legais, de modo que tais títulos depois se tornassem uma espécie de moeda paralela como meio de pagamento, já que a indenização de benfeitorias deveria ser realizada em dinheiro. Por fim, defendiam a existência de incentivos fiscais para financiamento de projetos agropecuários na região da Amazônia, de modo que 10% dessa área fosse utilizada na projeção de assentamento de pequenos agricultores que serviriam de mão de obra legal.

O relatório apresentado pelo Relator Oswaldo Lima Filho (PMDB-PE) trazia em seu arcabouço um dispositivo que admitia a posse automática de áreas propensas à Reforma Agrária por parte da União, ficando indisponíveis à venda as terras ocupadas por Reforma Agrária por um prazo de vinte anos. O relatório também restringia a aquisição de terras por estrangeiros, os quais ficariam proibidos de possuir mais de três módulos rurais. A partir da exposição desse relatório, o grupo conservador se desempenharia em elaborar um substitutivo com a colaboração de mais dez membros da Subcomissão VI-c, o qual eliminaria os itens acima. Segundo Bruno (1996, p. 80), as emendas constitucionais e as justificativas interpostas eram escritas por Ronaldo Caiado, Presidente da UDR, e por representantes da Organização das Cooperativas do Brasil (OCB), Sociedade Rural Brasileira (SRB), Confederação Nacional da Agricultura (CNA) e Associação Brasileira de Criadores de Zebu (ABCZ). Outros grupos apoiavam os ruralistas, como o "grupo da cana" e o "grupo dos evangélicos".

No dia da votação final, a leitura da Ata[10] nos permite perceber a estratégia dos grupos, que, sob perspectivas opostas, tentavam aprovar artigos para alçar a Reforma Agrária ou interditá-la em definitivo. A votação final da Subcomissão contou desde decisões que apresentavam interpretações controversas ao RI, mas deferidas pelo Presidente da Mesa, até o sumiço de um parlamentar. Esses dois itens tomaram conta da pauta e parte dos debates foi enviesada por esses assuntos.

A primeira questão que suscitou discussões foi o questionamento da deputada Irma Passoni (PT-SP) (1987b, p. 242) que apontou a ausência de duas emendas que teria proposto ao relatório do Relator deputado Oswaldo Lima Filho. O Presidente da Subcomissão, senador Edison

[10] A Ata identifica diversos momentos em que as discussões foram interrompidas por tumultos, indicando que essa seção teria sido bastante conturbada.

Lobão (PFL-MA) informou então que enviaria à deliberação do Plenário o requerimento de preferência ao substitutivo do deputado Rosa Prata (PMDB-MG), não emendando a proposta do Relator, portanto, mas a substituindo de forma integral. A possibilidade de votação de um substitutivo causou certa celeuma em parte dos presentes e passou a ser questionada de modo veemente. Dentre os argumentos expostos, destacaram-se:

- RI/ANC, art. 23, § 2º (BRASIL, 1987a, p. 876): veda a apresentação de emenda que substitua integralmente o *Projeto de Constituição* ou que se refira a mais de um dispositivo, com exceção de "modificações correlatas", que ao alterarem um dispositivo vinculam-se obrigatoriamente à modificação de outrem.
- RI/ANC, art. 21, § 1º (BRASIL, 1987a, p. 875): o disposto no art. 23, § 2º acima se aplica às emendas apresentadas nas Comissões e Subcomissões.
- RI/ANC, art. 17, §§ 1º-3º (BRASIL, 1987a, p. 876): havendo ou não discussão preliminar, o Relator deverá elaborar o Anteprojeto em até trinta dias, que será distribuído em avulsos aos demais membros da Subcomissão para receber emendas, no prazo de até cinco dias. Após as discussões pertinentes, o Relator terá um prazo de setenta e duas horas para emitir parecer sobre as emendas, quando estas e o Anteprojeto serão submetidos à votação, arquivando-se as emendas rejeitadas. Isso significa que nem mesmo em Plenário existiria a possibilidade de elaborar uma emenda substitutiva, já que o único projeto que poderia ser integralmente votado pelo Plenário seria a Constituição, motivo pelo qual se fala em Anteprojeto na Subcomissão e porque não se pode ao Anteprojeto, apresentar outro Anteprojeto como emenda.
- RI/ANC, art. 74, § 3º (BRASIL, 1987a, p. 882-883): após indeferimento do Presidente da Mesa em relação às questões de ordem propostas pelos constituintes, estes se apoiaram nesse artigo para solicitar recurso à decisão da Presidência. Esse artigo impõe que deva haver apoio de no mínimo 35 constituintes.
- RI/ANC *versus* RI/CD[11]: a decisão do constituinte de estabelecer um regimento específico para a ANC transforma em violência a decisão de desvincular-se da existência deste para basear-se no RI/CD.

[11] Regimento Interno da Câmara dos Deputados.

O uso deste ou daquele regimento se transforma em instrumento para decisões proferidas por "maiorias circunstanciais"[12] (GENOÍNO NETO/PT-SP, 1987a, p. 259), que usam os dispositivos regimentais em interesse próprio.

- As forças de esquerda usam o argumento de que as decisões tomadas pelo Presidente da Mesa se mostrariam "imperiais e insuscetíveis de apreciação" (FREIRE, 1987, p. 254) ao impor ao Plenário a apreciação de uma decisão que interessa a apenas um dos lados ou "facções" que teriam ali se criado.
- RI/ANC, art. 21, § 2º (BRASIL, 1987a, p. 875): estabelece que as deliberações devam exigir maioria absoluta de votos. Mediante encerramento da discussão assim estabelecido pelo Presidente da Mesa, a constituinte Passoni (1987b, p. 255) solicitou encaminhamento da votação, de modo que houvesse manifestação por três minutos dos parlamentares para orientação quanto ao mérito da matéria em que o substitutivo estaria em pauta. Nesse caso, após deliberação, caberia maioria absoluta, o que designaria um quórum que contabilizasse todos os membros da Subcomissão, diferente da maioria simples, na qual cabem apenas os presentes. Essa condição poderia ser favorável ao grupo defensor da Reforma Agrária, já que o grupo oposto não conseguiria a margem necessária para obter maioria absoluta na votação neste dia.
- Falta de publicidade do substitutivo, o que impedia o conhecimento do teor por parte dos parlamentares.
- A apresentação do substitutivo configuraria em negar de antemão as emendas apresentadas pelos constituintes, as quais poderiam ser embutidas no relatório final, após votação: "preferência para votar o substitutivo, é uma cassação da iniciativa do constituinte de apresentar as suas emendas e de submetê-las à votação" (GENOÍNO NETO, 1987a, p. 259).
- A proposição de emendas ao substitutivo significaria "apresentar emendas a outra emenda" (GENOÍNO NETO, 1987a, p. 259),

[12] O deputado Genoíno Neto (1987a, p. 259) refere-se às decisões tomadas na Subcomissão dos Direitos e Garantias Individuais e na Subcomissão da Defesa do Estado, da Sociedade e de sua Segurança, que aplicaram como regra o RI/ANC. Genoíno teria, inclusive, sido impedido de apresentar uma emenda que substituía um artigo de forma integral do Anteprojeto do Relator, conforme estabelecido pelo RI/ANC.

o que seria inviável, ainda assim, o deputado Roberto Freire (PCB-PE) (1987, p. 262) questiona o Presidente da Mesa quanto à possibilidade de discutir os artigos individualmente, ao invés de aprovar o substitutivo globalmente e de realizar ressalvas ou destaques em relação ao substitutivo, mediante resposta positiva, este aponta o engano por parte da Mesa, já que não haveria norma regimental que preceitue tal processo como normatização.

- RI/ANC, art. 17, § 1º (BRASIL, 1987a, p. 875): os parlamentares têm o prazo de cinco dias para propor emendas ao Anteprojeto após recebimento do avulso, o que não ocorreria com o substitutivo, que seria prontamente votado.
- RI/CD, art. 170, § 4º (BRASIL, 1986a): aquele deputado que possuir interesse individual deverá dar-se por impedido, de modo que seu voto seja considerado "em branco". O deputado Virgílio Guimarães (PT-MG) (1987, p. 256) solicita votação para requerer impedimento aos constituintes que tenham interesses infaustos na condução da matéria, como aqueles "constituintes que são proprietários de mais de sessenta módulos agrícolas".
- RI/ANC, art. 59, § 7º (BRASIL, 1987a, p. 880): engloba projetos de decisão que interrompam medidas que ameacem os trabalhos da ANC, desde que haja apoio de um terço dos constituintes, sendo encaminhados à Comissão de Sistematização, de onde poderá advir parecer contrário ou favorável. Nesse último caso, a decisão final proferida contaria com maioria absoluta de votos obtidos no Plenário, em dois turnos. Solicitação de cancelamento da reunião mediante o fato de que nem todas as pessoas teriam sido revistadas ao adentrar a galeria, e que parte das que passaram por esse processo em outras Comissões teriam sido surpreendidas portando armas, recolhidas pelo serviço interno.
- RI/CE[13], art. 23 (BRASIL, 1987c): impõe que sejam admitidos pedidos de vista à determinada matéria, uma única vez, e por no máximo duas horas, dispositivo este que seria utilizado pelos defensores da Reforma Agrária para aclamar tempo maior no reconhecimento do substitutivo.

[13] Regimento Interno da Comissão da Ordem Econômica.

As respostas contrárias a tais argumentos basearam-se nas formulações a seguir:

- O deputado Cardoso Alves (PMDB/SP) (1987a, p. 242) alegou que teria questionado o deputado Ulysses Guimarães em Plenário da ANC quanto à presença de substitutivos em Subcomissões e este teria respondido que o substitutivo caberia nesse âmbito, mas em seguida o senador Edison Lobão (1987, p. 242) lê a decisão do Presidente que informa haver possibilidade de submissão de "emendas substitutivas", leitura que provocou novos protestos, já que não continha menção a substitutivos integrais.
- Em resposta ao questionamento quanto ao art. 23, § 2º, o Presidente da Mesa, senador Edison Lobão (1987, p. 248), informou que a resposta do Presidente da ANC, deputado Ulysses Guimarães teria sido de que este artigo faria parte do Capítulo II, do Projeto de Constituição e que o art. 21, § 1º, que ao se referir às Comissões e Subcomissões faz menção ao art. 23, integra, na verdade, a Seção II, que diz respeito ao Projeto de Constituição do Capítulo I (Das Comissões Constitucionais), caracterizando assim tramitações diversas. Desse modo, ao Projeto de Constituição ficaria vedada a apresentação de substitutivo. Este, no entanto, seria cabível nas condições em que os dispositivos modificados possuam correlação, conforme o mesmo art. 23, § 2º, neste caso, como o substitutivo trata-se de uma peça múltipla, não de uma única parte, e o fato de que as Subcomissões apresentam Anteprojetos referentes a um tema devidamente articulado, seria factível a apresentação de um substitutivo.
- RI/CD, art. 200, I e V (BRASIL, 1986a): o Presidente da Subcomissão fundamentou-se ainda no RI/CD para balizar sua posição, tendo citado que seria prejudicada a discussão ou votação, na mesma sessão legislativa, de projetos idênticos a outro que tenha sido aprovado ou rejeitado, o mesmo acontece com proposições e suas emendas, em caso de substitutivo aprovado.
- RI/CD, art. 133, § 3º (BRASIL, 1986a): define como emenda substitutiva a proposição que substitui outra e que por isso leva o nome de substitutivo.
- RI/CD, art. 18, *b* (BRASIL, 1986a): determina que o substitutivo do Relator tem preferência na votação, e, caso aprovado, o Anteprojeto original e suas emendas, com exceção dos destaques, ficam

prejudicados. Com base nisso, Lobão impõe ao Plenário para decidir quanto à preferência entre os dois substitutivos.

- A resposta ofertada aos constituintes pelo Presidente Edison Lobão quanto à questão de ordem envolvendo o art. 74, § 3º, foi de que a Subcomissão não contava com 35 parlamentares, o que indicava que esse artigo se referia à ANC e não às Subcomissões, assim, indefere o pedido.
- Os pedidos de preferência não dependerão de apoio, nem mesmo contarão com encaminhamentos, discussão ou requerimento, segundo o RI/ANC.
- O substitutivo teria sido publicado no mesmo dia da votação pela manhã, o que preenchia o quesito publicidade.
- O Presidente da Mesa alega que o substitutivo, após deliberado, admitiria destaques que seriam submetidos à votação.
- RI/ANC, art. 74, § 1º (BRASIL, 1987a, p. 882-883): estabelece que a questão de ordem deve ser objetiva e referir-se a caso concreto correspondente à matéria tratada na ocasião. O grupo contrário à Reforma Agrária tenta conter as diversas questões de ordem, sobre tema já discutido, que pululam o Plenário e impedem a votação.
- Não haveria comunicação à Mesa quanto à presença de constituintes que se julgassem impedidos por haver interesses na condução da matéria.
- RI/CD, art. 57, § 12 (BRASIL, 1986a): caso o voto do Relator não fosse adotado pela Comissão, um Relator substituto faria a redação do parecer vencedor, sendo que, na ausência deste Relator substituto, o Presidente designaria outro deputado para fazê-lo. Mas, segundo o Presidente da Mesa, Edison Lobão (1987, p. 260), o deputado Ulysses Guimarães na Comissão da Ordem Econômica teria tido um entendimento diverso deste, no qual, vencido o parecer do Relator, este continua Relator, embora tenha que relatar sobre as emendas vencedoras.
- O Presidente da Mesa Edison Lobão decide concordar com a admissão de pedido de vista da matéria discutida, solicitada pelo deputado Vicente Bogo (PMDB-RS) (1987, p. 261-262).

A segunda questão levantada diz respeito ao direito de suplência e a quem esse direito poderia alcançar. Esse questionamento seria de suma importância para o andamento das votações, já que o deputado Benedicto

Monteiro (PMDB-PA) não estaria presente neste dia e não teria sido localizado pelos demais parlamentares até parte da sessão. A não localização do deputado Monteiro preocupou os demais colegas, por tratar-se de um especialista em Direito Agrário, ex-Procurador-Geral de Terras no Estado do Pará, tendo publicado obras sobre Direito Agrário e apresentando emendas relevantes na Subcomissão, como a que revoga o Decreto-Lei nº 1.164 de 1971, que obteve parecer favorável do Relator.

A tentativa por protelar a votação do substitutivo e a discussão que envolveu sua admissibilidade foi bem exposta pelo Relator deputado Oswaldo Lima Filho (1987a, p. 262-263), que tencionou registrar nos Anais os motivos pelos quais parte dos presentes se empenhou em aprovar a Reforma Agrária:

> Esta subcomissão já comprovou que no Brasil, em onze Estados, existem 162 propriedades de mais de cem mil hectares e só elas detêm 36 milhões e 500 mil hectares[14]. Alguns dos proprietários estão sentados aqui, nesta Subcomissão, e vão votar o relatório e o parecer. Mas alguns deles não estão e para cá mandaram seus representantes, como a Manasa Madeireira, no Amazonas, que tem quatro milhões de hectares. Eu já havia solicitado a V. Ex.ª permissão para deixar este recado, não aos meus ilustres colegas, mas aos Anais de Assembleia Nacional Constituinte. E por que esse conflito, essa incompreensão que nos impede de deliberar até a essa hora[15]? Porque, na Subcomissão da Política Agrícola e Fundiária e Reforma Agrária, o PMDB, PDT, PT, PCB e o PCdoB haviam formado maioria de treze votos que se dispunham a votar um projeto capaz de assegurar a realização do Plano Nacional de Reforma Agrária, que não é nenhuma medida radical nem revolucionária, mas é um projeto do Presidente conservador José Ribamar Sarney. [...] O nobre Constituinte José Mendonça de Morais, que assinou o livro em primeiro lugar, é do PMDB de Minas Gerais, o nobre Constituinte Antero de Barros é do PMDB de Mato Grosso. A questão agrária passa por cima dos Partidos, está na consciência nacional. O Sr.

[14] A TV Senado, em documentário exibido em 3 de outubro de 2013 (REFORMA Agrária na Constituinte, 2013), mostra que havia quinhentos milhões de hectares agricultáveis, mas as lavouras ocupariam apenas oitenta milhões de hectares. Dados do Incra demonstravam que os 27 maiores proprietários do país possuíam 25 milhões de hectares.

[15] A sessão havia começado às 16h08, tendo sido interrompida às 23h15, logo após o pronunciamento do deputado Oswaldo Lima Filho.

> Constituinte José Mendonça de Morais é adversário antigo da reforma agrária neste País. Já o era, quando votamos, no PMDB, o relatório do Partido sobre o Plano Nacional de Reforma Agrária, e S. Ex.ª foi voto vencido, continua combatendo. Alterou-se, portanto, a relação de forças nesta Subcomissão e os que eram minorias passaram a ser maioria por um voto, mas um voto que decidirá o futuro de sete milhões de famílias brasileiras. É preciso que fique registrado nos Anais, esta é a questão pela qual estamos empenhados até a esta hora.

O deputado Vicente Bogo pede vista ao substitutivo do deputado Rosa Prata e identifica alguns pontos chamados por ele de "polêmicos" e que não convergiriam com o relatório do Relator, como as condições em que a desapropriação ocorreria, não a reconhecendo em terras produtivas; a imissão imediata da posse, a qual diverge do relatório inicial que reconhecia essa imissão apenas após medida judicial e transferência de TDAs, indenizando em dinheiro as benfeitorias; o limite de propriedade da terra, que seria inexistente no substitutivo, apenas reconhecido o limite de acesso às áreas de terras públicas em cem módulos desde que a ocupação tenha se dado de forma pacífica e haja nessa área moradia estabelecida; o projeto também não contemplava a perda sumária da propriedade da terra inexplorada ou abandonada (BOGO, 1987, p. 263-264).

A votação do substitutivo se deu em meio a tumultos generalizados (conforme expresso nos Anais) e lançamento de objetos da galeria contra os constituintes, segundo o Relator Oswaldo Lima Filho (1987a, p. 265). Alguns constituintes então se manifestaram e pediram clemência ao Presidente da Mesa, para que este estabelecesse a nulidade da votação, o que não ocorreu.

Alguns constituintes que destacaram dispositivos desse substitutivo para debate se propõem a retirar tais destaques e emendas da Mesa, por condição de prejudicialidade que advém com a aprovação do substitutivo[16], tornando a matéria esgotada, e por acreditar tratar-se de uma votação viciada. No mais, tais parlamentares não vislumbravam perspectivas de mudanças de voto em relação à proposição aprovada, já que a maioria permanecia inalterada. Como recurso, os deputados Irma Passoni (1987b, p. 264-266) e Roberto Freire (1987, p. 264-266) solicitam, respectivamente,

[16] Prejudicialidade reconhecida no RI/CD (1986a, p. 89-90) em seu art. 200, § 4º, que determina que seja considerada prejudicada a proposição, em conjunto com as emendas, que se depare com a aprovação de substitutivo.

o arquivo da fita de gravação do momento da votação e o envio da ata da votação em conjunto com o relatório final para apreciação pela Mesa da Comissão da Ordem Econômica, recorrendo, assim, aos meios reprográficos disponíveis. Por outro lado, os deputados Virgílio Guimarães (1987, p. 266-267) e Percival Muniz (PMDB-MT) (1987b, p. 266-267) insistem na votação das emendas – segundo este, mesmo sabendo que perderia na votação, porque a maioria não suprimiria artigos ou mudaria qualquer dispositivo que pudesse opor-se aos preceitos por eles defendidos, ainda assim, o Presidente da Mesa reconhece a admissão dos destaques com base no RI/CD, em seu art. 63, § 2º (BRASIL, 1987a, p. 269), o qual informa que as matérias destacadas seriam submetidas à votação após aprovação do projeto ou do substitutivo. Os conservadores, no entanto, não contavam com a chegada do deputado Benedicto Monteiro à sessão, que teria reiniciado às 02h15, tendo o deputado adentrado o recinto às 02h51, horário especificado em matéria extraída do jornal *Folha de S.Paulo*[17].

Os membros progressistas da Subcomissão insistiram em tentar localizar o deputado Benedicto Monteiro e, quando finalmente o encontraram, segundo relatos, ele haveria participado de uma conferência na OAB em Belém na noite de votação, pagaram o táxi aéreo até o Congresso:

> Quando Benedito Monteiro – calado e tenso – finalmente chega ao Plenário, alterou-se a correlação de forças. Alguns deputados e representantes de entidades civis que defendiam a reforma agrária, nos termos propostos pela CNRA, tinham ido esperá-lo no aeroporto e o conduziram diretamente para o Plenário. Oswaldo de Almeida (PL/RJ) é obrigado a se retirar (FERREIRA *et al.*, 2008, p. 177).

Na ocasião, os boatos que veiculavam no meio político eram de que alguns parlamentares teriam recebido ameaças contra a vida destes e de suas famílias. Aldo Arantes (PCdoB-GO), ao anunciar à imprensa as intempéries sofridas pelo grupo de esquerda, mencionou que Santinho Furtado (PMDB-PR), Benedicto Monteiro e Raquel Capiberibe (PMDB-AP)[18]

---

[17] SESSÃO tumultuada impede entrega de proposta, 1987, p. 5.

[18] O deputado Aldo Arantes (1987a, p. 254), ao discursar em Plenário, citou ainda a tentativa de corrupção encaminhada ao deputado Valter Pereira (PMDB-MS). Já em artigo publicado por Ferreira *et. al.* (2008, p. 179), consta que teriam denunciado ter sofrido ameaças os constituintes Raquel Capiberibe, Virgílio Guimarães, Antero de

teriam sido ameaçados no período imediatamente anterior à votação do relatório, pressionados para que votassem a favor do substitutivo[19]. Arantes (1987a, p. 254) assim define o *lobby* que invadia o Congresso: "São três tratores, o governo, as Forças Armadas e os grupos econômicos". O deputado Amaury Muller no dia da votação final teria sido agredido por um dos integrantes da UDR, segundo consta, por uma moeda (FERREIRA *et al.*, 2008, p. 178) e teria iniciado uma discussão com o agressor, tendo caído ao correr no Plenário. As sessões se davam em meio às intervenções constantes na galeria dos dois grupos que apresentavam interesses opostos:

> Os trabalhadores ligados à CONTAG gritam, nas galerias, "abaixo a ditadura", enquanto os partidários da UDR começam a aplaudir a decisão de se votar o substitutivo. "Golpe, golpe, golpe", gritavam os trabalhadores rurais (FERREIRA *et al.*, 2008, p. 179).

A votação dos destaques admitidos ao substitutivo, no entanto, mudou os ânimos após alteração da correlação de forças. Os parlamentares que até então defendiam a votação do substitutivo, passaram a opor-se à votação dos artigos destacados, apontando os seguintes argumentos:

- RI/CD, art. 200, § 4º (BRASIL, 1986a): determina a prejudicialidade da matéria, julgando prejudicada a votação de emendas após aprovação de substitutivo.

Barros (PMDB-MT), Amaury Muller e Abgail Feitosa (PMDB-BA), tendo inclusive o deputado Jorge Vianna (PMDB-BA) solicitado intervenção do Chefe do Gabinete Civil, Ministro Ronaldo Costa Couto, no sentido de contatar a deputada Abgail Feitosa e a deputada Raquel Capiberibe (1987, p. 267), o que foi confirmado por ela em Plenário, para que estas revissem suas posições. O deputado Vicente Bogo (1987, p. 268) relatou ainda o recebimento de um telegrama no qual constava que ele deveria apoiar o substitutivo do deputado Rosa Prata, caso contrário, como alternativa, seria deflagrada "guerra civil". A deputada Raquel Capiberibe (1987, p. 255) assim se manifestou: "Também, neste momento, enumerarei as ameaças que sofri desde anteontem, dentro da Câmara dos Deputados e na minha casa até às duas horas da manhã de hoje: recebi, de São José do Rio Pardo, um cidadão no meu Gabinete, que teve a coragem de me dizer que não me estava pressionando, mas que poderia botar 30, 40 ou 50 homens dentro do meu Gabinete; às 2 horas da manhã, recebi um telefonema anônimo, dizendo-me que eu repensasse as minhas posições, e não votasse a favor do relatório do nosso Relator Oswaldo Lima Filho, porque eu poderia me dar mal".

[19] Matéria emitida pelo *jornal Folha de S.Paulo* (PLANALTO já começa a usar o "jogo bruto", 1987, p. 6).

- Solicitou-se que não fossem colocadas em votação propostas que colidissem com as matérias aprovadas.
- RI/ANC, art. 63 (BRASIL, 1987a, p. 881): define que se admitem requerimentos de destaques à votação de partes de projeto, substitutivos ou emendas, desde que o requerimento seja apresentado até o início da sessão em que ocorrerá a votação e, neste caso, tratar-se-ia de um reinício de sessão, interrompida algumas vezes, e não início em si, portanto, o que impediria a apresentação de destaques a essa matéria.
- Após a votação, com a supressão de cinco artigos, os conservadores solicitam que o relatório final seja prescrito apenas com os artigos que não foram matéria vencida, portanto, com dois artigos apenas, destituindo de apreciação o relatório inicial ordenado pelo Relator, este, por sua vez, defendia que as ideias investidas no projeto original, em harmonia com as emendas que obtiveram parecer favorável, fosse apresentado como proposta final.

Como resposta, o Presidente da Mesa assim estabeleceu:

- RI/ANC, art. 63, § 2º (BRASIL, 1987a, p. 881): define que a matéria destacada será submetida à votação após deliberação do projeto, substitutivo ou grupo de emendas.
- O Presidente da Mesa declinou que se trataria de emendas supressivas quando questionado quanto à votação de propostas que colidissem com a matéria já votada.
- A criação de um Anteprojeto que coadunasse as duas propostas foi rejeitada pelo Presidente da Mesa.
- Ainda que o substitutivo possa ser considerado derrotado por ter sido rejeitado em quase sua totalidade, o Presidente da Mesa não submeteu o Anteprojeto à votação.

Com a votação da supressão dos artigos definidos no substitutivo que receberam destaque e mediante as novas condições que apoiariam maioria ao grupo progressista, resultou-se em um relatório com apenas dois artigos, visto que, dentre os sete artigos que compunham o substitutivo, foram apresentados destaques a seis artigos, no entanto, o requerimento do primeiro artigo não foi encontrado pela Mesa, o que fez com que mantivessem o primeiro e o sétimo[20] artigos, este não tendo recebido menção de destaque pelos parlamentares. O projeto original, elaborado pelo Relator da Subcomissão, contaria com 24 artigos e 277 emendas, o deputado Oswaldo Lima Filho (1987a, p. 270) teria apresentado parecer favorável a 30 dessas emendas e parecer parcialmente favorável a nove emendas, considerando prejudicadas 38 delas, por apreciar temas que não eram de competência daquela Subcomissão.

O Anteprojeto do Relator, que não seria submetido à votação, parecia estar mais próximo da Reforma Agrária, neste reconheceu-se a inclusão de uma emenda proposta pelo deputado Benedicto Monteiro que revogava o Decreto-Lei nº 1.164, de 1971, transferindo ao Incra a competência sobre mais de cem milhões de hectares, o que facilitaria a Reforma Agrária; estabeleceu-se parecer favorável à emenda da deputada Cristina Tavares (PSDB-PE), que disciplinou a pesca como propriedade da Nação brasileira; incluiu-se política que visasse desenvolvimento florestal; formulou-se política preferencial aos pequenos e médios produtores, inclusive impedindo a penhora de propriedades com até três módulos, de modo que a execução judicial não alcançasse as pequenas e médias propriedades; isentou-se de impostos o cooperativismo; subscreveu-se o usucapião para possuidores de terras privadas, públicas ou devolutas, que as ocupassem por um período de cinco anos; incluiu-se emenda do deputado Vicente Bogo que requereu que as propriedades dedicadas aos assentamentos rurais fossem consideradas inalienáveis por um período de vinte anos, de maneira a impedir a especulação com as terras advindas da Reforma Agrária; além de emplacar a sucessão hereditária sobre tais propriedades, conforme emenda do deputado Victor Fontana (PFL-SC), que acabou votando contra sua própria emenda, ao votar favorável ao substitutivo (LIMA FILHO, 1987a, p. 270-271).

Faz-se interessante notar que o Relator Oswaldo Lima Filho insiste em afirmar que não se trataria de um projeto revolucionário, de obra de um parlamentar mais à esquerda, como o seria aquele exposto pelo deputado Genoíno Neto ou pela deputada Irma Passoni, e sim produto da "executoriedade de José Ribamar Sarney", o Presidente da República. Essa proposta foi denominada pelo deputado Aldo Arantes (1987a, p. 274) como "moderada", já que a proposta do PCdoB seria muito mais limitadora,

[20] Este artigo contempla a criação de varas especiais na Justiça Federal.

elevando de três para dez módulos a extensão de área não desapropriável, como forma de proteger os pequenos e médios proprietários, e reduzindo o nível de extensão de propriedades rurais que na ocasião seriam ocupados por latifúndios, alterando o termo módulo para hectares, já que seu uso poderia ser factível de desentendimentos entre a opinião pública[21], e estabelecendo uma média menor, de 500 hectares, para a região Sul, 1.000 hectares para a região Centro-Oeste, 1.500 hectares para a região Norte e, para a região Nordeste, variaria entre 500 e 1.000 hectares.

A redação final do Anteprojeto, Emenda nº 249-1 (BRASIL, 1987d, p. 273) teve como autor o deputado Rosa Prata, ainda que o Relator tenha sido o deputado Oswaldo Lima Filho. Assim, se estabeleceram os dois artigos:

> Art. 1º: É garantido o direito de propriedade de imóvel rural que deve cumprir uma função social. Parágrafo único: A função social é cumprida quando: a) é racionalmente aproveitada; b) conserva os recursos naturais renováveis, preserva o meio ambiente; c) observa as disposições legais que regulam as relações de trabalho; e, d) propicia o bem-estar dos proprietários, dos trabalhadores que dela dependem. Art. 2º: A Justiça Federal criará varas especiais para dirimir conflitos fundiários nas regiões de tensão social.

Após a votação, os parlamentares passaram a conjecturar os resultados que adviriam mediante a exposição do relatório aprovado com o término da Subcomissão. Dos discursos que ali se empreendiam, no entanto, dois elementos emergiam nos posicionamentos, que permearam todo o debate, mas agora despontavam sem espectros turvos, que antes impediam entrever a relevância desses itens nos resultantes que se edificaram. Refiro-me à clareza com a qual se passou a aceitar que haveria dois grupos opostos, que no decorrer da votação por vezes alegaram defender os mesmos propósitos, porém, sob condutas diversas, como seria o caso da Reforma Agrária, e agora já denunciada como não justaposta a ambas as perspectivas, como bem o demonstrou o deputado Domingos Leonelli

---

[21] O deputado Virgílio Galassi (PDS-MG) (1987, p. 220) já mencionava a confusão quanto à definição desse termo, módulo, citando que o módulo de São Paulo, na ocasião, seria de vinte hectares, em Minas Gerais era de trinta, enquanto no Pará ou no Amazonas era de cem.

(PMDB-BA) (1987a, p. 272) ao afirmar que a limitação dos artigos seria expressiva da "derrota de uma proposta reacionária", em contrapartida à vitória progressista. As forças que deveriam se afunilar em busca de um resultado comum, ao contrário, se espaçavam cada vez mais e produziam como resultante quadros que refletiriam a disparidade social. O deputado Aldo Arantes expôs em Plenário a condição díspar que envolveu os debates nas reuniões dessa Subcomissão e que se alongaria durante os anos vindouros: "Existe um grupo de constituintes que estão lutando em defesa dos interesses do povo pobre, dos trabalhadores e dos interesses nacionais. Existe outro grupo na defesa de poderosos grupos econômicos" (ARANTES, 1987a, p. 274).

Nessa Subcomissão, segundo relato de seus integrantes, alguns parlamentares teriam interesse pessoal, e não coletivo, em aprovar um regimento mais conservador, que não atingisse a propriedade dos grandes latifundiários e por vezes a sua própria. Além dos interesses diretos, há os interesses indiretos contidos no financiamento de campanha de alguns parlamentares, que seriam beneficiados com a transferência realizada por forças ruralistas, como apontou Ferreira *et al.* (2008, p. 163): "Roberto Cardoso Alves (PMDB-SP), José Lins (PFL-CE), Edison Lobão (PFL-MA), Rosa Prata (PMDB-MG), Oswaldo de Almeida (PL-RJ), Jorge Vianna (PMDB-BA), etc.". Havia, assim, divisão entre aqueles que planejavam por maior democratização das terras e aqueles que se dispunham a votar por um futuro que resguardasse a modernização dos latifúndios.

O âmago da questão, no entanto, estaria em frase proferida pelo deputado Aldo Arantes (1987a, p. 274), que se resume em assumir que parte dos membros dessa Subcomissão agiria em defesa do pequeno e médio produtor, "aqueles que produzem para o mercado interno", e não necessariamente em prol das grandes empresas, "que estão produzindo para o mercado externo". A dissemelhança entre as teorias provocou relutância em unir os propósitos, mas muito mais evidente do que reformar ou manter o *status quo* no âmbito agrário, estaria a dissensão de ideias que por um lado defende o mercado interno, enquanto forças opostas, por outro lado, apoiam o mercado externo. Essa condição teria se repetido nas demais Subcomissões que compõem a Comissão Econômica e nesta própria, demonstrando que, apesar da Reforma Agrária não ser consensual, o embate estaria calcado em divergências mais profusas, a oposição entre os mercados externo e interno seria palco de imensas disputas no decorrer da história brasileira.

Outro ponto que corresponde à vinculação entre as propostas expostas em debate e o programa do (P)MDB estaria no discurso do deputado Oswaldo Lima Filho, ao apontar o Presidente Sarney como responsável pela proposta patenteada pelo Relator, o que nos dá a devida noção de que o (P)MDB teria tracejado o desenho que gostaria de ver esboçado no documento constitucional – isso se considerarmos apenas que o Presidente teria sido eleito por essa legenda, reproduzindo, portanto, os preceitos contidos no imaginário e nos documentos peemedebistas. Mas, se essa hipótese for verdadeira, esse fim não seria alcançado de forma amena, sem lide, como se observou na peleja que envolveu a Reforma Agrária. A tese de que o programa do partido teria ascendência sobre as escolhas de seus membros foi narrada pelo deputado Cardoso Alves (1987a, p. 273), vinculado às alas mais conservadoras do partido:

> E aos companheiros, especialmente do PMDB, quero dizer que tudo que nos obriga é o programa básico do PMDB; não temos que ir além do programa básico do PMDB – e aquele programa que assinamos atrás da ficha, que nos obrigávamos a defender e a adotar. Temos absoluta consciência de que nos mantivemos dentro do programa básico do PMDB.

Tal percepção, no entanto, não recebeu conotação positiva por parte de alguns parlamentares mais progressistas do partido, como foi o caso do deputado Percival Muniz (1987b, p. 275), que se mostrou incrédulo quanto à comparação entre o ideário do partido e o relatório apresentado pelo Relator. A diferença entre a proposta do Relator e aquelas que estariam mais à esquerda, conforme supramencionado relato do deputado Aldo Arantes (1987a, p. 274), indica que poderia tratar-se de uma solução mais moderada.

Ainda que o PMDB ensejasse apresentar uma proposta unívoca, as várias correntes que predominavam impediam que o partido se portasse de modo homogêneo ou defendesse pensamento unitário, fator que além de ser expresso na literatura praticamente de maneira consensual[22], pode ser observado nos posicionamentos que se seguiam nas sessões, visto que o fato de pertencerem ao mesmo partido, no caso o (P)MDB, não se mostrou mandatário nas tomadas de decisões, mais um momento, portanto,

[22] A heterogeneidade do partido foi constatada por vários autores, para saber mais a respeito, ler: Kinzo (1988); Fleischer (2007); Oliveira (2012); Mainwaring & Liñan (1998).

que confirma a heterogeneidade do partido. Além de progressistas e conservadores, o PMDB nutria divisões internas que seriam determinantes nas votações e que nem sempre estariam em conformidade com seu ideário.

Na votação final, ainda que os progressistas tenham conseguido maioria, não atingiram o quórum necessário para que a proposta fosse aceita: 280 votos, tendo obtido 267 votos favoráveis contra 253 votos contrários à Reforma Agrária, regra empreendida a partir da instalação do novo Regimento da ANC que o *Centrão* lograra aprovar. Como nenhum dos lados conseguia obter número de votos suficientes para aprovar qualquer das propostas em discussão, conforme mencionado por Silva (1989), o projeto constitucional teria caído em um "buraco negro", sendo necessária a realização de acordos entre as partes. No caso da Subcomissão VI-c, os parlamentares votaram como segue:

Quadro 3

Votação na Subcomissão VI-c

Contra o Anteprojeto do Relator Oswaldo Lima Filho (que defendia uma reforma mais profunda que o PNRA):	
Pres. Edison Lobão (PFL-MA)	Victor Fontana (PFL-SC)
Saldanha Derzi (PMDB-MS)	Virgílio Galassi (PDS-MG)
Jorge Vianna (PMDB-BA)	José Egreja (PTB-SP)
Rosa Prata (PMDB-MG)	Mauro Borges (PDC-GO)
Alysson Paulinelli (PFL-MG)	Cardoso Alves (PMDB-SP)
Maluly Neto (PFL-SP)	Supl. Osvaldo Almeida (PL-RJ)
Jonas Pinheiro (PFL-MT)	José Mendonça de Morais (PMDB-MG)[23]

[23] Segundo se lê na Ata, o deputado José Mendonça de Morais (PMDB-MG) teria votado na aprovação do substitutivo, e Osvaldo Almeida não teria votado.

Votaram a favor	
Oswaldo Lima Filho (PMDB-PE)	Vicente Bogo (PMDB-RS)
Fernando Sant'Anna (PCB-BA)	Amaury Muller (PDT-RS)
Percival Muniz (PMDB-MT)	Irma Passoni (PT-SP)
Raquel Capiberibe (PMDB-AP)	Aldo Arantes (PCdoB-GO)
Santinho Furtado (PMDB-PR)	Márcio Lacerda (PMDB)
Valter Pereira (PMDB-MS)	Benedicto Monteiro (PMDB-PA)[24]

Fonte: *Folha de S.Paulo* (CONSERVADORES vencem primeira etapa da Constituinte, 1987, n.p.).

Considerando as subdivisões internas do (P)MDB, ainda em 1987 formou-se o Movimento de Unidade Progressista (MUP), que unia membros progressistas do partido com progressistas de outros partidos, movimento que posteriormente formaria o Partido da Social Democracia Brasileira (PSDB). Havia ainda resquícios da formação da Aliança Democrática[25], que se desintegraria no decorrer da ANC após parte dos membros do PMDB não concordarem com a extensão do prazo de governo do Presidente da República em cinco anos em vez de quatro, além de defenderem o parlamentarismo em detrimento do presidencialismo. O PDS, o PTB e parte do PMDB apoiaram José Sarney, mas o grupo à esquerda deste partido se opôs e foi isolado pelo governo. A formação ao centro do partido, não extremista, portanto, contou com a criação do Centro Democrático, que se balizava na ideia de que a democracia deveria ser estabelecida através da congregação das forças moderadas, de maneira a evitar que a radicalização preludie os termos constitucionais, grupo que posteriormente se uniria ao

[24] O deputado Benedicto Monteiro chegou a tempo de participar das votações que rejeitariam as emendas postas à votação pelos conservadores.

[25] Na disputa pela indicação para concorrer ao cargo de presidente da República através de eleição indireta que ocorreria em 1985, o PDS indicou o deputado Paulo Maluf. Isso fez com que o partido perdesse parte de seus membros que não concordavam com essa indicação, estes se uniram e formaram a assim chamada *Frente Liberal*, aderindo em seguida à oposição, instituindo a Aliança Democrática ao se unir com o PMDB, PDT e PTB, que apoiariam Tancredo Neves, na ocasião governador de Minas Gerais. Em contrapartida, a FL foi beneficiada com a escolha do vice-presidente, o então senador José Sarney, que se filiou ao PMDB para que sua candidatura não fosse inviabilizada.

chamado *Centrão*. O próprio *Centrão* teria articulado a instituição de um novo regimento quando a ANC já se encaminhava para a reta final, o que mudaria as regras do jogo. Para especificar esse momento, Baaklini (1993, p. 318-319) faz menção ao "buraco negro" que adviria diante do risco de que nenhuma proposta constitucional fosse aprovada.

O ideário contrário à Reforma Agrária, no entanto, já teria sido construído muito antes de chegar à Constituinte, no âmbito do Governo Sarney. Em 1985, foi instituído o Plano Nacional de Reforma Agrária (PNRA). Com o engenheiro José Gomes da Silva à frente do Incra, seria elaborada a primeira proposta de Reforma Agrária. Nesse mesmo ano, para conter o ímpeto reformista do governo no âmbito rural, surge a UDR, a partir da intervenção desse grupo, emergiriam outras doze versões (FERNANDES, [199-?], p. 14), desfiguradas em relação à proposta inicial. Segundo Fernandes, a ideia de "latifúndio produtivo" seria de autoria dos juristas do Palácio do Planalto. O Decreto nº 91.766, que cria a PNRA, define em seu art. 2º, § 2º, que o Poder Público deve evitar, sempre que conveniente, a desapropriação de imóveis rurais que desempenhem sua função social, mesmo quando tratar-se de latifúndio, essa condição inviabilizou a Reforma Agrária já no Governo Sarney, e essa derrota alcançaria maiores proporções no processo da ANC. Isso demonstra que, ainda que Sarney tencionasse realizar a Reforma Agrária, os dispositivos jurídicos o impediam de prosseguir, o que fez com que apenas 6% do PNRA fosse executado, segundo Fernandes, assentando 84.852 famílias, quando estava previsto o atendimento a 1.400.000 famílias.

8.4 Comissão da Ordem Econômica

Conforme aponta Coelho (1999, p. 156), o PMDB teria demonstrado que o controle da Comissão da Ordem Econômica e de suas Subcomissões teria sido a maior preocupação do partido, ao alocar parlamentares em todas as relatorias e na Presidência da Subcomissão da Questão Urbana e Transportes. A perspectiva informacional, na qual constaria a formação e trajetória profissional do parlamentar, também seria um dos critérios na escolha da Subcomissão na qual participaria, no caso da Subcomissão de Princípios Gerais, Intervenção do Estado, Regime de Propriedade do Subsolo e da Atividade Econômica, 25% de seus integrantes eram economistas, as atividades empresariais também se mostrariam relevantes, como ocorreu com a Subcomissão da Política Agrícola e Fundiária e da Reforma Agrária, a qual contemplava 75% de empresários rurais. Coelho faz menção ainda à diferença entre as Comissões dos "ricos" e "pobres", identificando a Comissão da Ordem Econômica como a parte rica, dada a quantidade de empresários que ali estavam alocados:

> Na Ordem Econômica está, por exemplo, o deputado Victor Fontana (PFL-SC), da família proprietária da Transbrasil e dos Frigoríficos Sadia. Presidente da *holding* Multiplik (capital líquido de US$ 100 milhões), deputado Ronaldo Cezar Coelho (PMDB-RJ), que também é o maior acionista brasileiro da Souza Cruz, não conseguiu uma vaga de titular e ficou suplente na comissão da Ordem Econômica. Nessa comissão estão ainda os ex-ministros da Fazenda, Delfim Netto (PDS-SP) e Roberto Campos (PDS-MT), entre outros empresários e banqueiros, como o senador Irapuan Costa Júnior (PMDB-GO), presidente do Banco Brasileiro Comercial[26].

Conforme Ata da Primeira Reunião de instalação da Comissão da Ordem Econômica, o deputado Cardoso Alves (1987b, p. 2), que mais tarde comporia o *Centrão*[27], menciona como se realizou a escolha das lideranças partidárias que participariam da Comissão Econômica, referindo haver grande número de membros do partido que pleiteavam participar dessa Comissão:

> [...] S. Ex.ª[28] reuniu Bancada por Bancada, em cada Estado, e pediu que se fizessem as indicações. A Bancada paulista indicou três membros, entre cinco candidatos. O Senador Mário Covas teve dificuldades para indicar os Vice-Líderes e não obstante o Regimento Interno conceder-lhe o poder de nomear pessoalmente os seus Vice-Líderes, S. Ex.ª deferiu à Bancada paulista a escolha de três nomes para essas funções. A Bancada paulista se reuniu e, por voto secreto, indicou os três Vice-Líderes, que são Vice-Líderes do Senador Mário Covas.

---

[26] "RICOS" vão para Comissão econômica; "pobres" para social, *Folha de S.Paulo*, 1987, p. a8 *apud* COELHO, 1999, p. 166.

[27] O *Centrão* foi criado por deputados e senadores interligados ideologicamente aos ideais mais à direita, e não necessariamente de centro, que representavam interesses bancários e empresariais que se opunham à perspectiva progressista com a qual a Constituição estaria sendo lapidada.

[28] O deputado Carlos Alves se referia ao senador e líder partidário Mário Covas.

O RI permitia ao líder partidário indicar os Membros da Comissão e um acordo entre as lideranças, segundo o Presidente da Comissão da Ordem Econômica, senador Rachid Saldanha Derzi (PMDB-MS) (1987, p. 2), teria chegado à conclusão para indicação à presidência da Comissão o deputado José Lins, para 1º vice-presidente o deputado Hélio Duque (PMDB-PR), para 2º vice-presidente o senador Albano Franco (PSDB-SE) e como Relator (que não seria escolhido por votação, mas por indicação do Presidente) o senador Severo Gomes – os quais teriam ganhado as eleições com 44 votos, 46 votos e 41 votos, respectivamente.

O senador Mário Covas, ao se manifestar, identifica o deputado Cardoso Alves como seu companheiro de partido e de Estado, mas rival quanto a alguns temas, como em relação à Reforma Agrária: "embora não meu companheiro de pecuária" (COVAS, 1987, p. 3), como poderia ser observado mais à frente ao adentrar o *Centrão* e votar contra a Reforma Agrária. Em meio ao seu discurso, o senador Covas tenta explicitar a composição proporcional do partido que lideraria a Comissão, estando dentre eles representantes do Sudeste, Nordeste e Sul, de modo a conciliar a distribuição espacial. Essa questão, no entanto, a proporcionalidade, foi utilizada por alguns membros, especialmente pelo deputado Cardoso Alves, que tentava obter a candidatura para a vaga de Relator, ainda que a indicação para Relator fosse de seu próprio partido e estado; e pelo senador Roberto Campos, para tentar burlar a indicação do Relator, considerando tratar-se de um cargo de extrema importância para a condução do projeto constitucional, especialmente porque inicialmente no RI, o Anteprojeto do Relator não poderia sofrer emenda, apenas destaques. Segundo o senador Roberto Campos (1987, p. 5), haveria uma confusão de "substantivos", já que o que seria deferido à liderança tratar-se-ia da indicação proporcional, e o presidente, quando eleito, deveria respeitar essa proporcionalidade, a confusão estaria no fato de que os membros estariam realizando uma leitura em que se entende que o presidente deveria realizar a "indicação de personalidade", o que não constaria no RI. A indicação, portanto, seria de proporcionalidade e não de personalidade, neste caso, como havia mais um candidato ao cargo de Relator dentro da proporcionalidade, dever-se-ia realizar eleições.

O senador Roberto Campos se pautava pelo art. 13, § 2º, do RI/ANC (BRASIL, 1987a, p. 874), o qual estabelecia que os membros das Comissões deveriam ser indicados pelas lideranças partidárias obedecendo o critério de proporcionalidade partidária, o que se aplicaria inclusive aos cargos de Presidente, vice-presidente e Relator, esse mesmo artigo, em seu § 8º (BRASIL,

1987a, p. 874), no entanto, definia que caberia ao Presidente a designação do Relator, o que foi considerado pelo Presidente da Mesa para que se encerrasse a discussão quanto à abertura de vaga para que outrem participasse. Esse seria o primeiro entre muitos impasses que revestiriam os debates.

O fato de que a Comissão de Sistematização seria composta de presidentes das Comissões e pelos relatores das Comissões e Subcomissões também fez com que se acirrassem as disputas em torno desses cargos. Medeiros (2013, p. 50) assim destaca a posição privilegiada e estratégica que ele acredita envolver esse posicionamento:

> Pensando nas subcomissões e comissões, por que o PMDB, mais especificamente o seu líder, focou as relatorias e não as presidências? São os Relatores que controlam o conteúdo do Anteprojeto, acatam emendas e propõem substitutivos.

Mário Covas teria negociado com o deputado José Lourenço (PFL-BA), segundo a *Revista Veja*[29], e teria alocado os peemedebistas progressistas nos cargos de relatoria das Comissões Temática e de suas Subcomissões. Medeiros (2013, p. 52-56) conclui que o líder do PMDB na Constituinte teria enviesado os postos de relatoria, mas em grau menor do que supõe a literatura, ao mesmo tempo em que havia representações significativas de esquerda nos postos mais importantes ocupados pelos demais partidos, principalmente PFL e PTB.

Já Coelho (1999, p. 155) esclarece que a preferência do PMDB pelos cargos de relatoria estaria no fato de que nesta posição seria possível controlar a produção do texto constitucional que adviria das Comissões e Subcomissões, enquanto o presidente teria apenas o papel de dirigir o enredo dos trabalhos que ocuparam as sessões. Mas a experiência mostrou que a condução dessa estratégia não funcionou em todas as Comissões, como se observaria posteriormente na Subcomissão da Reforma Agrária, em que o papel do Presidente se mostrou determinante na elaboração do Anteprojeto, como veremos mais à frente.

Na quarta reunião ordinária, ocorreu a distribuição dos avulsos, com apresentação dos pareceres das três Subcomissões e abertura de prazo para a realização de emendas.

---

[29] VEJA. Jogo de trocas: esquerda do (P)MDB ganha os cargos de relator, 1987, p. 30 *apud* MEDEIROS, 2013, p. 50.

A discussão em torno dos dispositivos admitidos nas Subcomissões Econômicas mostrou claramente dois lados política e ideologicamente opostos. O primeiro constituinte a tomar a palavra foi o deputado Luiz Alfredo Salomão (PDT-RJ) (1987, p. 29), que demonstrou insatisfação em relação ao substitutivo votado pela Subcomissão VI-a, que contrariava o Anteprojeto do Relator. Nas palavras de Salomão, a formulação do texto constitucional conforme exposto incorreria no "risco de sair natimorto". Cinco pontos foram apresentados por ele como incongruentes com uma administração voltada para as necessidades da sociedade e da economia brasileira. O primeiro deles dizia respeito à ideia de trabalho, sobre a qual a Ordem Econômica deveria ser fundada. Condizente, portanto, com as Constituições anteriores, esse termo deveria constar logo no art. 1º da nova Carta. Mas o substitutivo considerou diversamente: a Ordem Econômica deveria fundar-se na livre-iniciativa e na valorização do trabalho, o que, para o deputado Salomão, implicava uma proposição contraditória, "pouco coerente com o processo produtivo". O Anteprojeto do Relator assim explicitava no primeiro artigo: "A ordem econômica *fundamenta-se no trabalho*. Deve ser organizada conforme os princípios do desenvolvimento harmônico das forças produtivas, tendo como objetivo assegurar a todos justiça social e uma vida saudável e digna"[30] (BRASIL, 1987e, p. 1).

O projeto substitutivo, no entanto, preferiu a seguinte redação: "A ordem econômica, *fundada na livre-iniciativa e na valorização do trabalho* humano, tem por fim assegurar a todos existência digna, conforme os ditames da justiça social e os seguintes princípios"[31] (BRASIL, 1987f, p. 2).

O art. 3º, que define empresa brasileira ou nacional apenas por ser sediada no país e por estar organizada a partir de leis brasileiras, não seria o suficiente para distingui-la das empresas de capital estrangeiro. Para o deputado Salomão, trata-se de critérios "vagos" e "pleonásticos". Essa nova determinação implicaria ainda problemas quanto ao art. 14, o qual estabelece as restrições quanto ao aproveitamento dos potenciais de energia hidráulica e mineração em faixas de fronteira e terras indígenas. O fato de não haver especificação quanto a quais empresas devam ser consideradas nacionais ou estrangeiras permite que qualquer empresa de capital estrangeiro possa ser considerada nacional, a partir apenas do estabelecimento de sua sede em pátio nacional.

[30] Grifo nosso.

[31] Grifo nosso.

Os arts. 5º e 6º também estariam contrariando a realidade ao supor a intervenção do Estado apenas em determinadas circunstâncias; nas palavras do deputado Salomão (1987, p. 29): "[...] sempre que a iniciativa privada estiver em condições a intervenção do Estado deve desaparecer, enfim, regredimos em relação à formulação atual, onde é reservado um papel supletivo ao capital estatal".

Ele traz à discussão ainda as mudanças em relação ao controle estatal sobre o petróleo, materiais radioativos e fósseis (art. 13), tendo o Estado monopólio sobre a refinação, importação e exportação desses minerais, esse domínio foi reduzido a duas etapas de exploração, pesquisa e lavra, que seriam inerentes às demais. Assim, a comercialização e a industrialização não teriam qualquer previsão estatal no novo ordenamento que se propunha.

Coadunou-se com esse discurso o deputado Fernando Sant'Anna (PCB-BA), que rebateu o termo "vago" utilizado por seu sucessor, a denominação de empresa nacional. A seu ver, estaria clara e evidenciada a dominação internacional sobre as empresas nacionais. No entendimento desse artigo, ainda que a empresa possua 100% de capital estrangeiro, seria considerada nacional, denotando assim muito mais do que a "hegemonia da classe empresarial", tratar-se-ia na verdade da "hegemonia real das grandes forças internacionais". Sant'Anna responsabiliza a burguesia nacional por não estarem assumindo seu papel, ao permitir que empresas estrangeiras dominem a área econômica nacional, não representando assim a "ideologia da burguesia nacional" e permitindo a instauração de um ambiente concorrencial. Faz-se importante frisar que o deputado Fernando Sant'Anna mencionou que o responsável pelo artigo que define empresa nacional teria sido o deputado Afif Domingos (SANT'ANNA, 1987, p. 30).

A condição do petróleo nacional também preocupava Sant'Anna, defensor e articulador da célebre campanha "O Petróleo é nosso" e que por vezes citava a Carta Constitucional de 1937, que determinava que a exploração de minérios e o aproveitamento industrial apenas poderiam ser concedidos a brasileiros e empresas constituídas por acionistas brasileiros. Havia empresas estrangeiras explorando terras brasileiras em busca de petróleo, sob contratos de risco, mas que não teriam localizado até aquele momento qualquer área produtora de petróleo. Os setores de pesquisa e lavra eram os mais gravosos, já que não necessariamente se obteria retorno. Os setores que o Brasil não monopolizaria, no entanto, seriam o *filet mignon*, segundo Sant'Anna (1987, p. 30), enquanto a refinação e o transporte, que ficariam a cargo de empresas estrangeiras, são áreas nas quais não haveria prejuízo.

A deputada Irma Passoni se posiciona semelhantemente aos seus antecessores e acusa os deputados Delfim Netto, Rubem Medina, Cardoso Alves, Afif Domingos e o senador Roberto Campos de articularem tais propostas, nomeando essa política de "entreguista" e convocando-os a discutir tais propostas nessa Comissão. Passoni questiona a quem seria direcionada a livre-iniciativa, já que apenas uma porcentagem mínima da população brasileira teria condições de acessá-la. Em suas palavras: "A nós cabe a matéria-prima, a força de trabalho, quer dizer, a produção, e a eles (a intervenção internacional) cabem o lucro e o gozo dos benefícios". A deputada petista chama essa conduta de criminosa: "crime de lesa-pátria". Os ditames da justiça social que deveriam dirigir os trabalhos constitucionais não estariam expressos nos preceitos demonstrados nos conclusos da Subcomissão VI-a; o que estaria garantido seria a "defesa da internacionalização". Já o que for de interesse nacional deveria ser disciplinado por lei ordinária; como exemplo, cita as empresas públicas e a sociedade de economia mista, que estariam sujeitas aos direitos próprios das empresas privadas, inclusive em relação às obrigações trabalhistas. Os princípios expostos nesse trabalho atestariam a incompetência da empresa nacional. Reclama ainda a necessidade de contrato para exploração do solo, o que seria feito sem qualquer regulamentação (PASSONI, 1987a, p. 31).

Do mesmo modo, o deputado Percival Muniz (1987c, p. 31) acusa os parlamentares que aprovaram essa proposta de estarem sob a influência de "forças ocultas". A deputada Myriam Portella (1987, p. 31) faz um aparte e menciona que o termo "defesa do interesse nacional" deveria constar entre os princípios da Ordem Econômica. O deputado Salomão (1987, p. 29) assim se refere ao ocorrido:

> Todo esse processo foi possível, graças a uma ação sorrateira que foi feita à socapa, feita à sorrelfa, essa articulação, e foi através de um verdadeiro rolo compressor que essas medidas foram aqui inscritas no projeto da Comissão. [...] Enfim, todos os dispositivos que V. Ex.ª *mui* justamente reclama, constavam do anteprojeto do Relator e não foram contestados em nenhum momento da discussão, por aqueles que, na última etapa, apresentam essas emendas e fizeram-nas aprovar de forma verdadeiramente antidemocrática.

Segundo ele, todos os pontos contestados pelos constituintes – a defesa da empresa nacional, a questão do trabalho e a necessidade de contratos com prazo para exploração mineral – estariam presentes no Anteprojeto do Relator Virgildásio de Senna; as emendas, no entanto, não teriam sido discutidas pelos seus propositores antes de sua votação, o que as tornava antidemocráticas. A constituinte Irma Passoni (1987a, p. 32) assim se manifestou: "Lamento que todo mundo tenha ido no engodo do constituinte Roberto Campos", indicando que poderia ser ele o responsável pelas mudanças no Anteprojeto original, chamando de golpistas aqueles que se recusam a debater ideias antes de colocá-las à votação. Uma informação importante para entender o que poderia ter acontecido e prejudicado o debate adveio do deputado Fernando Sant'Anna (1987, p. 32), que alegou a existência de um relatório escrito pelo Presidente da Subcomissão VI-a, Delfim Netto, e que não teria sido totalmente publicado. Além disso, por seis reuniões os encontros não ocorreram por falta de quórum, o que indica que essa ação poderia tratar-se de uma estratégia de um grupo específico que gostaria de aprovar determinadas leis, mas premeditava que poderia tratar-se de matéria vencida, caso exposta em debate.

Em reposta à estratégia do PMDB, que teria colocado peemedebistas progressistas na relatoria de Comissões e Subcomissões, um quadro conservador apresentou contrarresposta aos Anteprojetos dos Relatores, levando à votação em seguida, o que possibilitou derrubar artigos importantes defendidos historicamente pela esquerda – dentre eles, a ideia de salvaguardar a empresa nacional e recursos naturais. O jornal *Folha de S.Paulo* assim noticiou o que chamou de "virada conservadora":

> A votação dos relatórios das subcomissões registrou uma virada conservadora na correlação de forças do Congresso constituinte. A centro-esquerda peemedebista, que detém 18 dos 24 relatores, foi derrotada em suas propostas principais na maioria das subcomissões. Em contrapartida, os conservadores conseguiram aprovar os seus pareceres sem maiores problemas nas seis subcomissões que dirigem. "Vamos vencer na competência", disse o deputado Afif Domingos (PL-SP) numa conversa com o senador Roberto Campos (PDS-SP), na última sexta-feira, acertando os últimos detalhes da estratégia que aplicaram, no fim de semana. Sua principal arma foi o PMDB. Seus 304 constituintes, diluídos em blocos, obedeceram a comandos inesperados como o de Roberto Campos (PDS-MT) e do Deputado Francisco Dornelles (PFL-RJ). Terminada a primeira fase de trabalhos, a

> Constituinte mostrou um novo perfil (CONSERVADORES vencem primeira etapa da Constituinte, 1987, n.p.).

O deputado Afif Domingos foi o 1º vice-presidente da Subcomissão de Princípios Gerais da Ordem Econômica (VI-a), e o senador Roberto Campos um dos constituintes titulares dessa Subcomissão. Nessa reportagem, o jornal paulista indica que os próprios integrantes do PMDB teriam sido usados como instrumentos para obter a aprovação de um substitutivo ao Anteprojeto do relator. O jornal cita ainda que oito dos doze constituintes do PMDB na Subcomissão dos Princípios Gerais foram orientados pelo senador Roberto Campos, que teria formado um bloco para desarticular os artigos então alinhados pelo deputado Virgildásio Senna. Dirigindo-se ao Presidente da Subcomissão, deputado Delfim Netto, o deputado Luiz Salomão acusou este grupo de estar a serviço do capital estrangeiro, deixando o Plenário em seguida, acompanhado pelos deputados Vladimir Palmeira, Beth Azize (PSB-AM) e Raquel Cândido, após acompanhar a derrota das prerrogativas que defendiam o monopólio do petróleo.

A discussão quanto ao teor agrícola é destacada pela preocupação que o deputado Alysson Paulinelli (PFL-MG) (1987, p. 32-33) apresentou mediante a possibilidade de desapropriação de propriedades que estejam em uso – não vazias, portanto, – e que sejam produtivas. O deputado Sérgio Naya (PMDB-MG) (1987, p. 36) participou da Subcomissão da Questão Urbana e Transporte e expressou o mesmo sentimento quanto aos indivíduos que não possuem outras propriedades ou terras para sobrevivência, questionando como esses poderiam ser pagos com títulos da dívida pública em trinta anos, condição que ele chama de "calote". Nesse momento, o deputado Vladimir Palmeira (1987, p. 33) menciona existência de um Projeto de Constituição do Professor Fábio Konder Comparato, que serviu de subsídio ao PT. Nele, consta que a pequena propriedade somente poderia ser desapropriada em caso de extrema necessidade, por se tratar de um direito individual. A intenção não seria desapropriar o pequeno proprietário, mas fortalecê-lo, desapropriando os grandes latifúndios que não produzem. Isso porque existem grandes extensões de terras desocupadas, de um lado, e uma massa de desempregados do outro lado; o modelo proposto por Comparato propunha unir ambos.

O deputado Vladimir Palmeira fez alguns apontamentos quanto ao nível de intervenção do Estado na economia. Segundo ele, a Constituição não tem como primazia a elaboração de políticas estatizantes ou desestatizantes: sua função seria de fixar princípios gerais, preservando o monopólio do Estado em setores essenciais e estabelecendo a obrigatoriedade de criação de lei ordinária para disciplinar o modo de funcionamento e de intervenção do mercado. O primeiro relatório, segundo esse deputado, de certo modo admitia alguma limitação à intervenção estatal, ao garantir a exploração por empresas nacionais na atividade produtiva; mas restringia a entrada de capital estrangeiro ao impedir que esse capital controlasse as empresas nacionais exploradoras de tais minerais. Já o segundo relatório, o substitutivo, foi visto pela esquerda como um retrocesso em relação ao monopólio do petróleo. Por tratar-se de um minério que não se renova, faz-se a obrigação de orquestrar políticas de preservação às reservas minerais e de exploração supervisionada pela União. Por mais de uma vez, ao se referir às condições que adviriam caso aprovassem aquele relatório, o deputado Palmeira usou a frase: "Sob pena de legislarmos para um país que não existe" (PALMEIRA, 1987, p. 33).

O jornal *O Globo* confirma a diferença entre os relatórios:

> Enquanto Virgildásio de Senna procurava estabelecer que o conceito de empresa nacional exige que o controle decisório e do capital pertençam a brasileiros, o novo parecer favorece o empresariado estrangeiro, determinando apenas que a administração esteja no Brasil, sob a Lei das Sociedades Anônimas[32].

O jornal também se refere ao fato de que o deputado Virgildásio de Senna estabeleceu em seu relatório que o monopólio estatal do petróleo e do subsolo nacional deveria se estender ao processamento e refino e não apenas em relação à pesquisa e lavra, como no novo parecer. A comercialização do minério nuclear também se estendeu à iniciativa privada: as fontes de energia renovável e os recursos hídricos não estariam mais sob o controle da União, com exceção dos grandes rios. Segundo o jornal carioca, alguns parlamentares comentaram que até mesmo os poços residenciais seriam estatizados, caso seguissem o que constava no relatório inicial.

Após as explanações em decorrência do recebimento dos relatórios, o senador Severo Gomes iniciou as negociações em torno do relatório

[32] PELA livre-iniciativa, subcomissão muda relatório, 1987, p. 6.

que seria divulgado pela Comissão. Segundo o jornal *O Globo*, ele teria acertado com o deputado Guilherme Afif Domingos, ex-Presidente da Associação Comercial de São Paulo, e com o Presidente da Confederação Nacional da Indústria, senador Albano Franco, a aprovação de 70% do relatório da Comissão Econômica. O jornal afirma também que a redação da emenda na Subcomissão VI-a sobre empresa nacional seria de autoria do deputado Afif Domingos. Severo Gomes então admitiu a possibilidade de incluir um parágrafo no qual constasse a entrada de capital estrangeiro no país. Mas não deixou de incluir artigos vencidos nas votações das Subcomissões, especialmente em relação à Reforma Agrária. Coelho (1999, p. 174) aponta que a imprensa teria assegurado a ocorrência de uma reunião, anterior à reunião oficial da Comissão e "a portas fechadas", os conservadores teriam decidido manter suas posições em relação à Reforma Agrária e intervenção estatal, renunciando à ideia de fim do monopólio estatal do petróleo. De qualquer modo, o acordo teria sido descumprido, já que o senador Mário Covas teria exigido que o senador Severo Gomes mantivesse o dispositivo no qual o Incra teria posse imediata das terras que fossem desapropriadas para fins de Reforma Agrária. Mas a proposta de Reforma Agrária foi derrotada no Relatório Final.

Nas reuniões que se seguiram, iniciou-se a discussão quanto ao aceite de substitutivos ao parecer do Relator após o Presidente da ANC ter corroborado, através de ofício, a legitimidade de substitutivos admitidos pelas Comissões. O deputado José Linz propõe como critério apenas a coerência ou correlação entre os assuntos abordados para que o substitutivo fosse encaminhado para votação. A Comissão da Ordem Econômica teria aprovado, em votação anterior, o recebimento de substitutivos, logo, restaria apenas definir a natureza do substitutivo ao parecer do Relator; assim, o Presidente da Mesa optaria por determinar que as matérias contidas nos títulos do relatório seriam correlatas, admitindo substitutivos a cada um destes títulos.

Manifestou-se contrário à decisão presidencial de admitir substitutivos para votação o deputado Aldo Arantes (1987b, p. 20), anunciando os problemas enfrentados pela Subcomissão da Reforma Agrária, quando seu Presidente não se ateve às normas regimentais. Contrário a esse posicionamento, o deputado Jorge Vianna (1987, p. 20) solicitaria ao Presidente da Mesa que fosse mantida a análise dos pedidos de preferência para votação, para isso se pautando no art. 62, § 1º, IV, do RI/ANC (BRASIL, 1987a, p. 881), que regeria os requerimentos de preferência, e no § 3º desse mesmo artigo, que apontaria que tais requerimentos dependeriam de deliberação em Plenário, denotando seu posicionamento soberano; teria apoio também no art. 336, XIII, do Regimento Interno do Senado Federal (BRASIL, 1986b), para o qual os substitutivos teriam preferência de votação, excetuando-se decisão em contrário do Plenário. E, por fim, nos arts. 189-190, que definem a preferência e a possibilidade de qualquer deputado solicitar, antes de iniciar a Ordem do Dia, ato cumprido por este deputado.

O Presidente da Mesa, no entanto, não seria tocado por esse discurso e manteria seu posicionamento. Para contrapô-lo, Haroldo Lima (PCdoB-BA) (1987, p. 22) solicita que os demais membros que compunham a Mesa da Comissão se pronunciassem, acreditando que o deputado José Lins estaria agindo arbitrariamente e de forma autoritária. Do mesmo modo, o constituinte Luiz Salomão (1987, p. 22) denunciaria a existência de correlação entre os temas tratados na Comissão, o que inviabilizaria a votação de substitutivos. Em seguida, Genoíno Neto (1987b, p. 22) declararia que teria participado da Comissão de Soberania e Direitos do Homem e da Mulher, na qual Jarbas Passarinho (PDS-PA) era Presidente e com quem mantinha relação de divergência – porém, o regimento teria sido respeitado e seguido à risca. A Comissão de Ordem Econômica, por sua vez, concentraria abastados, latifundiários, ricos, entreguistas, os quais tentavam através de golpe eleger suas propostas. Roberto Freire lembraria aos demais que a Subcomissão da Reforma Agrária, ao não respeitar o regimento, entregou um Anteprojeto com apenas dois artigos que nada definiam; a Subcomissão que tratava dos Assuntos Gerais da Intervenção do Estado, presidida por Delfim Netto, por sua vez, respeitou o regimento e entregou à Comissão um Anteprojeto completo e sólido. Roberto Jefferson (PTB-RJ) questiona se seria possível realizar destaques às emendas substitutivas; mediante a recusa do Presidente, esse parlamentar afirmou que a emenda do constituinte Jorge Vianna inviabilizaria a Reforma Agrária, ao flexibilizar o pagamento de tributos federais mediante aceitação de títulos da dívida agrária: o fato de não haver recolhimento de tributos impediria que se acumulassem receitas para realizar a Reforma Agrária. Em seguida, lamentou que tal substitutivo fosse votado ao "empurrar goela abaixo os substitutivos contra a vontade do Plenário" (VIANNA, 1987, p. 24). O deputado Osvaldo Lima Filho afirmaria reconhecer em José Lins um adversário da Reforma Agrária, como o seriam os seus companheiros da Frente Liberal, para em seguida mencionar que não acreditaria que a maioria reacionária e conservadora da Comissão derrotaria o parecer do Relator.

Os constituintes Brandão Monteiro (PDT-RJ) e Moema San Thiago (PDT-CE) apelariam para o fato de haver desconhecimento quanto ao substitutivo a ser votado e Aldo Arantes insistiria para que fosse votado primeiramente o substitutivo do Relator.

Severo Gomes (1987, p. 17) apresenta então seu Relatório, tendo sido a primeira proposição a orientar seu parecer a questão das desigualdades sociais e regionais, reconhecendo que a correção dessa situação dependeria da ação do Estado. O crescimento industrial teria aguçado essas desigualdades, influenciando a migração de pessoas advindas da zona rural para as cidades e promovendo o rebaixamento dos salários. Os problemas urbanos ganharam amplitude e a Constituição de outrora citou a expressão "urbano" apenas uma vez, ao se referir ao imposto predial e urbano. As mudanças nas leis deveriam se dar no sentido de introduzir a intervenção do Estado no interesse da sociedade, com o objetivo de ordenar o processo de urbanização em curso. A questão habitacional por si só não seria a preocupação e sim a dimensão urbana do problema social – logo, a organização territorial das pessoas e de suas atividades enfrentaria o desequilíbrio regional, as disparidades intraurbana e interurbana, e a questão da propriedade que englobaria interesses adversos: o social e o privado. Já no âmbito agrícola, o crescimento da produção ocorreu suportando a transferência de recursos para o setor industrial, com o intuito de o financiar.

Em seguida, o Presidente da Mesa decidiria pela votação dos requerimentos de preferência. O tumulto generalizou-se, e o 1º vice-presidente, constituinte Hélio Duque (PMDB-PR) (1987, p. 24) renunciaria ao cargo, recusando-se inclusive a ler os substitutivos e acusando parcelas do seu partido a ter participado da ditadura regimental. Em seguida, convidaria os parlamentares de seu partido e demais partidos que recusassem essa violência e se retirassem desta reunião, prezando por uma Constituição garantidora de desenvolvimento com justiça social.

Após apresentação parcial do substitutivo, que, dentre outras questões, buscava garantir o direito à propriedade e sucessão hereditária, considerando a desapropriação somente se houvesse indenização em dinheiro e que fosse assegurado o pleno direito de defesa do desapropriado; a empresa brasileira também ganharia nova designação, a qual seria composta apenas de administração sediada no país; as empresas nacionais cujo controle acionário pertencesse a pessoas físicas ou jurídicas domiciliadas no exterior seriam regidas por estatuto especial aprovado em lei complementar; restringiria a intervenção do Estado, a qual somente seria admitida se aprovada em lei; o Estado seria impedido de substituir empresas privadas, salvo em questões relativas à segurança nacional ou para preservar o regime de competição e a participação supletiva do Estado se daria provisoriamente. O microfone foi arrancado por três vezes da Mesa em que Jalles Fontoura fazia a leitura da emenda, o qual teve que utilizar o microfone do Presidente para continuar a leitura. Neste momento, instalou-se o conflito entre os Membros da Mesa e alguns constituintes, ocorrendo inclusive agressões físicas; documentos foram retirados da Mesa e desapareceram, enquanto nas galerias as vaias alcançavam proporções ensurdecedoras e objetos eram arremessados sobre a Mesa, impedindo a continuidade dos trabalhos, o que levou seu Presidente a suspender a reunião.

No dia seguinte, sem as galerias presentes, Beth Azize, Leite Chaves, Dirceu Carneiro (1987, p. 25-26; 30) e Raquel Cândido (1987a, p. 25-26; 30) solicitariam que a reunião fosse aberta, com a participação da sociedade, que estaria aguardando do lado de fora para adentrar o recinto. Esta última denunciaria o posicionamento dos "entreguistas" que, para garantir seus interesses, tomariam atitudes extremas, como o fez Delfim Netto ao impedir que autoritariamente os parlamentares membros da Subcomissão VI-a interrompessem a votação para se alimentar ou conversar sobre o tema.

Com a retomada da votação, a Emenda 871-5, do constituinte Jorge Vianna seria aprovada. Em seguida, o deputado Roberto Jefferson (1987, p. 31) pediria destaque, para suprimir determinados termos desta emenda, com o apoio do próprio autor da emenda e dos líderes partidários Gastone Righi (PTB-SP) e José Lourenço. Como o Presidente havia negado anteriormente o pedido de destaques às emendas substitutivas, alguns parlamentares prontamente se opuseram à tal possibilidade. O Presidente, no entanto, afirmou que não poderia impedir o autor de propor ao Plenário a retirada de expressões de sua emenda. O pedido de destaque foi colocado em votação e rejeitado. Porém, o número de votantes apresentado pela Mesa contrariava o número total de parlamentares: 65, enquanto a Comissão era composta de apenas 63 parlamentares. Em sua defesa, o Presidente da Mesa alegou que o número de parlamentares teria sido autorizado por Ulysses Guimarães, Presidente da ANC. Do mesmo modo, a forma como a pergunta foi posta confundiu os constituintes, que teriam o pedido de verificação de votação recusado pelo Presidente da Mesa.

A bancada do PDT, PCdoB e PCB se retirariam do Plenário no momento de votação da Emenda 871-5, seguidos por Vladimir Palmeira e

Beth Azize. O Presidente da Mesa foi responsabilizado por parte dos parlamentares pelo caos que teria se instalado na sessão, sendo acusado de "moleque", "discípulo da ditadura", "grileiro", "representante da UDN", "fascista", "escória do parlamento" e "antidemocrático" (MONTEIRO/PDT-RJ; DUQUE; PEREIRA/PMDB-MS; PASSONI; MULLER/PDT-RS; MUNIZ; WANDERLEY/PMDB-RN, 1987, p. 36-39). Valter Pereira (1987, p. 35) chega a mencionar que estava com saudades do senador Edison Lobão, Presidente da Subcomissão da Reforma Agrária, que seria reconhecido por sua intransigência em relação ao RI da Subcomissão, tomando decisões autoritárias e unilaterais.

Segundo Vivaldo Barbosa (PDT-RJ) (1987, p. 32), o integral não seria mais do que a soma de suas partes, e as emendas propostas pretendiam substituir integralmente o parecer do Relator. A emenda nº 885, do deputado Cardoso Alves, pretendia realizar a substituição dos princípios gerais da Comissão; a Emenda nº 952, também de Cardoso Alves, substituiria os dispositivos da questão urbana; a Emenda de nº 953, deste mesmo parlamentar, tencionava substituir os dispositivos da Reforma Agrária. O conjunto dessas três emendas prescritas por um único autor substituiria integralmente o relatório do Relator. Cardoso Alves retiraria o pedido de preferência de suas emendas, mas outras emendas seriam admitidas com o mesmo intuito, como a de nº 871-5, citada anteriormente, do deputado Jorge Vianna, que pretendia realizar a substituição integral dos dispositivos que tratavam sobre a Reforma Agrária, primeira a ser votada e aprovada.

Ainda compondo a estratégia global de substituição do parecer do Relator, seriam apresentadas as emendas de nº 896-1, de José Ulisses de Oliveira, que pretendia substituir os dispositivos voltados para a questão urbana, e a Emenda de nº 471-0, do senador Irapuan Costa Júnior, que substituiria os dispositivos do capítulo sobre os princípios gerais da Comissão da Ordem Econômica.

O resultado que adviria desta Comissão não foi o proposto pelo senador Severo Gomes, mas por outra corrente de pensamento majoritária, que teria como expoentes os constituintes Delfim Netto e Roberto Campos, citados pelos parlamentares como responsáveis pela linha de pensamento que direcionaria a moldagem dos dispositivos substitutivos votados, os quais favoreciam o capital estrangeiro e a empresa privada, extinguiam a soberania brasileira sobre o solo e subsolo nacional e impediam a concretização da Reforma Agrária.

De todo modo, o projeto que dessa Comissão adviria trazia em seu arcabouço aspectos inequivocamente conservadores, como a proibição de Reforma Agrária em terras produtivas; a preservação do direito à propriedade rural, exigindo que seu uso estivesse vinculado à função social, mas o direito de propriedade permaneceria intacto; este projeto recusaria ainda foros de transferência de domínio ao ato declaratório de interesse social; garantiria o recurso judicial aos proprietários de terras produtivas; afirmaria o primado da iniciativa privada, a livre empresa e a força motriz do desenvolvimento nacional; permitiria ao Estado intervir na Ordem Econômica, desde que apenas supletivamente, para ajustar atividades que não fossem interessantes aos particulares, ou para impedir ameaças à segurança nacional; garantiria o direito à propriedade urbana, vinculado ao uso social; e afastaria a interferência do Estado quanto à definição do que viria a ser essa função social senão em virtude de lei, reduzindo suas competências.

IX

ORDEM SOCIAL

(P)MDB e o "resgate da justiça social"

O chamado "resgate da dívida social" parece ter conduzido as escolhas de parte dos parlamentares da ANC, que redigiram o texto constitucional atribuindo-lhe características sociais e postergando as decisões que envolveriam o capital por si só, que não estivesse vinculado a qualquer iniciativa popular. O (P)MDB teve considerável parte de responsabilidade na inclusão de vários itens listados na Ordem Social. Ao longo de sua trajetória, o partido oposicionista abordou alguns temas que mais tarde seriam contemplados na Constituinte.

Como ocorrera com as demais Comissões da ANC, a Comissão da Ordem Social se subdividiu em três Subcomissões, que teriam papel relevante nas escolhas e caminhos que seriam trilhados até a Comissão temática. Os temas tratados nessas Subcomissões foram assim divididos:

VII-a: *Subcomissão dos Direitos dos Trabalhadores e Servidores Públicos*;

VII-b: *Subcomissão de Saúde, Seguridade e do Meio Ambiente*;

VII-c: *Subcomissão dos Negros, Populações Indígenas, Pessoas Deficientes e Minorias*.

Os itens a seguir enumeram de modo específico os temas tratados nas Subcomissões e que tiveram relação direta com as propostas (pe)emedebistas, já expostas nesta pesquisa.

Subcomissão dos Trabalhadores

- autoaplicação dos preceitos constitucionais trabalhistas;
- estabilidade no emprego;
- redução da carga horária para 40 horas;
- fim da locação da mão de obra;
- direito de greve;
- intervenção do Estado;

- alimentação dos trabalhadores;
- reajuste automático.

Subcomissão dos Trabalhadores – Servidores Públicos

- livre direito de associação;
- sindicato livre, sem associação ao Governo;
- direito à negociação coletiva e à greve;
- segurança no exercício da profissão, garantia de emprego, sem incorrer em instabilidades políticas;
- profissionalização do servidor público com ingresso através de concurso, por mérito.

Subcomissão da Saúde, Seguridade Social e Meio Ambiente – Saúde

- saúde universal e igualitariamente distribuída pelo Poder Público;
- ações e serviços de saúde são de natureza pública, cabendo ao Estado sua normatização, execução e controle;
- sistema único de saúde integrado, descentralizado, regionalizado, hierarquizado e participativo;
- unificação das instituições nos níveis federal, estadual e municipal;
- participação do setor privado na saúde de forma complementar;
- piso de gastos setoriais;
- recursos humanos reorientados de acordo com os interesses da nova política de saúde;
- desenvolvimento científico-tecnológico;
- produção e distribuição de medicamentos, vacinas, sangue e hemoderivados devem estar subordinadas ao poder público, no resguardo da soberania nacional;
- saúde ocupacional e vigilância sanitária – voltadas para a defesa dos direitos dos trabalhadores e do consumidor.

Subcomissão da Saúde, Seguridade Social e Meio Ambiente – Seguridade Social

- sistema único de Previdência Social e plano de benefícios, mediante contribuição tríplice (governo-empregador-empregado) para

toda pessoa da cidade ou do campo, sem discriminação de sexo, emprego, atividade, profissão ou caráter de relação empregatícia;
- garantia de aposentadoria por tempo de serviço;
- proteção à maternidade;
- Sistema colegiado na administração e fiscalização dos órgãos da Previdência Social, com representação igualitária de governo, trabalhadores (ativos e inativos) e empregadores, livremente indicados por seus órgãos de representação;
- garantia de proventos de inatividade aos trabalhadores de atividades privadas, calculados sempre em função do salário-base de sua contribuição e nunca inferior ao maior salário mínimo vigente no país, com reajustes assegurados nas mesmas épocas e proporções em que for reajustado o salário mínimo;
- proventos da aposentadoria e pensões – inclusive o critério de reajuste – para os funcionários públicos civis e militares;
- fixar critérios básicos de aposentadoria para os trabalhadores de atividades privadas;
- transferência de recursos para instituições de assistência social advinda do Finsocial, da taxação de lucros extraordinários, das grandes heranças de capitais, da circulação comercial dos produtos supérfluos e das remessas de lucros, *royalties* e dividendos para o exterior;
- empregos e melhores salários;
- adoção de Reforma Agrária;
- efetiva distribuição de renda garantidora da consolidação democrática.

Subcomissão dos Negros, Populações Indígenas, Pessoas Deficientes e Minorias

- obrigatoriedade do ensino de história das populações negras;
- educação centrada em observar a luta contra o racismo e a discriminação;
- título de propriedade aos possuidores de terras remanescentes dos quilombos;
- criminalização do preconceito racial;
- ação compensatória à alimentação, ao transporte e ao vestuário para as populações carentes, estabelecida em auxílio suplementar;

- garantia de acesso ao mercado de trabalho, à educação, à saúde e aos demais direitos sociais;
- rompimento de relações diplomáticas com países que praticassem discriminação e violassem a Declaração Universal dos Direitos do Homem.

O (P)MDB teve responsabilidade compartilhada na admissão desses itens. As entidades da sociedade civil peculiares a cada tema fizeram pressão para que alguns dispositivos se tornassem letra constitucional. Esses representantes, em conjunto com alguns constituintes de partidos menores e parte do (P)MDB, endossaram o que viria a ser a nova Ordem Social Constitucional nacional.

9.1 Subcomissões da Ordem Social

Parte dos constituintes mais conservadores alegaram que o Anteprojeto da Subcomissão VII-a se trataria de uma tentativa de transformar o país em uma "República dos sonhos", ao instituir o salário mínimo nacional ou ao prever o direito à alimentação custeado pelo empregador. O grupo ideológico mais à esquerda obteve predominância parcial no relatório da Subcomissão VII-a, resultado obtido sem grandes conflitos. O Relator Mário Lima (PMDB-BA, 1987, p. 9) assim definiu os anseios das pessoas com relação aos trabalhos conclusos: "Há quem diga que nós estamos querendo transformar o País numa república socialista ou até comunista".

As conquistas "à esquerda" estariam muito mais centradas nos aspectos defendidos pelo (P)MDB do que em proposições manifestas por partidos historicamente esquerdistas, como o PCdoB, que, embora possuísse voz ativa, encontrava dificuldades para aprovar todas as medidas que apresentava, tendo por vezes apoiado propostas do (P)MDB para que o Anteprojeto fosse aprovado sem características conservadoras, afastando dispositivos advindos da oposição e da ala peemedebista comprometida com os interesses do capital estrangeiro, desvinculados de valores sociais.

O não reconhecimento das teses esquerdistas em sua totalidade pode ser percebido pelo fato de que os pontos de vista voltados para a valoração do trabalho e do sindicato não teriam sido vitoriosos, embora o resultado tenha sido aceitável pelos parlamentes mais progressistas porque os partidos e os setores de esquerda buscaram consenso nas medidas adotadas, o que foi obtido nas votações majoritárias, inclusive atingindo unanimidade em alguns temas, em um trabalho de concessão de pontos de vista.

Entre as determinações mais progressistas, estavam aquelas empregues em consonância com a I Conferência Nacional da Classe Trabalhadora (Conclat), como os mecanismos de acesso e negociação direta entre empregador e empregado, condição perene exposta pelo (P)MDB em seus programas para dirimir as divergências entre o capital e o trabalho. Representantes da sociedade civil, como o Diap (Departamento Intersindical de Assessoria Parlamentar), sindicatos e representantes de classe, também apresentaram propostas em defesa dos trabalhadores.

A Subcomissão VII-b partiu de uma situação diversa em relação às demais Comissões, porque em termos de Saúde e Seguridade Social havia escassa matéria sobre o tema na Constituição da época e anteriores, já quanto à ecologia, nada existia.

Como ocorreu com a Subcomissão VII-a, a Subcomissão VII-b foi acusada de tentar estatizar a saúde, ao extirpar a esfera privada da prestação de serviços e a renegar a uma esfera complementar. Seria evidente a associação de alguns parlamentares de esquerda às teses desenvolvidas nessa Subcomissão. A unificação do sistema se tornou realidade, mas a atuação da iniciativa privada, seja na saúde ou em relação à Seguridade Social, continuaria a existir, desde que sob fiscalização do Estado. As mudanças que adviriam com a nova Constituição impactariam a sociedade, tendo o próprio Presidente da República a intitulado de "Constituinte da Saúde"[1].

Compareceram às discussões representantes do setor público e privado, entidades vinculadas a hospitais, entidades éticas, setores da previdência estatal e da seguridade privada e sob responsabilidade do Estado. Todos os segmentos se fizeram presentes e contribuíram com depoimentos e subsídios para auxiliar nas escolhas dos parlamentares em relação à saúde pública, que passariam a fazê-las com respaldo técnico. O relatório contemplaria parte das ideias defendidas por essas entidades, como a redemocratização da saúde. O Professor Sérgio Arouca, na ocasião Presidente da Fundação Oswaldo Cruz e Secretário de Saúde do Estado do Rio de Janeiro, foi a principal liderança do movimento pela saúde. Outra figura

[1] Discurso do Presidente Sarney na abertura da VIII Conferência Nacional de Saúde, em março de 1986.

importante, o Ministro da Previdência Social Raphael de Almeida Magalhães (PMDB-RJ), esteve entre as lideranças pensantes do espectro da Seguridade Social.

A Subcomissão atendia reivindicações respaldadas na VIII Conferência Nacional da Saúde, que preconizou o atendimento universal e avançou no tema Seguridade Social, reconhecendo os direitos sociais independente de contribuição tributária e desvinculados da previdência como formato exclusivo. Havia o entendimento de que os cidadãos, como consumidores de produtos que traziam em seu arcabouço o custo da contribuição previdenciária, se tornariam participantes do universo da Seguridade Social.

Já a Previdência Social passaria por transformações que induziriam à descompressão do fardo que oprimia o trabalhador, o que seria alcançado com a democratização administrativa, permitindo que empregadores e empregados participassem ativamente da direção do sistema e abolissem as ameaças quanto à eliminação da aposentadoria por tempo de serviço, possibilitando a superação da discriminação urbano/rural e de privilégios, que seriam suprimidos com a unificação dos regimes públicos. O Anteprojeto contava com a revisão de benefícios entre os anos de 1979 e 1984, com o Cadastro Geral dos Beneficiários, no qual constariam os dados dos trabalhadores, com o controle da evasão de receitas, com a participação de estados e municípios no custeio da Seguridade Social e com a contribuição de empresas sobre o faturamento por receita.

No documento aprovado, a previdência social, a saúde e a assistência social se tornariam parte inarredável da Seguridade Social. Além disso, o financiamento desta compeliria o Poder Público a assumir responsabilidades antes não pensadas. Destarte, há de se considerar que houve avanços nessa Subcomissão que prevaleceria no texto constitucional final aprovado.

O terceiro tema traria à baila o meio ambiente, e com ele a promessa de soberania sobre os recursos naturais do país, os quais teriam sido apropriados por grupos econômicos nacionais e internacionais, com a conivência do Estado.

O deputado Fábio Feldmann (PMDB-SP) foi apontado mais de uma vez por seus pares como principal responsável pelos dispositivos admitidos. O fato de as Constituições anteriores não apresentarem esse dispositivo em sua estrutura temática tornaria bem menos propícia a aprovação desse capítulo por parte dos constituintes. Logo passariam a depositar confiança no deputado-ecologista quanto à estruturação do esboço constitucional que compreenderia o meio ambiente.

Houve intensa participação de representantes do meio ambiente, e Feldmann conseguiu articular o debate entre entidades do meio ambiente e os constituintes, aprovando diversas propostas com sua intermediação. Além disso, a Subcomissão visitou Angra dos Reis (RJ) e Cubatão (SP), ademais de convocar audiências públicas para amparar os debates e pretensas deliberações que adviriam.

A Subcomissão VII-c, por sua vez, foi a única, dentre as estudadas, que não elegeu um Relator peemedebista. Com um Relator do PFL, o deputado Alceni Guerra (PFL-PR) à frente da Subcomissão, o resultado foi um relatório conservador. Aqui, nos deparamos com um PMDB menos ativo do que quando comparado com o PMDB que esteve envolvido com as demais Comissões, demonstrando que o tema ali exposto poderia ser menos significativo do que os demais para o partido, ao aceitar, em uma negociação, renunciar a essa relatoria. O Relator nos dá ainda uma pista de que o teor de seu relatório poderia apresentar-se mais conservador do que progressista quando afirmou que por suas posições defendidas na Subcomissão teria sido transformado "em um passe de mágica" em: "grande industrial, grande pecuarista, latifundiário, e uma série de adjetivos e qualificações que frequentam, normalmente, os currículos distribuídos por *n* entidades nesta Casa" (GUERRA, 1987, p. 11).

As entidades que representam os direitos das minorias tiveram um papel determinante nessa Subcomissão; representantes dos direitos dos negros tentaram convencer os constituintes para que rompessem relações diplomáticas com a África do Sul em função do tratamento dispensado aos negros, que viviam em um sistema de *apartheid*. Embora não conseguissem esse feito, o relatório final da Subcomissão instituiu a incumbência do governo romper relações diplomáticas e comerciais com países que desrespeitassem os direitos constantes na "Declaração Universal dos Direitos do Homem" – vitória parcial admitida nas Comissões, mas não recepcionada pela Comissão de Sistematização.

Dentre os agentes que se mostraram ativos e aprovaram emendas com teor social, estavam Ivo Lech (PMDB-RS), José Carlos Sabóia (PMDB-MA), Benedita da Silva (PT-RJ), Alceni Guerra e Ailton Krenak[2].

Nesse momento, faz-se importante conhecer as reivindicações dos grupos que estiveram presentes durante os trabalhos das Subcomissões.

[2] Líder indígena da étnica krenak e ambientalista.

Representantes da sociedade civil participaram na solenidade da entrega dos Anteprojetos, como o jurista Ulysses Riedel de Rezende (1987, p. 12) pelo Diap, departamento intersindical que apresentou propostas em defesa dos direitos dos trabalhadores, aprovadas pelos sindicatos e confederações nacionais. A defesa dos direitos trabalhistas reivindicava houvesse autoaplicabilidade da lei constitucional, não a transferindo para a esfera infraconstitucional, o que a tornaria programática, já que poderia se tornar "letra morta" na Constituição que adviria. Nesse âmbito, a estabilidade é apontada como crucial para o trabalhador, de modo que este se identificasse com a empresa e se tornasse parte efetiva de seu quadro, o que permitiria o fomento da economia, contrariando a realidade que, ao contrário, submetia o trabalhador à exploração e alta rotatividade da empresa. Outras questões foram apontadas, dentre elas a redução da jornada de trabalho para quarenta horas semanais, o direito de greve, a proibição de intervenção do Estado em empresas estatais e o reajuste automático dos salários.

Representante dos servidores públicos, Arquimedes Pedreira Franco (1987, p. 12-14) apontou a necessidade de se garantir a livre associação do servidor a sindicatos que o representasse, sem vinculação com o Poder Público, o direito à negociação coletiva para introdução da greve quando assim se fizer substancial e o banimento de formas de ingresso que não se resumam no provimento de cargos via concurso público, profissionalizando a categoria servidora. Paulo Nogueira Neto (1987, p. 13) representou a área de meio ambiente e citou o reconhecimento da defesa ao meio ambiente como questão internacional a partir da Conferência de Estocolmo, em 1972. No caso brasileiro, os grandes problemas seriam o desmatamento, a queima de combustíveis fósseis e o uso de produtos industriais como o flúor, o carbono e o cloro, que influenciariam diretamente na coesão da camada de ozônio com a proliferação de dióxido de carbono, o que efetivamente levaria à elevação do nível dos mares, provocando problemas nas regiões costeiras do mundo, além de apontar diversos acidentes provocados por indústrias que teriam provocado a morte de grande número de pessoas. Já o deputado Fábio Feldman (PMDB-SP), como observado, foi indicado como pivô na negociação entre as entidades ambientais e os membros da Subcomissão, conseguindo aprovação de propostas ali debatidas.

No âmbito da saúde, o médico sanitarista Eleutério Rodrigues Neto denunciou o *lócus* acumulativo em que teria se transformado a saúde, que agravou a concentração de renda e serviu apenas para satisfazer os interesses do capital, em detrimento da coletividade. Para reverter o caos que a saúde teria se tornado, fazia-se determinante a atuação estatal, de modo que os interesses particulares fossem afastados pelo fato de que os serviços de saúde seriam de natureza pública, "cabendo ao Estado a sua normalização, execução e controle", realizando assim mudança estrutural ao criar o "sistema único de saúde, integrado, descentralizado, regionalizado, hierarquizado e participativo, com unificação das instituições nos níveis federal, estadual e municipal" (RODRIGUES NETO, 1987, p. 14).

Essa condição, no entanto, não excluiria o setor privado da prestação de serviços, que teria se desenvolvido quase que exclusivamente com recursos provenientes do setor público. Já a produção e distribuição de medicamentos, vacinas, sangues e hemoderivados deveriam ser subordinados ao Estado, de modo a resguardar sua soberania. Nesse momento, circula o Manifesto da Plenária Nacional pela Saúde na Constituinte, criado pelas entidades e movimentos populares que acompanharam os debates na Subcomissão que trataram sobre o tema da saúde. Rodrigues Neto (1987, p. 15) afirmou que o Anteprojeto apresentado à Comissão VII estaria em pleno acordo com as metas defendidas pelas entidades sociais no debate público.

Obed Vargas (1987, p. 15) representou o setor de Seguridade Social como Presidente da Confederação Brasileira de Aposentados e assim resumiu os pontos defendidos na Subcomissão VII-b: sistema único de previdência social mediante contribuição tríplice, governo-empregador-empregado, universalizando seu atendimento ao incluir também as atividades exercidas no campo sem discriminar a relação empregatícia que ali se consolidaria; garantia de aposentadoria por tempo de serviço e invalidez, auxílio-doença, maternidade e proteção contra as consequências advindas com a velhice e morte; criação de um sistema administrativo e fiscalizador acomodando representantes do governo, trabalhadores e empregadores. Na ocasião, o maior contribuinte seria na verdade o empregado, que contribuía com parte de seu salário, além de efetivar o pagamento de tributos através do consumo quando repassados pelo empresário ao consumidor e de pagar à União taxas e tributos previdenciários.

O cálculo previdenciário deveria considerar sempre o salário-base da função, sem que se tornasse inferior ao salário mínimo vigente, sendo reajustado no mesmo período de reajuste salarial nacional, direitos já garantidos pelos servidores públicos, mas que ainda se mostrava alheio à prática de atividades privadas. Dever-se-ia ainda afastar a Seguridade Social de ações que a interpretassem como instituição beneficente, visto que, as mazelas da miséria absoluta deveriam ser revertidas com recursos distribuídos pelo Estado, e não com o "sequestro" de proventos dos trabalhadores. Por isso, esse setor advogaria a separação da LBA (Legião Brasileira de Assistência), Funabem (Fundação Nacional do Bem-Estar do Menor), Fundação Abrigo Cristo Redentor e demais instituições, de modo a evitar a dispersão de recursos. Esses setores poderiam ser atendidos com a taxação de lucros, de heranças de capitais, de circulação de produtos supérfluos e com a remessa de lucros, *royalties* e dividendos para o exterior.

Por fim, o representante dos direitos dos negros, Carlos Moura (1987, p. 16) mencionou a inclusão no relatório da obrigatoriedade do ensino de história das populações negras nas escolas e a garantia do título de propriedade aos possuidores de terras remanescentes dos quilombos. Outro ponto seria o rompimento de relações diplomáticas com países que praticassem racismo e discriminação aos negros e com países que violassem a Declaração Universal dos Direitos do Homem. Esse discurso coincidiu com a distribuição de um documento aos membros da Comissão, o qual solicitava o rompimento de relações diplomáticas com a África do Sul, reivindicação do movimento negro.

9.2 Comissão da Ordem Social

Em suas votações, a Comissão da Ordem Social se destacou pelas tentativas de acordo entre as diferentes propostas dos seus integrantes. Os parlamentares faziam pressão pela retirada de emendas para que houvesse consenso, e as emendas somente eram votadas quando havia mais de uma sobre o mesmo tema; mesmo aquelas que obtiveram votação unânime favorável nas Subcomissões correspondentes não conseguiam aprovação na Comissão da Ordem Social caso não houvesse propostas semelhantes. Do mesmo modo, propostas encaminhadas por constituintes ausentes, ou que não fossem membros da Comissão e que não tivessem parlamentares presentes para defender o seu teor, eram retiradas pelo Presidente da Mesa. A busca por consenso tentava evitar desentendimentos como o que ocorrera na Subcomissão da Reforma Agrária, que impedira acordo entre as partes. Embora a maioria prezasse pelo acordo, a polarização não deixou de estar presente nas votações que se seguiram nessa Comissão.

A sociedade civil representada por entidades e instituições vinculadas a vários segmentos estiveram presentes nas reuniões que se seguiram nas Subcomissões e Comissões, dentre elas compareceram os empresários defensores do capital estrangeiro e do sistema especulativo, que lançaram manifestos contrários aos resultados que vinham sendo empregues nos Anteprojetos, os entregando à ANC em busca de assegurar a livre-iniciativa. Alguns peemedebistas, como Luís Roberto Ponte (1987, p. 103), que mais tarde comporia o *Centrão*, opôs-se de modo veemente aos Anteprojetos que advieram das Subcomissões, tratando-os como retrocesso em relação ao objetivo para o qual se propunham os parlamentares, ao se reunirem para traçar o modelo constitucional.

O PMDB, em conjunto com o PFL, realizou a distribuição dos cargos entre os partidos minoritários e, após cumprida essa fase, efetivaram a distribuição dos principais cargos entre os partidos majoritários, ficando o PMDB com todas as relatorias existentes nas Comissões Temáticas. Mas havia outros parlamentares, do mesmo partido, que pleiteavam a desejada incumbência de redigir o Anteprojeto Constitucional e, com isso, explicitar determinados interesses que poderiam, porventura ou infortúnio, expressar a nova ordem que seria imposta à sociedade. Nesse âmbito, inicia-se a disputa, sob o pretexto do uso de métodos democráticos para a escolha do principal cargo a ser exercido, que não necessariamente condizia com o RI votado em Plenário. Dentre tais questionamentos, estaria a escolha do Relator através de votação na comissão correspondente, e não por escolha do Presidente da Mesa, como previa o RI. Dentre seus requerentes, estavam o senador Mansueto de Lavor (PMDB/PE), que foi escolhido pela liderança de seu partido para o cargo de vice-presidente, mas que renunciou a essa colocação por almejar tornar-se Relator. Outros membros insatisfeitos eram o deputado Domingos Leonelli (PMDB-BA) (1987b, p. 4), que tencionava tornar-se Presidente da Comissão e, segundo se dizia, contava com o apoio da Contag, do Diap e de entidades indígenas. O senador Almir Gabriel (PMDB/PA), que fora escolhido relator dessa Comissão, gostaria na realidade de exercer a função apenas de Relator da Subcomissão de Saúde, Seguridade e do Meio Ambiente.

A Comissão da Ordem Social pressupunha elevada amplitude temática, se considerarmos que era responsável pelo recebimento e sistematização de Anteprojetos que posteriormente seriam consolidados em leis, que abrangeriam importantes temas, desde a Seguridade Social, passando pela preservação dos recursos naturais e do patrimônio artístico e cultural, pelo respeito à diversidade de raças e incorporação dos deficientes ao sistema de produção, importando na inclusão das minorias, até a Reforma Agrária.

O deputado Eduardo Jorge (PT-SP) fez algumas proposições indicando que tentaria lutar contra a "ditadura do relator", ao propor mudar o quórum regimental. Seguindo o estabelecido pelo RI da ANC, as reuniões deveriam ocorrer mesmo que estivessem presentes apenas quatro integrantes, considerando um universo de 63 membros. Como membro do PT, Eduardo Jorge demonstrava opor-se às relatorias peemedebistas.

O relatório substitutivo aos Anteprojetos das Subcomissões apresentado por Almir Gabriel (1987, p. 92) foi denominado de "progressista" pelo deputado Elias Murad (PTB-MG) (1987, p. 93); seu discurso demonstrava que não compactuava com forças conservadoras, que por vezes aderiram a preceitos pessoais ou eram voltados para os interesses do capital, o que se depreende quando o Relator afasta as formas paternalistas de Governo que retribuem através de meios que não sejam remuneratórios ou mesmo quando defende que o financiamento da Seguridade Social demanda a taxação da riqueza e do lucro, de modo a permitir que a vantagem especial obtida por alguns grupos "volte-se, principalmente, para aqueles que são menos afortunados e, assim, estaremos fazendo um novo modelo de desenvolvimento social deste País" (GABRIEL, 1987, p. 92).

A autonomia dos dispositivos apresentados permitia a aplicação imediata da lei a partir de sua promulgação sem recorrer a leis intermediárias, infraconstitucionais (THAME/PFL-SP, 1987, p. 92). É possível ainda observar que o relatório praticamente equipara servidores civis e militares, o que seria um grande avanço, segundo o deputado Eduardo Jorge (1987, p. 93). Ainda assim, a ausência de alguns dispositivos mais progressistas admitidos nos Anteprojetos das Subcomissões foi observada por membros da Comissão, que apoiaram a aprovação do relatório do Relator, mas apontando ressalvas que estariam dispostas com a formulação de emendas e destaques, antecedendo a votação em Plenário. Dentre esses parlamentares, os deputados Eduardo Jorge, Francisco Küster (PMDB-SC) e Elias Murad indicaram ressalvas no documento, que teriam sido suprimidas dos relatórios originários das Subcomissões:

- garantia de estabilidade do trabalhador;
- total integração das domésticas ao trabalho;
- recomposição da aposentadoria, do FGTS e do salário-família;
- salário como renda até certo nível e reajuste mensal;
- questão de salário máximo do servidor;

- financiamento e estrutura própria na saúde[3].

Os parlamentares mencionados inovaram praticamente ao vincular à Seguridade Social, havendo mesmo o risco futuro, caso o relatório fosse aprovado, de que o Ministério da Saúde fosse acoplado ao Ministério da Seguridade Social (Superministério da Seguridade), tendo a saúde como um de seus departamentos (JORGE, 1987; MURAD, 1987, p. 92-93).

As sessões transcorreram sem maiores atritos; os debates compreenderam desde temas pertinentes até questões menos valorativas, como ao considerar manter ou retirar o termo "decente" para garantia de vestuário ("vestuário decente"), chegando mesmo a haver unanimidade de votos em matéria que poderiam suscitar grandes debates, como no art. 1º do substitutivo (BRASIL, 1987g, p. 2), no qual o deputado Domingos Leonelli (1987b, p. 97-98) apresentou emenda em que altera o termo "dever social do trabalho", qualificando-o como direito e o vinculando diretamente à ideia de emprego com justa remuneração, inclusive assegurado com estabilidade, ao permitir a dispensa do empregado apenas mediante causa justificada. Algumas questões, no entanto, demonstraram a existência de dois lados opostos, que traziam no arcabouço de suas defesas interesses condicionantes. Abaixo, seguem os temas que fomentaram diferentes posições e enfrentamentos de ideologias.

9.2.1 *Dos trabalhadores*

No âmbito da Comissão da Ordem Social, alguns integrantes da Subcomissão VII-a tentaram reduzir a diferença existente entre os gêneros no trabalho, definindo previamente que os direitos seriam direcionados aos "trabalhadores e trabalhadoras" e incluindo donas de casa e camponesas dentre os agentes detentores de direito previdenciário. O *caput* do art. 2º (1987g, p. 111) suscitou debate quanto à alocação de quais profissões deveriam ser consideradas dentre aquelas que engendram contrato e relação de trabalho com o empregador. Nesse âmbito, cogitou-se incluir a dona de casa, a empregada doméstica, a trabalhadora rural e mesmo a menção aos dois sexos: "trabalhadores e trabalhadoras" (CÂNDIDO, 1987b, p. 112), de modo que ambos constassem no dispositivo, não discriminando

[3] O relatório da Subcomissão VII-b contemplava a transferência de 10% do PIB para a área da saúde.

o trabalho feminino, além de incluir na discussão um tema polêmico: o direito previdenciário da dona de casa.

O debate se alicerçou em questões morais e mesmo parlamentares "de esquerda", como Edmilson Valentim (PCdoB-RJ) (1987, p. 99-100), questionaram a inclusão da empregada doméstica entre as profissões que se tornariam estáveis. Dada sua condição de parte integrante da vida familiar, o contratante poderia tentar romper com o contrato de trabalho e demiti-la mediante práticas não condizentes com sua expectativa – logo, a estabilidade funcionaria como um empecilho para sua remoção do emprego. A discussão entre os pares levaria o petista Paulo Paim (PT-RS) (1987, p. 101) a discordar do ponto de vista de seu antecessor no Plenário e apontar que as profissões deveriam ter o mesmo tratamento, não sendo factível apoiar-se em atos discriminatórios para alicerçar as leis trabalhistas.

Embora o PMDB não tenha realizado menção à inclusão do direito previdenciário das donas de casa, a extensão dos direitos trabalhistas às mulheres e o reconhecimento da carga dupla praticada por elas foi expresso nos programas do partido. Há de se mencionar, no entanto, que a emenda proposta para mudança do relatório quanto à distinção dos sexos, por acreditar que a universalização exclui, partiu do PDS e que o Relator, peemedebista, não consentiu com a alteração do texto.

Ainda que o PMDB não tenha se aprofundado nessa questão, os direitos da "mulher trabalhadora" já estariam em debate desde 1978, quando o MDB (1978, p. 38) se opôs à prática de pagamento salarial inferior às mulheres, em comparação ao salário recebido pelos homens e instituiu como bandeira o direito de assistência às crianças através de creches para que a mães exercessem atividades laborais. No entanto, o partido não abordaria o direito previdenciário da dona de casa ou da mulher camponesa, tema ainda muito avançado para a época na qual a previdência estaria diretamente relacionada com a contribuição advinda do salário recebido pelo empregado.

Na Comissão da Ordem Social, solicitou-se ainda a supressão à menção dos servidores públicos que constaria nos dispositivos voltados aos direitos trabalhistas, por haver legislação dedicada especificamente a eles, mas o Relator, por sua vez, manifestou a importância de constar nesses artigos todos aqueles que possuíam relação de trabalho, de modo que os itens seguintes, parágrafos ou incisos, não necessitem ser repetidos em sessões posteriores. Assim, a alteração proposta pelo deputado Horácio Ferraz (PFL-PE) foi rejeitada por unanimidade.

O reconhecimento de que os servidores públicos deveriam usufruir de direitos trabalhistas, expresso pelo Relator Almir Gabriel, convergiria com a proposta programática do (P)MDB, que, ao longo dos anos, defendeu os interesses dos funcionários públicos por se tratar de categoria diretamente afetada pelas restrições salariais que não compatibilizariam o desempenho da função pública com a legitimidade dos direitos (MDB, 1978, p. 36-37).

Outros temas estiveram em voga no âmbito trabalhista; dentre eles, a unicidade sindical. O deputado Geraldo Alckmin (PMDB-SP) (1987, p. 94) mencionou a contradição existente entre o art. 5º do Anteprojeto e a alínea *a* deste mesmo artigo. Enquanto o artigo tratava da livre organização, constituição e administração das entidades sociais, a alínea *a* seguinte estabeleceria a proibição de se instituir mais de uma organização representativa de categoria profissional ou econômica em cada base territorial. Com isso, Alckmin tentava demonstrar a contradição intrínseca que acredita existir na ideia de unicidade sindical.

No que se refere ao salário mínimo, os argumentos contrários à sua instituição estariam no fato de que as regiões do país são díspares, o que inviabilizaria o pagamento de salários mais elevados em regiões mais pobres. Contrariando essa ideia, os oposicionistas mais progressistas aduziam o fato de que exatamente nessas regiões que apresentam problemas de abastecimento por crise de produção ou desorganização da economia, o custo de vida seria mais elevado do que em regiões desenvolvidas, logo, justificaria os salários mais elevados.

Como fonte de proteção aos trabalhadores, Jorge Uequed (PMDB-RS) (1987, p. 99) expôs a necessidade de adoção do seguro-desemprego como órgão estatal vinculado à União e administrado paritariamente pela União, trabalhadores e empresários. A paridade de representação entre trabalhadores e empregadores seria ainda garantida onde estivessem envoltos interesses profissionais e previdenciários dos trabalhadores, como nos órgãos administrativos e judiciários, instituições da administração direta ou indireta e conselhos e diretorias de empresas e concessionárias de serviços públicos (LEONELLI, 1987b, p. 99). Ambos os instrumentos trabalhistas, objetos de discussão e defesa por peemedebistas, seriam admitidos na Constituição Federal.

A discussão em torno da jornada de trabalho opôs parlamentares quanto à carga horária semanal a ser aplicada ao trabalhador. O deputado Luís Ponte, defensor da iniciativa privada e membro do *Centrão*, relatou que operários contratados por ele na construção civil se oporiam à jornada de 48 horas semanais (a votação compreenderia quarenta horas semanais), porque o fato de receberem baixos salários os impeliria a trabalhar mais, por mais horas consecutivas, estando a produção diretamente associada ao trabalho:

> Nós só temos uma maneira de dar comida para as pessoas, é fazer os alimentos, produzir; nós só vamos dar teto se nós fizermos as casas; nós só vamos dar roupas se produzirmos as roupas; e isso só se faz com trabalho, não há outra maneira (PONTE, 1987, p. 103).

Para ele, o mercado seria o regulador do produto final e, consequentemente, determinaria as horas de trabalho empregatícias.

9.2.2 *Emprego e estabilidade*

O tema mais discutido nessa Comissão foi a estabilidade no emprego. Parte dos constituintes, em seus relatos, afirmaram que tentaram acordos extraoficiais, de modo a tentar obter um consenso quanto ao que seria expresso no ordenamento jurídico. Várias emendas[4] foram interpostas pelos parlamentares, demonstrando a dificuldade de se estabelecer concordância nos debates que ocorreram nos bastidores[5].

O primeiro discurso foi proferido pelo senador Ronan Tito (PMDB-MG) (1987, p. 115), clamando pela última tentativa de acordo e utilizando como instrumento a ideia contida em discursos anteriores de parlamentares que

---

[4] Emenda supressiva de autoria do constituinte Nilson Gibson, nº 440-3; emendas substitutivas de autoria do constituinte Juarez Antunes, nº 364-4; constituinte Mansueto de Lavor, com pedido de destaque do constituinte Antônio Carlos Mendes Thame, nº 394-6; constituinte Augusto Carvalho, nº 1.386-1; constituinte João da Mata, nº 734-8, com pedido de destaque pelo constituinte Dionísio Dal-Prá; e constituinte Paulo Paim, nº 680-5; emendas modificativas de autoria do constituinte Mendes Botelho, nº 495-1; constituinte Francisco Carneiro, nº 168-4; constituinte Eduardo Jorge, nº 1.282; constituinte Domingos Leonelli, nº 953-7; constituinte Juarez Antunes, nº 123-4; constituinte Juarez Antunes, nº 0095-5; constituinte Francisco Küster, nº 332-6; e constituinte Israel Pinheiro, nº 1.420-4; emenda aditiva de autoria do constituinte Juarez Antunes, nº 110-2.

[5] O senador Ronan Tito (PMDB-MG) e os deputados Jorge Uequed, Osvaldo Bender (PDS-RS), Edmilson Valentim e Domingos Leonelli confirmaram em Plenário que esse tema teria sido debatido ao longo de todo o dia, em vias de tentar atender o capital e o trabalho de forma simultânea.

teriam solicitado à Mesa maior agilidade para sintetizar os trabalhos, o senador solicitou que os demais membros retirassem suas emendas e concordassem com uma mudança sutil ao término da alínea *d* contida no art. 2º, I, em que constaria que o trabalho do empregado deveria ser estável, tendo como ressalva a "superveniência de fato econômico, intransponível, técnico ou de infortúnio da empresa, sujeito à comprovação judicial, sob pena de reintegração ou indenização a critério do empregado" (BRASIL, 1987g, p. 115), este último termo, "empregado", deveria ser alterado para "juiz", votando com o Relator, portanto, mas mudando o mantenedor do critério último quanto à reintegração e indenização do trabalhador.

Propostas mais progressistas defendiam a continuidade do Fundo de Garantia simultaneamente à garantia de estabilidade, redistribuição de renda com remuneração justa e maior indenização que poderia ser admitida no aviso prévio, que passaria a noventa dias e não mais trinta, ou mesmo elevando a indenização a cada mês trabalhado (VALENTIM, 1987, p. 116), ou, ainda, como mencionou o deputado Domingos Leonelli (1987b, p. 117), introduzindo apenas duas palavras nesta alínea: "estabilidade no emprego, e ponto". Na Subcomissão VII-a, a proposta aprovada pela maioria dos membros consagraria a estabilidade no emprego, sendo facultado o contrato de experiência de noventa dias, com ressalva às faltas graves comprovadas em juízo, proposições seguidas praticamente sem alterações pelo Relator no relatório substitutivo apresentado. Mediante as dificuldades de se estabelecer entendimentos concordantes e reconhecendo a necessidade de se implantar e consolidar os princípios que envolveriam a Ordem Social, sem o impedimento do desentendimento que teria inclusive deixado lacunas em outras Comissões, como na Subcomissão da Política Agrícola e Fundiária e Reforma Agrária, na Ordem Econômica, em que o impasse deturpou qualquer tentativa de concórdia, alguns parlamentares pediram a aprovação dos demais ao texto do Relator, como o fez o deputado Mário Lima (PMDB-BA) (1987, p. 117), ao citar que a estabilidade contida no documento não seria "*a* ótima", mas "*a boa*" e plausível para o momento, considerando inclusive que o Parlamento, com 559 membros, provavelmente não aprovaria textos mais radicais que o apresentado.

Um ponto relevante se mostrou no discurso do deputado João Cunha (PMDB-SP), ao se opor à emenda do deputado Nilson Gibson (PMDB-PE), que praticamente extinguia o dispositivo de estabilidade contido no relatório do Relator. Em seu relato, tentou clarear que tal proposta não representava o (P)MDB e que proposições conflitantes com o ideário emedebista advinham de sujeitos que estiveram interligados ao conservadorismo antes de adentrar o partido, em sua explicação:

> Eu gostaria que tantos quantos puderam vir de longe soubessem que o PMDB, instrumento da luta do povo brasileiro contra a ditadura de duas décadas, incorporou ao seu seio os que militaram na ditadura, apoiaram escandalosamente a ditadura e, com isso, participaram do processo de violação dos direitos dos trabalhadores brasileiros, da violação da soberania nacional, do comprometimento externo da Nação brasileira. Neste sentido, a proposta do constituinte Nilson Gibson é muito mais de quem veio ungido pelo cheiro e pelo bafo da ditadura. Evidentemente, o PMDB não é isso, embora S. Ex.ª esteja no PMDB hoje (CUNHA, 1987, p. 117).

A bandeira do (P)MDB pela estabilidade no emprego também foi colocada à prova por outros parlamentares, como a deputada Wilma Maia (PDS-RN), que desafiou o partido a dar continuidade aos seus ideais quando ainda não participavam do governo: "chegou a hora de o PMDB mostrar que realmente a sua postura é a mesma", vendo na estabilidade do emprego a chave para a distribuição de renda e justiça social, por décadas defesas empreendidas pelos emedebistas (MAIA, 1987, p. 119). O senador Mansueto de Lavor reitera o apelo feito pela deputada supracitada e faz menção às lutas democráticas e resistência do (P)MDB contra a ditadura, recusando-se a acreditar que tal partido tenha entre os seus filiados parlamentares que votem contrariamente à estabilidade possível, que seria aquela expressa no texto do Relator, em suas palavras: "Temos que votar no (P)MDB da resistência, e não no PMDB de Nilson Gibson" (LAVOR, 1987, p. 120). O deputado Carlos Mosconi (PMDB-MG) (1987, p. 120-121) segue o discurso dos antecessores e acusa a elaboração de Anteprojetos retrógrados em outras Comissões por conta da "participação negativa" de parte do PMDB.

O (P)MDB (MDB, 1978, p. 63-65; PMDB, 1982, p. 30) argumentava que a instituição do FGTS teria sido cruel para com os trabalhadores, por promover a alta rotatividade da mão de obra, já que o empregador não precisava mais desembolsar altos valores ao dispensar o empregado, bastava o depósito de uma contribuição mensal junto ao Banco da Caixa Econômica Federal; logo, era possível demitir o empregado e contratar mais funcionários pós-dissídio com salários mais baixos.

A desaceleração do crescimento econômico teria se tornado uma agravante para o mercado de trabalho ao permitir a redução da abertura de novas vagas de emprego, assim, a mão de obra recém dispensada e a jovem ingressante eram instigadas a aceitar o rebaixamento de salário promovido pelo novo ciclo que adviria com o FGTS. Anteriormente à criação do FGTS, as empresas eram obrigadas a pagar uma indenização aos trabalhadores que correspondia a um salário por ano de serviço, ou seja, pouco mais de 8% do salário anual do trabalhador, constituindo, assim, um Fundo de Indenizações Trabalhistas. Para introduzir no sistema o FGTS, o Governo extinguiu vários outros impostos vinculados ao trabalhador, que chegavam a 6% da folha salarial, o que efetivamente teria elevado os gastos do empregador em apenas 2%. Do ponto de vista do trabalhador, a introdução do FGTS teria sido lesiva por extinguir a estabilidade na empresa, já que, ao completar dez anos de efetivos trabalhos prestados, o empregado se tornava estável, o que vinculava o empregador a pagar uma espécie de multa ao funcionário no caso da dispensa sem justa causa. O valor devido ao empregado corresponderia ao dobro da indenização devida pela dispensa. Ainda antes de completar os dez anos de atividade, o fato de a empresa ter que arcar com a indenização no ato da dispensa do funcionário funcionava como um freio à rotatividade da mão de obra.

O PMDB (1982, p. iii) interligava a distribuição de renda com o fim da rotatividade, que permitia às empresas rebaixar os salários de base. A compressão dos salários teria induzido as empresas a estabelecer crescentes diferenciações de remuneração, aumentando os desníveis entre os trabalhadores qualificados e os trabalhadores sem qualificação (PMDB, 1982, p. 27). De todo modo, embora tenha sido atribuído ao FGTS um valor aviltante, o (P)MDB (1982, p. 25) não defendia sua extinção, mas sim a instituição de mudanças em seus dispositivos para garantir estabilidade no emprego. Segundo o partido:

> É preciso estabelecer uma legislação que assegure a verdadeira estabilidade, que não é incompatível com o Fundo de Garantia. Trata-se, portanto, de suprimir os dispositivos do FGTS que facilitam a dispensa injustificada, substituindo-nos por outros que, ao contrário, a dificultem (PMDB, 1982, p. 30).

Manter o FGTS se tornara importante por se transformar em instrumento de garantia de que o empregado receberia os valores a ele devidos em casos de falência da empresa para a qual presta serviços. A prática da rotatividade ocorria deliberadamente nas grandes empresas de capital monopolista, mas, diversamente, as micro e pequenas empresas viabilizavam uma espécie de estabilidade natural no que se refere aos setores dependentes de colaboração entre o capital e o trabalho para garantir sobrevivência.

A tentativa de instituir estabilidade por um curto prazo, como ocorreria com a experiência de noventa dias contratual, para alguns proponentes como Ruy Nedel (PMDB-RS) (1987, p. 93), seria danoso ao empregado por não se tratar de garantia efetiva, a qual somente seria alcançada mediante acordos que admitissem minimamente um ano de contrato trabalhista.

As consequências que adviriam com a aprovação da estabilidade do emprego mostrar-se-iam danosas para a facção mais conservadora, que, embora não tenha se revelado em plenitude nessa Comissão para explicitar seus anseios, o próprio deputado Nilson Gibson não esteve presente para defender a supressão do instituto de estabilidade no relatório substitutivo. As consequências estariam alicerçadas no provável desestímulo à iniciativa privada e à entrada de capital estrangeiro no país, como apontara o deputado Augusto Carvalho (PCB-DF), ao esclarecer que o problema não estaria nas empresas nacionais:

> [...] são as multinacionais, os grandes conglomerados financeiros, que querem derrubar esse instituto da estabilidade no emprego. Não são as pequenas e médias empresas que vão ser inviabilizadas, porque inviabilizadas já estão há muito (CARVALHO, 1987, p. 118).

O único contraponto mais incisivo surgiu do deputado José Lourenço (1987, p. 120), que defendeu o instituto do seguro-desemprego em substituição à estabilidade do emprego. O senador Mansueto de Lavor (1987, p. 120) lembra que a eliminação da estabilidade do emprego durante o período militar teria sido negociada por Roberto Campos, então Ministro do Planejamento de Castello Branco, com o capital estrangeiro e nacional por terem apoiado o golpe militar, tendo o Ministério do Trabalho, inclusive, ficado a par do fim da estabilidade através dos jornais.

O Presidente da Mesa se limitava a solicitar silêncio durante as votações e ameaçar esvaziar o Plenário após o discurso do líder do PFL José Lourenço – único que se atreveu a opor-se ao instituto da estabilidade – os demais se manifestaram favoráveis, como Vasco Alves (PMDB-ES) (1987, p. 158-159):

> [...] eu só queria lembrar a S. Ex. que vamos hoje resgatar, em nome do PMDB, este compromisso histórico com a classe trabalhadora, instituindo a estabilidade no emprego que lhe foi tirada pelo golpe militar de 1964. Quero apenas que S. Ex. cobre dos seus companheiros de Partido quando esta questão for levada ao Plenário da Assembleia Nacional Constituinte, que cobre dos seus companheiros de Partido que votem assegurando à classe trabalhadora a estabilidade no emprego, porque hoje aqui, a maioria do meu Partido, vai garantir a estabilidade no emprego em nível da Comissão da Ordem Social.

Mas o ponto principal é que, divergindo comparativamente à Comissão da Ordem Econômica e suas Subcomissões, as decisões tomadas na Comissão da Ordem Social parecem obter maior concordância entre as partes, e, quando não havia essa concordância, os grupos se movimentam em prol de afunilar acordos, exercendo certa pressão, de modo que se obtenha quase unanimidade nas questões. Quando essa pressão não foi exercida, ou seja, quando não havia grupos coesos, parece haver maior disparidade na votação, chegando quase a igualar os votos entre os dois lados que se opunham, como ocorreu durante a exposição da ideia de não discriminação, que computou 33 votos favoráveis à troca do termo "identidade sexual" por "orientação sexual", contra 25 votos contrários, tema bastante controverso em um palco conservador como naquele Congresso Nacional, mas que possuía mais de uma emenda com a mesma defesa – o que pode ter beneficiado na construção de maioria no pleito.

Por outro lado, durante a exposição do *caput* do artigo que definiria os direitos do trabalhador, o deputado Paulo Paim insiste em manter o termo "independente de lei", vinculando a execução da lei a sua aplicação imediata. O fato de essa emenda ter obtido aprovação unânime na Subcomissão VII-a provocou certa pressão por sua aprovação na Comissão também, além de seu propositor tratar-se de um parlamentar com longa trajetória em meios sindicais, conhecedor profundo da matéria. Esses fatores, no entanto, não salvaram a emenda da rejeição: foram 33 votos contrários à aprovação da emenda, contra 30 votos favoráveis.

Assim, a divisão entre conservadores e progressistas parece não ter submetido os trabalhos de forma polarizada como ocorreu nas Subcomissões da Ordem Econômica, e as tentativas por radicalizar, para qual lado seja, acabaram impedidas pela pressão dos grupos que perseguiam o acordo.

9.2.3 *Servidores públicos*

Algumas questões foram apontadas na reunião que tratou sobre o tema servidores públicos. Dentre elas, estava a forma de ingresso do servidor. O uso de títulos em concursos foi tratado por Adylson Motta (PDS-RS) como o divisor entre classes, pelas dificuldades de obter grande gama de especializações por aqueles que não pertencessem a classes mais abastadas. Elias Murad (1987, p. 128), por sua vez, defendia o uso de títulos por se tratar de uma opção de ingresso, em conjunto com a consecução de provas, se mostrando imprescindível para algumas profissões, como seria o caso dos professores, para diferenciar profissionais qualificados de auxiliares de ensino.

Inserir o servidor público no sistema único de seguridade nacional ainda seria uma incógnita entre os parlamentares, por não estar evidente como se daria a contribuição e aposentadoria desses trabalhadores (UEQUED, 1987, p. 133).

9.2.4 *Saúde, seguridade social e meio ambiente*

Dentre os temas abordados na Comissão da Ordem Social, um dos mais conturbados envolveu a saúde e a expectativa de sua estatização. A justificativa para inviabilizar o relatório era a ineficiência do Estado, estando apto a assumir apenas a medicina preventiva (BOTELHO/PTB-SP, 1987, p. 134). Na ocasião, os hospitais eram representados em 80% pela iniciativa privada, portanto, o setor público, segundo Oswaldo Almeida (1987, p. 137), seria incapaz de concorrer com a iniciativa privada na oferta de serviços para atendimento ao cidadão, o que tornava inconveniente transformar a assistência médica privada em colaboradora temporária ou desapropriar os serviços de saúde (LEÃO/PMDB-PR, 1987, p. 140).

Os arts. 4º, § 1º, e 6º do Anteprojeto asseguravam o livre exercício da atividade liberal, o que levaria alguns parlamentares a acreditar que a saúde não seria alvo de estatização[6].

Os parlamentares que defendiam um projeto mais progressista do que aquele apresentado pelo Relator acabaram por se render à proposição firmada pelos partidos:

---

[6] Guerra (PFL-PR); Jorge (PT-SP); Costa (PMDB-MG); Motta (PDS-RS); Sabóia (PMDB-MA); Murad (PTB-MG), 1987, p. 133-141.

> Ao se votar este projeto, eu estou reconhecendo que não conseguimos condições políticas de chegar a este processo (estatização). Estamos caminhando juntos com esta proposta aqui, que é uma proposta de unidade de vários partidos (JORGE, 1987, p. 135).

Do mesmo modo, Sabóia não teria percebido o viés estatizante na proposta, que teria o mesmo esboço do projeto educacional, interrompendo a transferência de verbas do Estado para o setor privado e interrompendo subvenção e incentivo fiscal por parte do Poder Público.

O impedimento da exploração direta ou indireta por parte de empresas e capital de procedência estrangeira no serviço de assistência à saúde foi louvado por constituintes defensores do desenvolvimento interno, como Benedita da Silva e Elias Murad (1987, p. 36), que apreciariam a interferência do capital estrangeiro apenas em setores nos quais o Brasil se mostrasse deficitário, o que não seria o caso da saúde, ou Adylson Motta (1987, p. 141), que alegou ser contra a estatização, mas favorável à nacionalização, em defesa à livre-iniciativa, mas contra as multinacionais. Observou-se também a dificuldade de se estabelecer soberania do Estado caso não ocorresse a proibição de pesquisas na área farmacêutica e de química fina por empresas estrangeiras.

O PIB como referência para o financiamento na saúde seria um problema para alguns parlamentares. Para Eduardo Jorge, o gasto com saúde seria o triplo do valor do PIB; Alceni Guerra (1987, p. 135), por sua vez, acreditava haver dificuldades para aferir corretamente o PIB, por isso, sugeria separar o PIB do financiamento da saúde, considerando arrecadação, esta sim mensurável, seguindo como exemplo o financiamento na educação.

Alguns temas suscitaram menor debate entre os parlamentares, dentre tais temas estaria a autorização de se realizarem propagandas que alertariam para os malefícios do uso do álcool e cigarros. Muitos projetos sob essa temática teriam sido "engavetados" nas legislaturas anteriores (LEÃO, 1987, p. 140). Os parlamentares que colocaram empecilhos para a votação dessa proposta apontavam o fato de que se trataria de matéria infraconstitucional, como também o seria a matéria que tratasse da eutanásia (COSTA/PMDB-MG, 1987, p. 138). O transplante de órgãos esteve entre os temas debatidos, e um dos discursos que chamaria a atenção foi justamente do deputado Hélio Costa, que teria mencionado não se satisfazer com o uso da palavra "proibido", sugerindo por isso trocar esse termo e a ideia embutida no dispositivo, como a regulamentação para utilização de órgãos e tecidos humanos: "Não que alguém esteja pretendendo evitar que no futuro não se possa vender um órgão ou outro, quero apenas garantir o direito de que o transplante de órgãos não seja sacrificado" (COSTA, 1987, p. 138).

No âmbito ecológico, o relatório produzido apresentou aspectos de legislação moderna (SABÓIA, 1987, p. 143), ao disciplinar o controle do uso do meio ambiente, inibir a depredação e a poluição e traçar normas positivas para preservar os recursos naturais e autoaplicáveis para punir entidades e indivíduos que agissem ilicitamente quanto à normatização ecológica (JORGE, 1987, p. 134).

9.2.5 *Questão indígena*

A discussão em torno da formação pluriétnica brasileira foi tema de debate entre os parlamentares, que defendiam, através das Emendas nº 398-9, 1.440-9; 1.212-3 (BRASIL, 1987h, p. 272-319), a exclusão do art. 1º, V, do Anteprojeto, no qual constava o reconhecimento das formas de organização, próprias das nações indígenas. Os argumentos contrários se pautavam na ideia de que tal definição inibiria a formação do tipo brasileiro que ainda estaria em desenvolvimento, além de não contribuir para a integração entre seus membros. O deputado Dionísio Dal-Prá (PFL-PR) (1987, p. 100) chega a mencionar o risco da legitimidade garantida através da lei à formação indígena em território nacional: "Trata-se, por outro lado, de um grave risco a ser assumido, proporcionando, por exemplo, a oportunidade da formação de, inclusive, dentro do território nacional".

Constituintes contrários a esse posicionamento, como os deputados José Carlos Sabóia, grande articulador dos interesses das populações indígenas, Fábio Feldmann, Benedita da Silva e o senador Ronan Tito, demonstraram através de discursos que o tema em questão envolvia a disputa entre concepções, no caso ao considerar os indígenas como parte de uma nação, tentando com isso esvaziar esse conteúdo. Para estes parlamentares, o texto, conforme descrito, demonstrava ainda a garantia de direitos de não haver maiorias colonizadoras que se consolidassem sobre minorias étnicas, combatendo a marginalização aos quais seriam levados esses grupos e reconhecendo sua cidadania e identidade. A redação original tentava, assim, respeitar a história do país.

Faz-se importante frisar para essa pesquisa a posição do Relator, reconhecida por seus pares, em relação ao programa do (P)MDB, como bem observou Vasco Alves (1987, p. 101):

> Nós queríamos apenas acrescentar que o ilustre Relator, Almir Gabriel, interpretou com muita fidelidade os compromissos programáticos do nosso Partido, o PMDB. Na verdade, o nosso Partido sempre condenou os massacres que foram feitos ao longo da nossa história às nações indígenas e o princípio que o Sr. Relator Almir Gabriel inseriu no Relatório, na verdade, materializa exatamente o oposto ao massacre – quer que as nações indígenas tenham o direito à sobrevivência, tenham a sua identidade popular respeitada, a sua forma de organização própria. De forma que nós julgamos oportuna a manutenção do texto original porque, ali, se materializa o programa do Partido do PMDB.

Os dispositivos, no entanto, apresentariam contradições. O senador Odacir Soares (PFL-RO) (1987, p. 101) apontou o fato de que o processo de inserção das minorias na sociedade exposto na justificativa do Relator em relação ao art. 1º, V, divergiria desse mesmo artigo, já que por um lado se avança em tentar reconhecer as formas de organização das nações indígenas, mas, por outro lado, a inserção desses indivíduos somente seria possível à custa da aculturação.

Dentre as justificativas para recusar o dispositivo, alguns parlamentares chegaram a mencionar que o reconhecimento apenas da nação indígena seria discriminatório com os negros e brancos. Mas o maior temor que sobrepairava esse tema foi o reconhecimento de uma nação indígena que ultrapassasse as fronteiras nacionais, numa conotação que se estenderia além da proteção a essa minoria (ALMEIDA, 1987, p. 104-105).

Uma das saídas apresentadas para chegar a um consenso entre as partes resumiu-se na supressão da ideia de nação indígena e o reconhecimento apenas da plurietnia, fazendo jus à miscigenação de raças que compõem o brasileiro. Para isso, as emendas supressivas foram retiradas, e os membros passaram a defender a emenda modificativa (BRASIL, 1987h, p. 202), que, por sua vez, tentava extrair o termo *nação indígena*, colocando em seu lugar a ideia de "organização nacional e cultural dos povos indígenas", o que foi contraditado por parlamentares como Augusto Carvalho (1987, p. 104), que referia haver diferenças entre considerar o nível de organização de um grupo e o direito à soberania do povo indígena. Além disso, não se mostrar factível a definição de formas de organização nacional sem que houvesse reconhecimento da especificidade desta organização (SABÓIA, 1987, p. 104).

9.2.6 *Garantia de não discriminação*

O próximo tema a ser debatido compreendeu a formulação do dispositivo no qual consta a tentativa por assegurar direitos individuais e coletivos, tema que não parecia ser elegível de debates, já que deveria haver certa unanimidade em relação a sua formulação, demonstrou, no entanto, suscitar debates contraditórios entre os membros da Comissão VII (BRASIL, 1987g, p. 105-108). O texto continha a imposição de não haver prejuízos ou privilégios aos indivíduos mediante condições diversas, dentre elas constava a descrição "identidade sexual".

Como defesa pela alteração do termo "identidade sexual" para o termo "orientação sexual", são apresentadas emendas acompanhadas dos discursos de parlamentares, os quais inviabilizavam ao heterossexualismo impor sua vontade sobre os demais, não sendo cabível o estabelecimento de normas de comportamento por parte da Constituição, o que levaria o constituinte a buscar garantir o direito do indivíduo a não ser discriminado pela prática sexual, reconhecendo assim a heterossexualidade, a homossexualidade e a bissexualidade como direitos positivos. A expressão *orientação sexual* teria força normativa acentuada pelo Presidente da Comissão de Estudos Constitucionais, presente em seu produto final – o dito "Anteprojeto Afonso Arinos". A intenção seria qualificar o homossexual como indivíduo absolutamente igual aos outros perante a lei. Essa defesa é feita pelos deputados Benedita da Silva, Carlos Sant'Anna, Alceni Guerra e Nelson Seixas (PDT-SP).

As entidades que representavam os interesses dos negros reivindicaram a admissão do princípio da isonomia no texto constitucional. Mediante comprovada discriminação, o Poder Público teria a obrigação de aplicar medidas compensatórias para que esse segmento étnico obtivesse condições equânimes de integração à sociedade (GUERRA, 1987, p. 146).

Em relação ao uso do termo "doença", o deputado Carlos Sant'Anna (1987, p. 107) mencionou a importância da inclusão das diversas formas de deficiência – física, sensorial e mental – na lei. Ao adjetivar o tipo de deficiência, no entanto, excluiu os demais portadores de algumas patologias como os hemofílicos, ostomizados e talassêmicos, como bem observou Seixas (1987, p. 107). O deputado Eduardo Jorge, por outro lado, demonstrou em sua emenda nº 557-4 (BRASIL, 1987h, p. 106-107) que deficiência e doença não teriam o mesmo significado, devendo, portanto, constar em separado.

Transformar direitos em garantias foi tarefa estabelecida nesta Comissão, que persistia no intento de proporcionar às pessoas com deficiência e familiares, quando esses fossem assistidos por tutor, a garantia de recebimento de um salário mínimo como benefício mensal, caso se comprovasse não ser detentor de meios de provimento à própria manutenção ou de tê-la provida por sua família, estabelecendo uma espécie de pensão e não apenas o salário-família de 10%, que seria ineficiente para cobrir as despesas de qualquer indivíduo (SEIXAS, 1987, p. 99). Esse feito foi alcançado na Subcomissão VII-c e perduraria no documento final.

Os debates em Plenário demonstraram que, muito mais do que ideologias partidárias, parte dos membros participantes da Comissão da Ordem Social, quando defrontados com questões que envolviam temas relativos à moralidade, orientaram-se muito mais por um viés conservador. Ainda assim, a votação final abrangeu as emendas defendidas em Plenário.

CONSIDERAÇÕES FINAIS

Alguns setores empresariais imprecaram virulentamente contra as estipulações aprovadas na Comissão da Ordem Social e Comissão da Ordem Econômica, por avaliar que, implicitamente, os projetos aprovados permitiriam ao Estado ampliar seu controle do processo de produção. Mas os relatórios não traziam em seu teor ameaças à ordem capitalista ou à organização do capital: não houve tentativas de "revolução" ou mudança de regime. Os documentos, pelo contrário, empenhavam-se em garantir a organização social, permitindo o desenvolvimento do capitalismo e da livre-iniciativa sob um prisma social nos anos que se seguiriam, perspectiva adjacente ao programa social-democrata da agremiação e do ideário (pe)emedebistas.

O processo de apresentação de emendas e destaques contou com discursos de constituintes filiados aos diversos partidos presentes às Comissões e Subcomissões. Parte dos deputados e senadores presentes foi alocada em Comissões que arguiriam sobre temas com os quais possuíam algum tipo de contato prévio ou interesse, influenciando aqueles integrantes não detentores do mesmo conhecimento. Fato que poderia ser benéfico, dada a especialização com a qual esses temas seriam tratados, mas, por outro lado, alguns partidários mostraram-se propensos a esboçar defesas em prol de apenas parte específica da sociedade, como foi o caso dos ruralistas, que contaram com o empenho expressivo de alguns parlamentares, negligenciando os demais interessados em relação ao tema.

A participação da sociedade civil também se mostrou relevante nas diversas discussões que se enveredaram ao longo do processo constituinte. As Subcomissões promoveram audiências públicas, possibilitaram o debate entre proponentes de ideologias não congruentes, realizaram viagens que permitiram aos deputados e senadores conhecer a realidade das populações que seriam diretamente afetadas com as mudanças constitucionais e permitiram participação ativa de grupos que pressionavam os constituintes nos corredores e galerias do Congresso Nacional.

O predomínio desses fatores não há de ser negligenciado. Outro ponto de relevância, porém, parece ser a evidência das ideias dos partidos e a bagagem ideológica adquirida pelo parlamentar ao longo de sua trajetória partidária. Embasados por esse *background*, membros do PMDB mencionavam em seus discursos a semelhança entre os pareceres dos relatórios e o programa do partido, os quais se consubstanciaram após a definição das relatorias em acordos firmados entre os líderes dos partidos. Graças à liderança e ao tirocínio político de Mário Covas, o PMDB ficaria com a maioria dos cargos de Relatores, provendo uma retaguarda para que os partidos progressistas apresentassem sua agenda de mudança social. Embora os votos que precedessem o documento final fossem determinantes, não se deve negligenciar que toda a discussão e o processo de votação giravam em torno do documento expresso pelo Relator. Pensando nisso, Covas, líder da maioria na Assembleia Nacional Constituinte, elaboraria bem-sucedidas estratégias para efetivar o longamente perseguido ideário político, econômico e social do (P)MDB.

Estratégias de ação

As estratégias arquitetadas pelo PMDB em busca de se efetivar como agente exitoso, responsável pela elaboração do documento constitucional, negligenciou alguns itens, ou simplesmente não os previu, o que redefiniria as margens de atuação do partido. Dentre tais itens, podem-se elencar:

- a influência dos Presidentes das Comissões e Subcomissões;
- o uso dos diversos regimentos (Câmara, Senado, Congresso Nacional) para confrontar seja o regimento interno de cada comissão temática, seja o Regimento Interno da própria ANC;
- inconstâncias de determinadas decisões do Presidente da ANC.

A ocupação das relatorias por membros do (P)MDB histórico e adeptos não significaria aprovação certa e automática dos temas defendidos desde os tempos da *sigla mágica*. A "ditadura da relatoria" seria combatida de todo modo pelos opositores ao partido, e a forma escolhida para fazê-lo seria através da influência dos Presidentes das Comissões, os quais, por vezes, tomavam posicionamentos que contrariavam os Relatores e astuciosamente definiam estratagemas para rejeitar o parecer deles – como ocorreu na Subcomissão da Questão Urbana e Transporte, em que o próprio Presidente da Comissão apresentou um segundo relatório, contrapondo-se ao primeiro elaborado pelo Relator. Essa foi a única Comissão, dentre aquelas aqui estudadas, em que seu Presidente votaria contrário ao Relator em todas as votações, sem exceção, criticando seu parecer em qualquer oportunidade disponível. Mário Covas não contava com a força das presidências e de seu poder de contrariar os regimentos sempre a favor de um dos lados, instrumento poderoso na efetivação dos dispositivos.

Os Presidentes em questão, com destaque para aqueles alocados nas Comissões da Ordem Econômica – José Lins, Delfim Netto, Dirceu Carneiro e Edison Lobão –, concentraram os atos presidenciáveis na redefinição das normas que balizavam as sessões, utilizando os regimentos de modo arbitrário quando os anseios das corrente não nacionalistas, ou da facção latifundiária, por exemplo, não eram atendidos. A recepção dos substitutivos, mesmo mediante a proibição inconteste nos regimentos internos das Comissões, era admitida pelos Presidentes que se louvavam nos Regimentos da ANC, da Câmara dos Deputados ou do Senado Federal, regimentos que apenas deveriam ser consultados em casos omissos, mas esse dispositivo era sempre negligenciado por aqueles que tencionavam contorná-lo.

Os relatórios, assim, tomavam rumos totalmente diversos dos propostos inicialmente, quando havia apenas maioria de partidários progressistas, nas Comissões que suscitaram debates ardorosos. Essa mutação era contida em situações nas quais o Relator conseguia esquivar-se do mando presidencial, como o fez José Ulisses de Oliveira na Subcomissão da Questão Urbana e Transporte, ao conseguir aprovar apenas emendas supressivas ao seu relatório, o que afastaria emendas modificativas ou aditivas, ficando ao Plenário apenas a opção de retirar termos ou dispositivos, mas não alterar seu conteúdo como um todo. Nas Comissões nas quais os integrantes estavam mais polarizados, sem maioria definida, as dificuldades de aprovação foram maiores, fosse o relatório progressista ou conservador, como presenciado na Subcomissão da Reforma Agrária, que não conseguiria aprovar nada mais do que dois artigos.

Dentre as idiossincrasias de Ulysses Guimarães, pode-se contar o ato em que respondeu um ofício de Mário Covas com a singela expressão "publique-se", quando solicitado sua intervenção quanto à designação de um suplente do partido no lugar de um titular peemedebista ausente às reuniões da Subcomissão da Reforma Agrária. O fato de não ter havido resposta positiva ou negativa incumbiu o Presidente da Subcomissão a não autorizar a admissão desse partidário à reunião, o que influiria no resultado final dessa Comissão e no impedimento da efetivação da Reforma Agrária. Os descaminhos regimentais aprovados pelo Presidente da ANC promoviam crises de funcionamento nas Comissões e Subcomissões, como o fez ao concordar com a apresentação de substitutivos também na Subcomissão da Reforma Agrária.

Por outro lado, no andamento das sessões da Comissão da Ordem Econômica, Ulysses Guimarães autorizaria as lideranças partidárias a realizar a troca de membros que não seguissem a ordenação do partido, mas houve a recusa de se seguir tal critério, permitindo que os parlamentares fizessem suas escolhas e votassem livremente. Inobstante essa decisão, como resultado, o parecer de Severo Gomes seria excluído, dando lugar ao substitutivo elaborado por Jorge Vianna. Com maioria dos parlamentares filiada ao PMDB (34 a 65), a Comissão não teria aprovado integralmente o parecer que seria condizente com suas propostas programáticas – prova que nem todos peemedebistas eram adeptos dos princípios históricos do partido. Cardoso Alves, ex-arenista, uma das principais lideranças do *Centrão* e acusado de se eleger contra o programa do partido, enalteceria o PMDB vencedor dessa Comissão: um outro PMDB, que não se alinhava com o MDB de outrora.

Considerando a particularidade de cada Comissão, convém mencionar que a escolha de membros do PMDB para as relatorias, embora se deparasse com estratagemas dos conservadores para conter o avanço das proposições do partido, surtiu efeito parcial frente às metas propostas. Isso porque todas as emendas substitutivas admitidas nas Comissões ao parecer dos Relatores peemedebistas teriam não outro modelo, mas o próprio ideário programático do partido – o que fez com que parte do texto fosse mantida. Apesar de seu teor tornar-se menos progressista, a essência foi mantida em alguns aspectos. As maiores dificuldades em manter a ideia original do partido concentraram-se nas Comissões da Ordem Econômica, nas quais o poder liberal, não estatizante e latifundiário obteve vitórias acachapantes.

A partir desse ponto, convém analisar o posicionamento conjunto dos partidários do PMDB na esfera das votações, de modo a observar se as escolhas efetivadas estariam em consonância com o programa do partido ou, diversamente, se outros parâmetros foram responsáveis pelo resultado do texto constitucional.

(P)MDB: o programa partidário e a Constituição Federal de 1988

Este estudo buscou demonstrar a inserção da política social e econômica preconizada ao longo da trajetória do (P)MDB no âmbito político brasileiro, destacando o fato de que esses sistemas estariam distribuídos em duas linhas de pensamento contrapostas, o que influiria na tentativa de intelectuais e filiados (pe)emedebistas em abarcar um desses lados, introduzindo a fundamentação partidária na legislação que ordenaria a sociedade. Neste trabalho, é possível identificar a influência do ideário (pe)emedebista em parte do documento constitucional analisado. E, para entender a imersão do partido nas tratativas econômicas e sociais, três pontos foram analisados: o tema exposto em debate, o posicionamento ideológico dos parlamentares em seus discursos e votações e a conexão que possa haver entre a temática e o programa do (P)MDB.

Ao analisar as Comissões e Subcomissões da Ordem Econômica e da Ordem Social sob esse aspecto, é possível afirmar que o programa defendido pelo partido oposicionista não foi acolhido nas Comissões integralmente; tais matérias adentrariam a CF 88 através de alguns temas, que, embora relevantes, não se resumem à totalidade constitucional dos ordenamentos econômico e social. Dentre tais temas, convém apresentar aqueles nos quais o programa partidário do (P)MDB teria subscrito as linhas constitucionais, bem como aqueles em que teria sido afastado.

Inicialmente, a mirada deste estudo voltou-se para a Ordem Econômica, que teria resultado num híbrido (GRAU, 1990), sendo composta de artigos que expressam perenemente a social-democracia e o nacional-desenvolvimentismo, deveras assentados pelo (P)MDB em seus documentos, mas também incorpora temas liberais que coexistem com o ideal social, como a livre-iniciativa, e dispositivos que não coadunam com o aparato social, como a exclusão da Reforma Agrária. A caracterização nacionalista aparece contemplada na Constituição de 1988, antes da promulgação das emendas constitucionais que adviriam com o Governo Fernando Henrique Cardoso (1995-2001).

Roberto Campos reconheceria, ao término dos trabalhos, a vitória do partido nesse tema: “Enquanto o mundo inteiro abre as portas para o capital estrangeiro, o Brasil resolveu trancar sua economia”. Mas a esquerda também demonstrou descontentamento mediante a dupla inclinação de seus artigos. O termo “colcha de retalhos” (KINZO, 1988, p. 31) expressaria a falta de homogeneidade do ordenamento econômico. Como bem se observa, consumou-se o compromisso liberal com a propriedade privada e com a economia de mercado, mas a vertente nacionalista ganhou importantes itens no novo ordenamento constitucional.

As Subcomissões que trataram sobre princípios gerais e Reforma Agrária foram palcos de votações divididas, tendo os parlamentares ideologicamente à esquerda, e demais descontentes com o resultado, abandonado as sessões nas duas ocasiões, fato que também ocorreu na Comissão da Ordem Econômica após o seu Presidente admitir a votação de substitutivos – o que era regimentalmente vedado. Com a maioria de membros comprometidos com a internacionalização na Subcomissão VI-a e na Comissão da Ordem Econômica, e com latifundiários na Subcomissão VI-c, os Anteprojetos se tornariam ilegítimos, redefinindo temas relacionados aos princípios gerais, enquanto a questão agrícola e a Reforma Agrária seriam reduzidas a apenas dois artigos.

A coexistência mútua entre os princípios da livre-iniciativa e da justiça social insculpida na CF 88 somente se tornaria possível após os enxertos liberais introduzidos no parecer (pe)emedebista, que seria apresentado pelo Relator vinculado à Subcomissão de Princípios Gerais. O texto inicial se estruturaria prioritariamente sobre aspectos sociais, como redução das desigualdades, implementação da distribuição de renda e riquezas, plena utilização das forças produtivas, função social da empresa, coexistência entre empresas públicas e privadas e defesa da empresa nacional. Os representantes do poder transnacional presentes a esta Comissão cuidariam ainda de reduzir o monopólio estatal em relação ao petróleo e minérios nucleares e redefinir a ideia de empresa nacional, ao permitir que qualquer empresa com sede no país fosse considerada brasileira. Por outro lado, os temas interessantes aos liberais contidos nesse parecer seriam absorvidos em um invólucro, admitindo a legitimidade do capital estrangeiro no país para atender interesse nacional e o papel interventor do Estado que seria parcialmente mantido, impedindo ações no âmbito produtivo, mas permitindo exceções mediante ocorrências imperativas quanto à segurança nacional e interesse coletivo, as demais funções de fiscalização, incentivo e planejamento também adentrariam o seio constitucional.

Os dispositivos rejeitados no projeto final da Subcomissão VI-a e que traziam em seu teor o ideário programático do (P)MDB, expresso pelo Relator Virgildásio de Senna foram novamente reproduzidos por Severo Gomes em seu parecer, como Relator na Comissão da Ordem Econômica. Após o aceite pela Mesa Diretora da votação de substitutivos redigidos por membros da Comissão, Severo Gomes não conseguiria emplacar esses artigos, que traziam caracterizações marcadamente sociais. Mas a sua vivência empresarial permitiu-lhe incluir, entre os princípios econômicos, a defesa à soberania nacional e à propriedade privada, redefinir as margens monopolistas do Estado e o conceito de empresa nacional, além de instituir que empresas públicas e sociedades de economia mista não poderiam gozar de privilégios fiscais não extensivos ao setor privado (as fundações públicas também estariam incluídas nesse dispositivo, mas não adentraria a CF 88). Apesar de temas como soberania, monopólio do Estado e defesa à empresa nacional serem amplamente difundidos pelo (P)MDB em seus programas, a propriedade privada teria menção apenas quanto ao cumprimento de sua função social, e as empresas públicas e sociedades de economia mista não estariam entre os temas tratados pelo partido. Assim, embora Severo Gomes demonstrasse afinidade com o programa do partido, ao reapresentar itens integrantes dessa plataforma doutrinária em seu relatório, não se eximiu de defender os interesses de sua classe.

O PMDB muito se empenhou em defender historicamente a Reforma Agrária, tema instigador de embates. A Comissão que tratou desta questão foi marcada pela divisão entre ruralistas e entidades ligadas à Reforma Agrária, e essa separação se faria patente nas bancadas e no Plenário. Parte dos parlamentares estava vinculada a um desses lados, e a que não estava defendia a ideologia que julgava condizente com a ideia de justiça social. A Reforma Agrária foi adotada pelo programa partidário do (P)MDB como parte da filosofia necessária para a democratização social e econômica do país. Exatamente esse ponto suscitaria acerbos debates, já que, ao democratizar o acesso à terra, a iniciativa privada seria despojada de uma certa parcela de seus privilégios.

A forma encontrada pelos ruralistas para rebarbar o parecer do Relator Oswaldo Lima Filho, da Subcomissão VI-c, foi vincular o uso social da terra à propriedade produtiva. Destarte, toda propriedade considerada produtiva teria sua desapropriação para fins de Reforma Agrária impedida. A Comissão da Ordem Econômica não conseguiria reverter esse quadro, mas conferiria ao desapropriado a indenização em títulos da dívida agrária, resgatáveis em vinte anos, impedindo o pagamento prévio em dinheiro, como proposto pelos conservadores. Dentre os aspectos da questão agrícola abordados pelos programas oficiais do partido, estavam a transferência do uso da propriedade como bem de produção de alimentos, e não mais sob o prisma especulativo, e a distribuição de terras aos trabalhadores que ali produzam. A ideia veiculada nesses itens seria cumprida mediante a aplicação da função social da propriedade e a garantia de introdução do estatuto da usucapião. Se plenamente cumpridas, ambas as ações introduzidas na CF 88 seriam capazes de acabar com o uso especulativo promovido por donos de propriedades, que mantêm tais áreas sob sua guarda embora não as utilize, com serventia apenas com o fim de obter valorização dessas terras.

A reestruturação agrícola prometida pelo (P)MDB através de seus programas, a participação de partidos minoritários à esquerda e de entidades favoráveis à Reforma Agrária influíram no resultado que adviria das Comissões sob este tema. Mas também é verdade que as lutas travadas com ruralistas e conservadores trariam muitas perdas, e a mais importante delas foi o inamovível obstáculo à concretização da Reforma Agrária, ao atrelá-la apenas à propriedade improdutiva.

Diversamente dos temas tratados anteriormente, a questão urbana contaria com um parecer não pautado no programa do (P)MDB. O Relator Ulisses de Oliveira optou em apresentar em Plenário um relatório balizado na resolução centralizada dos problemas urbanos, atribuindo à União decisões que caberiam aos municípios, por serem esses os entes diretamente interessados em questões correlatas ao seu cotidiano. Além disso, postulou-se a ideia de Região Metropolitana como um novo ente federativo, com autonomia, organização e competências próprias, transformando-a numa entidade pública territorial. Ambas as propostas não foram acolhidas pelo Relator da Comissão da Ordem Econômica.

Por outro lado, embora o próprio Relator tenha afirmado, ao apresentar seu parecer, que sua motivação não estaria nos programas do (P)MDB, alguns temas expressos em seu relatório estariam proximamente arraigados àqueles historicamente defendidos pela legenda de Oposição Legal ao regime autoritário, como a função social da propriedade urbana, com o intuito de impedir que o imóvel se tornasse objeto de especulação, contrariando constituintes que julgavam que a ideia de interesse social estaria excessiva no artigo; ao garantir a desapropriação, indispensável para que se efetivasse a reforma urbana; ou ao defender que o financiamento fosse destinado às regiões de pequeno e médio porte, em detrimento dos grandes centros, argumentando que a mudança deveria iniciar nos pequenos municípios para alterar a migração, já que a moradia se trataria do segundo maior motivo de migração do país exatamente pelas grandes regiões concentrarem toda a verba destinada às cidades. Os opositores, ao contrário, conectavam o problema de urbanização às grandes regiões. De qualquer modo, o resultado da questão urbana, com a admissão do estatuto da desapropriação e da função social da propriedade, não negligencia a luta incisiva (pe)emedebista.

Assim, o texto constitucional aprovado em relação aos princípios gerais, questão urbana e Reforma Agrária admitiria a ideia de justiça social, presente nos programas partidários do (P)MDB, mitigada, porém, por limitações conservadoras – o que ocorreu em relação a alguns temas como a função social da propriedade, que, por questões conservadoras, seria diretamente relacionada à propriedade produtiva, impedindo que essas fossem desapropriadas; a defesa da empresa nacional, que, após mutações no texto, passaria a se resumir ao tratamento favorecido à empresa de capital nacional de pequeno porte; e ao papel interventor do Estado, que, embora admissível, deveria limitar-se à regulação da economia, cabendo-lhe as funções de planejamento, fiscalização e incentivo, jamais, portanto, no âmbito produtivo, excetuando-se as atividades atreladas à segurança nacional ou mediante relevante interesse coletivo.

Sob outro aspecto, a Ordem Social, que seria elaborada a partir do encontro entre parlamentares de diversos partidos na Constituinte, enalteceria o que viria a ser chamada por Ulysses Guimarães de *Constituição Cidadã*. O híbrido presente na Ordem Econômica seria afastado nesta Comissão, na qual a iniciativa privada passaria a funcionar complementarmente vinculada ao Poder Público, e o poderio transnacional se tornaria regrado pelo Estado interventor. Assim, embora haja convivência entre ambos, poder estatal e iniciativa privada, denota-se maior peso às ações que enaltecem o ordenamento social, e o (P)MDB teria parte de responsabilidade na prescrição de alguns itens listados nesta ordem, embora não seja o único responsável pelas mudanças.

Ao longo de sua trajetória, o partido abordou temas que mais tarde seriam contemplados na ANC, após intensas discussões e tentativas da oposição ao partido em não recepcionar dispositivos que fossem de encontro à entrada do capital estrangeiro no país ou mesmo que disponibilizassem, de modo excessivo, direitos aos trabalhadores, em detrimento das empresas, e às camadas populares, de modo a ameaçar as garantias dos mais abastados.

No primeiro tema abordado – direito dos trabalhadores –, os partidos de esquerda apoiaram o (P)MDB para aprovar o relatório sem direcionamento conservador. A Comissão que tratou desse assunto contou com a presença de representantes de classe e sindicatos. Essas entidades, o (P)MDB e os partidos à esquerda, seriam responsáveis pelas teses mais progressistas, mas tiveram que ceder às propostas medianas para conseguir aprovar algumas proposições. A condução desses partidos e a pressão das entidades tornariam este relatório parcialmente progressista, obtendo saldo razoável quanto aos direitos dos trabalhadores. Os conservadores, no entanto, acusavam os demais parlamentares de tentar fazer do país uma "República Comunista", indicando que estavam insatisfeitos com o resultado alcançado em relação aos direitos dos trabalhadores. Ampliar tais direitos significaria abrandar privilégios das empresas, como a redução do lucro para elevar os salários, ou ao efetivar a participação nos lucros para os empregados.

As propostas mais radicais tentavam emplacar o conjunto de medidas que associasse, em um só plano, a estabilidade e o Fundo de Garantia, como também o faria o (P)MDB em seus programas partidários, proposição que adentraria os pareceres das Comissões pelas mãos do Relator Mário Lima, mas que não teria seguimento constitucional. Embora o texto final da nova Constituição exclua o instituto da estabilidade, convém mencionar que na Subcomissão VII-a esse tema foi admitido de modo incólume e unânime, o que também ocorreu na Comissão da Ordem Social, que teria como Relator Almir Gabriel, após os demais parlamentares retirarem suas emendas em prol da aprovação deste dispositivo. Há o reconhecimento da ala mais à esquerda do PMDB e demais partidos esquerdistas de que a proposta do Relator não seria a mais abrangente; porém, propostas mais progressistas enfrentariam um processo árduo para aprovação na Comissão e dificilmente seriam admitidas na Comissão de Sistematização. Os defensores da estabilidade ali presentes cobraram ainda que os (pe)emedebistas seguissem a recomendação do partido, que traçou o modelo trabalhista a ser seguido e por anos o divulgou em seus programas. Esse episódio demonstra a força que o programa do partido teria sobre parte dos parlamentares.

Alguns parlamentares peemedebistas adentraram o partido por ocasião da incorporação do PP, mas estiveram sempre interligados ao antigo partido que adveio do fim da Arena. Sob esse pensamento, os constituintes filiados ao PMDB, mas que se opunham aos posicionamentos históricos do partido, eram execrados por seus pares. Episódios como esse denotam a pressão por acordos condizentes com uma lógica que consolidasse direitos sociais para se opor ao estigma ditatorial e iniciar a consolidação da democracia que, discretamente, se espreitaria com a estruturação da Carta de Direitos.

A polarização em relação aos direitos do trabalhador não deixaria de existir em algumas votações. Os partidários do PMDB "racharam" ao meio e distribuíram seus votos entre as duas colocações, contrários e favoráveis, em tornar o direito trabalhista programático. A emenda petista que fazia alusão ao uso do termo "independente de lei" no *caput* do art. 2º do relatório, que se tornaria o art. 7º, da CF 88, foi aceito unanimemente pelos constituintes na Subcomissão VII-a, mas rejeitada na Comissão da Ordem Social. Logo os incisos seguintes admitiram passagens como "nos termos de lei complementar"[1], "fixado em lei"[2], "salvo o disposto em convenção ou acordo coletivo"[3], "conforme definido em lei"[4]. Convém mencionar que essa proposta partiu do PT, teve apoio de integrantes de partidos opostos como PFL e PCdoB e dividiu peemedebistas, tendo o próprio Relator Almir Gabriel negado sua inclusão no relatório final. Afinal, o PMDB logrou incluir algumas proposições convergentes com sua característica de justiça social (os incisos seguintes do art. 7º da CF 88). Isso, porém, não impediria que esses dispositivos se tornassem programáticos e, portanto, factíveis de serem alterados posteriormente, não necessariamente seguindo uma perspectiva social.

Em relação à questão de gênero no trabalho, embora se trate de tema amplamente exposto pelo programa partidário do (P)MDB, o texto constitucional não faria exposições específicas a esse mérito, transferindo à lei infraconstitucional o poder de reger incentivos ao mercado de trabalho da mulher, diferindo do tema previdenciário, no qual os direitos da mulher estariam constitucionalmente expressos. As discussões que ocorreriam nesse âmbito adviriam das mulheres, tendo ênfase para as deputadas do PT, PSB (Partido Socialista Brasileiro), PDS e alguns membros do PMDB. As propostas mais progressistas como a inclusão da previdência para a dona de casa, não teria relação com as proposições (pe)emedebistas. Por outro lado, a defesa do programa partidário quanto ao fornecimento de assistência gratuita aos filhos e dependentes de trabalhadoras em creches e pré-escolas adentrou o texto constitucional sem maiores objeções.

O direito trabalhista dos servidores predispostos pelo ideário programático do (P)MDB garantiria ao servidor público civil o direito à livre associação sindical, concessão inicialmente disponibilizada apenas ao trabalhador da esfera privada. A inclusão deste tema no relatório da Comissão da Ordem Social teria alterado o formato do direito do servidor, vinculando-o à proposta (pe)emedebista de funcionalismo público. Por outro lado,

[1] Art. 7º, I, da CF 88.

[2] Art. 7º, IV, da CF 88.

[3] Art. 7º, VI, da CF 88.

[4] Art. 7º, XI, da CF 88.

apesar de ter sido mantida no *caput* do artigo dos direitos dos trabalhadores (art. 7º, da CF 88) a inclusão dos servidores públicos quanto aos direitos trabalhistas que se seguiriam nos próximos incisos, é certo que a Comissão de Sistematização aderiu à ideia de que os servidores teriam um regime próprio, não sendo necessário, portanto, incluí-los nos artigos voltados para o trabalhador comum. Essa medida final impossibilitaria tornar equânimes empregados da esfera pública e privada, no que diz respeito aos direitos trabalhistas, condição preposta pelo (P)MDB em defesa aos direitos do trabalhador em seus programas.

Apesar de algumas derrotas, especialmente em relação às propostas que contivessem mudanças profundas à esquerda, o direito dos trabalhadores como um todo obteve avanços. As políticas de emprego e salarial empregues pelo (P)MDB foram acolhidas através de acordos nas Comissões, o que tornou possível alocar o regime do trabalho entre os parâmetros de justiça social defendidos pelo partido. O resultado pode ser diretamente associado ao empenho (pe)emedebista, que em conjunto com os partidos esquerdistas e a sociedade civil, aprovariam as medidas que se tornariam constitucionalmente vigentes. Nesse quesito, portanto, o programa (pe)emedebista operou com perdas e ganhos – ainda assim, com mais ganhos do que perdas.

Entre os aspectos que ganhariam visibilidade internacional na Ordem Social constitucional, é possível citar o estatuto da Seguridade Social. Não obstante se tratar de sistema clássico, alicerçado no Estado de bem-estar social e possuir um esquema de financiamento tripartite (governo, empregado e empregador), que fora inserido no Governo Getúlio Vargas na década de 1930 e que perduraria no regime autoritário, sua introdução no documento constitucional, transformando em espécie a previdência, assistência social e saúde, surge como um marco, rompendo com a lógica econômica do seguro privado e vinculando recursos de seu orçamento para evitar a captura de verbas por outras áreas, que seriam destinadas ao financiamento do gasto social.

O acesso universal e equitativo à Seguridade Social pela sociedade, sob o caráter descentralizado, recepcionaria nas linhas constitucionais o esboço traçado pelo (P)MDB em sua trajetória histórica. O reconhecimento da diversidade da base de financiamento, embora não mencione o sistema tripartite e a supressão das contribuições pelos aposentados e pensionistas, definiria a Seguridade Social admitida pela CF 88 e prescrita pelo programa partidário (pe)emedebista. O programa do partido não reconheceria, no entanto, a continuidade de vinculação entre o Seguro Social, assistência social e assistência médica, defendendo, contrariamente, que cada política pública contasse com financiamento próprio e independente. Embora fosse esse o posicionamento do partido em seus programas, o dispositivo que integraria a Seguridade Social à garantia de cumprimento dos direitos sociais relativos à saúde, previdência e assistência social seria elaborado por mãos de um peemedebista: o Relator da Comissão da Ordem Social Almir Gabriel.

O programa do (P)MDB, através do relatório de Carlos Mosconi (PMDB-MG), teria fortes laços com a reformulação da saúde, que se transformaria em Sistema Único de Saúde, direito capaz de alcançar todos os indivíduos e não somente aqueles que financeiramente para ele contribuíam, rompendo com o Inamps e integrando o sistema de saúde ao Ministério da Saúde, e não mais ao Ministério do Trabalho. Ainda sob os preceitos peemedebistas, a esfera de atendimento passaria a ocorrer de forma integrada, em comando único em cada nível de governo, embora respeitando a descentralização; a relação com o setor privado continuaria a existir, porém, articulando preferencialmente com o setor filantrópico; a participação do usuário no controle dos serviços passaria a ocorrer por meio de conselhos, compatibilizando o atendimento como um todo; e o cuidado se tornaria integral, ao retirar a clivagem entre a esfera preventiva e assistencial.

Quanto aos demais temas relacionados na Seguridade Social, o (P)MDB já tinha assinalado prescrições em seus programas para ampliar o atendimento social, garantindo proteção à maternidade, família, idosos, crianças, adolescentes e pessoas com deficiência, além de explicitar a garantia de aposentaria equânime entre trabalhadores urbanos e rurais no âmbito previdenciário. É notória, portanto, a contribuição do PMDB à estruturação do documento constitucional no que se refere à saúde, à assistência social, à previdência social e aos direitos dos trabalhadores no ordenamento jurídico, embutindo novos formatos no delineamento das prerrogativas constitucionais. Por outro lado, os parlamentares tiveram menor incursão no tratamento dos temas voltados para o direito dos negros, indígenas, deficientes e minorias, ficando as sugestões a cargo da participação popular, através da sociedade civil.

O tema que obteve maior número de emendas neste âmbito esteve relacionado à população indígena. Na tentativa de excluir os direitos dos indígenas, sob a prerrogativa de que vivemos em um país pluriétnico, dois integrantes do PMDB votaram favoráveis a essa mudança. Os demais integrantes do partido votaram contrários à emenda e alguns deles discursaram com veemência em defesa do texto empregue pelo Relator Alceni Guerra, que se alinharia à matéria programática do (P)MDB, fato reconhecido por seus pares – embora o Relator não fosse peemedebista.

Ainda em relação aos direitos das minorias, a votação que tentava suprimir o termo "identidade sexual" do Anteprojeto elaborado pela relatoria não obteve o voto peemedebista. Em seguida, submeteu-se a escrutínio a emenda petista que pleiteava substituir o termo supracitado por "orientação sexual". Os discursos de forte tonalidade moral polarizaram a votação, tendo o partido se dividido ao meio nesta votação. Convém assinalar que o (P)MDB não apresentou em seus programas qualquer discussão que envolvesse orientação sexual. Essa relevante lacuna no ideário partidário pode ter permitido que os parlamentares se alinhassem à defesa realizada por seus pares na Tribuna, ou mesmo podem ter seguido seu próprio veio – moralista ou progressista –, não tendo o partido influenciado diretamente sobre essa escolha.

Diversamente do comportamento acima, os constituintes peemedebistas não entraram no mérito de opor-se à emenda do deputado Carlos Sant'Anna, ao lograr incluir o termo "doença" para fazer referência às diversas patologias que acometem os indivíduos, os quais também deveriam ser detentores de direitos e garantias constitucionais. A discussão que envolve doenças ou síndromes também não foi abrangida pelo partido, denotando comportamento apartidário que pode ter sido influenciado pelo autor da emenda, o qual, apesar de estar filiado ao PMDB, filiou-se ao partido após a incorporação do PP ao PMDB, não havendo, assim, perspectivas de que esse pudesse estar alinhado às defesas históricas do (P)MDB.

No que tange ao saldo obtido pelo PMDB em sua participação da Subcomissão que tratou sobre as populações indígenas, negros, pessoas deficientes e minorais, é possível observar que não há menção do partido quanto às demandas advindas dessas populações nos dois programas analisados nos capítulos anteriores. Porém, houve constituintes que citaram que o Relator teria seguido o programa partidário no que se refere aos direitos indígenas. O fato de não haver Relator peemedebista na Comissão que tratou sobre o tema e de não se tratar de assunto extensamente abordado nas esferas programáticas do partido pode indicar discreta desatenção do PMDB em coordenar os resultados que adviriam dessa Comissão.

REFERÊNCIAS

FONTES PRIMÁRIAS

BRASIL. Câmara dos Deputados. **Regimento Interno da Câmara dos Deputados**: Resolução n. 30, de 31 de outubro de 1972. Texto consolidado em 1982 e alterado pelas Resoluções n. 15, 16, 17, 24 e 33, de 1983; 4, 30 e 55, de 1985; e 34, de 1986. – 4ª ed. Brasília, Câmara dos Deputados, Coordenação de Publicações, 1986a.

_________. Câmara dos Deputados. **Regimento Interno do Senado**: Resolução n. 93, de 1970. Dá nova redação ao Regimento Interno do Senado Federal. Brasília, Senado Federal, 1986b.

_________. Presidência da República. Anteprojeto Constitucional. Comissão Afonso Arinos. República Federativa do Brasil. **Diário Oficial**, Brasília, DF, 26 set. 1986c. Suplemento Especial ao n. 185, p. 1-61.

_________. Câmara dos Deputados. **Regimento Interno da Assembleia Nacional Constituinte**. CEDI/CELEG/SEDOP, Brasília, DF, ano I, n. 33, 25 mar. 1987a.

_________. Câmara dos Deputados. Assembleia Nacional Constituinte. **Anteprojeto**. VI – Comissão da Ordem Econômica. VI-b – Subcomissão da Questão Urbana e Transporte. Of. 03/87. Centro Gráfico do Senado Federal, Brasília, DF, 25 maio 1987b.

_________. Câmara dos Deputados. Regimento Interno da Comissão Econômica. Assembleia Nacional Constituinte. **Diário [da] Assembleia Nacional Constituinte**, Poder Legislativo, Brasília, DF, 13 abr. 1987c.

_________. Câmara dos Deputados. Emenda n. 249/1, de autoria do deputado Rosa Prata, 18 maio 1987. *In:* Ata da 21ª Reunião Ordinária. Subcomissão da Política Agrícola e Fundiária e da Reforma Agrária. **Diário [da] Assembleia Nacional Constituinte** (Atas de Comissões), Poder Legislativo, Brasília, DF, 23 maio 1987d.

_________. Câmara dos Deputados. Assembleia Nacional Constituinte. **Anteprojeto**. VI – Comissão da Ordem Econômica. VI-a – Subcomissão de Princípios Gerais, Intervenção do Estado, Regime da Propriedade do Subsolo e da Atividade Econômica. Centro Gráfico do Senado Federal, Brasília, DF, 1987e.

_________. Câmara dos Deputados. Assembleia Nacional Constituinte. **Substitutivo**. VI – Comissão da Ordem Econômica. VI-a – Subcomissão de Princípios Gerais, Intervenção do Estado, Regime da Propriedade do Subsolo e da Atividade Econômica. Centro Gráfico do Senado Federal, Brasília, DF, 25 maio 1987f.

_________. Câmara dos Deputados. Assembleia Nacional Constituinte. **Substitutivo**. VI – Comissão da Ordem Econômica. Centro Gráfico do Senado Federal, Brasília, DF, v. 183, jun. 1987g.

_________. Câmara dos Deputados. Assembleia Nacional Constituinte. **Emendas oferecidas à VII – Comissão da Ordem Social**. Centro Gráfico do Senado Federal, Brasília, DF, jun. 1987h.

_________. Câmara dos Deputados. **Portal da Constituição Cidadã**. Poder Legislativo, Brasília, 1987i. Disponível em: https://www2.camara.leg.br/atividade-legislativa/legislacao/Constituicoes_Brasileiras/constituicao-cidada/o-processo-constituinte/lista-de-comissoes-e-subcomissoes. Acesso em: 17 set. 2017.

_________. Constituição da República Federativa do Brasil, de 1988. Título I, Dos princípios fundamentais. Art. 1º, III-IV; art. 3º. **Diário Oficial [da] União**, Poder Executivo, Brasília, DF, ano CXXVI, n. 191-A, 5 out. 1988. Seção I, p. 1.

_________. Constituição da República Federativa do Brasil, de 1988. Título II, Dos direitos e garantias fundamentais. Capítulo I, Dos direitos e deveres individuais e coletivos. Art. 5º, XVII-XVIII, XXII-XXIV, XXVI. **Diário Oficial [da] União**, Poder Executivo, Brasília, DF, ano CXXVI, n. 191-A, 5 out. 1988. Seção I, p. 2.

_________. Constituição da República Federativa do Brasil, de 1988. Título II, Dos direitos e garantias fundamentais. Capítulo II, Dos direitos sociais. Art. 6º; art. 7º, I-VII, XXII-XXIII, XXVII, XXXIII; art. 8º, I-III; art. 9º; art. 10. **Diário Oficial [da] União**, Poder Executivo, Brasília, DF, ano CXXVI, n. 191-A, 5 out. 1988. Seção I, p. 3-4.

_________. Constituição da República Federativa do Brasil, de 1988. Título III, Da organização do Estado. Capítulo I, Da organização político-administrativa. Art. 18. **Diário Oficial [da] União**, Poder Executivo, Brasília, DF, ano CXXVI, n. 191-A, 5 out. 1988. Seção I, p. 5.

_________. Constituição da República Federativa do Brasil, de 1988. Título III, Da organização do Estado. Capítulo II, Da União. Art. 20, IX,

§ 1º; art. 21, VIII-IX, XII, *d-e*, XV, XVIII, XX, XXIII, XXVI; art. 22, IV, X, XVIII-XIX; art. 23, VI, VIII-XI; art. 24, V-VI. **Diário Oficial [da] União**, Poder Executivo, Brasília, DF, ano CXXVI, n. 191-A, 5 out. 1988. Seção I, p. 5-6.

_________. Constituição da República Federativa do Brasil, de 1988. Título III, Da organização do Estado. Capítulo III, Dos Estados Federados. Art. 25, § 3º. **Diário Oficial [da] União**, Poder Executivo, Brasília, DF, ano CXXVI, n. 191-A, 5 out. 1988. Seção I, p. 6.

_________. Constituição da República Federativa do Brasil, de 1988. Título III, Da organização do Estado. Capítulo IV, Dos municípios. Art. 29, XII; art. 30, III, V-VIII. **Diário Oficial [da] União**, Poder Executivo, Brasília, DF, ano CXXVI, n. 191-A, 5 out. 1988. Seção I, p. 6.

_________. Constituição da República Federativa do Brasil, de 1988. Título III, Da organização do Estado. Capítulo VI, Da intervenção. Art. 34, VII, *c*. **Diário Oficial [da] União**, Poder Executivo, Brasília, DF, ano CXXVI, n. 191-A, 5 out. 1988. Seção I, p. 7.

_________. Constituição da República Federativa do Brasil, de 1988. Título III, Da organização do Estado. Capítulo VII, Da administração pública. Seção IV, Das regiões. Art. 43, § 2º, II, IV; § 3º. **Diário Oficial [da] União**, Poder Executivo, Brasília, DF, ano CXXVI, n. 191-A, 5 out. 1988. Seção I, p. 8.

_________. Constituição da República Federativa do Brasil, de 1988. Título IV, Da organização dos Poderes. Capítulo I, Do Poder Legislativo. Seção II, Das atribuições do Congresso Nacional. Art. 48, I-II. **Diário Oficial [da] União**, Poder Executivo, Brasília, DF, ano CXXVI, n. 191-A, 5 out. 1988. Seção I, p. 8-9.

_________. Constituição da República Federativa do Brasil, de 1988. Título IV, Da organização dos Poderes. Capítulo I, Do Poder Legislativo. Seção IV, Do Senado Federal. Art. 52, VII-VIII. **Diário Oficial [da] União**, Poder Executivo, Brasília, DF, ano CXXVI, n. 191-A, 5 out. 1988. Seção I, p. 9.

_________. Constituição da República Federativa do Brasil, de 1988. Título VI, Da tributação e do orçamento. Capítulo I, Do sistema tributário nacional. Seção I, Dos princípios gerais. Art. 145, III. **Diário Oficial [da] União**, Poder Executivo, Brasília, DF, ano CXXVI, n. 191-A, 5 out. 1988. Seção I, p. 18.

_________. Constituição da República Federativa do Brasil, de 1988. Título VI, Da tributação e do orçamento. Capítulo I, Do sistema tributário nacional. Seção II, Das limitações do poder de tributar. Art. 151, I. **Diário Oficial [da] União**, Poder Executivo, Brasília, DF, ano CXXVI, n. 191-A, 5 out. 1988. Seção I, p. 18.

_________. Constituição da República Federativa do Brasil, de 1988. Título VI, Da tributação e do orçamento. Capítulo I, Do sistema tributário nacional. Seção III, Dos impostos da União. Art. 153, I, III-IV, VI; § 2º, I; § 3º, I; § 4º. **Diário Oficial [da] União**, Poder Executivo, Brasília, DF, ano CXXVI, n. 191-A, 5 out. 1988. Seção I, p. 18.

_________. Constituição da República Federativa do Brasil, de 1988. Título VI, Da tributação e do orçamento. Capítulo I, Do sistema tributário nacional. Seção IV, Dos impostos dos estados e do Distrito Federal. Art. 155, § 2º, VI-VIII, *a-b*; X, XII. **Diário Oficial [da] União**, Poder Executivo, Brasília, DF, ano CXXVI, n. 191-A, 5 out. 1988. Seção I, p. 19.

_________. Constituição da República Federativa do Brasil, de 1988. Título IV, Da tributação e do orçamento. Capítulo I, Do sistema tributário nacional. Seção V, Dos impostos dos municípios. Art. 156, I-II, IV, § 1º. **Diário Oficial [da] União**, Poder Executivo, Brasília, DF, ano CXXVI, n. 191-A, 5 out. 1988. Seção I, p. 19.

_________. Constituição da República Federativa do Brasil, de 1988. Título IV, Da tributação e do orçamento. Capítulo I, Do sistema tributário nacional. Seção VI, Da repartição das receitas tributárias. Art. 159, I, *b-c*. **Diário Oficial [da] União**, Poder Executivo, Brasília, DF, ano CXXVI, n. 191-A, 5 out. 1988. Seção I, p. 19.

_________. Constituição da República Federativa do Brasil, de 1988. Título IV, Da tributação e do orçamento. Capítulo II, Das finanças públicas. Seção V, Normas gerais. Art. 163, II, IV. **Diário Oficial [da] União**, Poder Executivo, Brasília, DF, ano CXXVI, n. 191-A, 5 out. 1988. Seção I, p. 20.

_________. Constituição da República Federativa do Brasil, de 1988. Título IV, Da tributação e do orçamento. Capítulo II, Das finanças públicas. Seção II, Dos orçamentos. Art. 165, § 6º. **Diário Oficial [da] União**, Poder Executivo, Brasília, DF, ano CXXVI, n. 191-A, 5 out. 1988. Seção I, p. 20.

_________. Constituição da República Federativa do Brasil, de 1988. Título VII, Da ordem econômica e financeira. Capítulo I, Dos princípios gerais da atividade econômica. Art. 170, II-III, VIII; art. 171, II, § 1º, I-II, a; art. 172; art. 173, §§ 3º-4º; art. 174, §§ 2º, 4º; art. 175, Parágrafo único, I-II; art. 176, § 1º; art. 177, I-V, § 1º; art. 178, I, § 3º. **Diário Oficial [da] União**, Poder Executivo, Brasília, DF, ano CXXVI, n. 191-A, 5 out. 1988. Seção I, p. 21.

_________. Constituição da República Federativa do Brasil, de 1988. Título VII, Da ordem econômica e financeira. Capítulo II, Da política urbana. Art. 182, §§ 2º- 4º, I-III; Art. 183. **Diário Oficial [da] União**, Poder Executivo, Brasília, DF, ano CXXVI, n. 191-A, 5 out. 1988. Seção I, p. 22.

_________. Constituição da República Federativa do Brasil, de 1988. Título VII, Da ordem econômica e financeira. Capítulo III, Da política agrícola e fundiária e da reforma agrária. Art. 184, § 1º; art. 185, I-II, parágrafo único; art. 186, I-IV; art. 187, I-II, VI-VII, § 1º; art. 188; art. 191. **Diário Oficial [da] União**, Poder Executivo, Brasília, DF, ano CXXVI, n. 191-A, 5 out. 1988. Seção I, p. 22.

_________. Constituição da República Federativa do Brasil, de 1988. Título VII, Da ordem econômica e financeira. Capítulo IV, Do sistema financeiro nacional. Art. 192, I-III, *a-b*, VI-VII, §§ 2º-3º. **Diário Oficial [da] União**, Poder Executivo, Brasília, DF, ano CXXVI, n. 191-A, 5 out. 1988. Seção I, p. 22.

_________. Constituição da República Federativa do Brasil, de 1988. Título VIII, Da ordem social. Capítulo I, Disposição geral. Art. 193. **Diário Oficial [da] União**, Poder Executivo, Brasília, DF, ano CXXVI, n. 191-A, 5 out. 1988. Seção I, p. 22.

_________. Constituição da República Federativa do Brasil, de 1988. Título VIII, Da ordem social. Capítulo II, Da Seguridade Social. Seção I, Disposições gerais. Art. 195, § 2º. **Diário Oficial [da] União**, Poder Executivo, Brasília, DF, ano CXXVI, n. 191-A, 5 out. 1988. Seção I, p. 23.

_________. Constituição da República Federativa do Brasil, de 1988. Título VIII, Da ordem social. Capítulo II, Da Seguridade Social. Seção II, Da saúde. Art. 196; art. 198, parágrafo único; art. 199, §§ 1º-3º; art. 200, I-IV, VI. **Diário Oficial [da] União**, Poder Executivo, Brasília, DF, ano CXXVI, n. 191-A, 5 out. 1988. Seção I, p. 23.

_________. Constituição da República Federativa do Brasil, de 1988. Título VIII, Da ordem social. Capítulo II, Da Seguridade Social. Seção III, Da previdência social. Art. 201, II, IV, § 1º; art. 202, I, § 2º. **Diário Oficial [da] União**, Poder Executivo, Brasília, DF, ano CXXVI, n. 191-A, 5 out. 1988. Seção I, p. 23.

________. Constituição da República Federativa do Brasil, de 1988. Título VIII, Da ordem social. Capítulo II, Da Seguridade Social. Seção IV, Da assistência social. Art. 203, V; art. 204, II. **Diário Oficial [da] União**, Poder Executivo, Brasília, DF, ano CXXVI, n. 191-A, 5 out. 1988. Seção I, p. 23.

________. Constituição da República Federativa do Brasil, de 1988. Título VIII, Da ordem social. Capítulo III, Da educação, da cultura e do desporto. Seção I, Da educação. Art. 205; art. 206, I, III-VII; art. 207; art. 208, IV, VI-VII, §§ 1º-2º; art. 209, I-II; art. 210; art. 211, § 2º; art. 212, §§ 3º-4º; art. 214, I, III, V. **Diário Oficial [da] União**, Poder Executivo, Brasília, DF, ano CXXVI, n. 191-A, 5 out. 1988. Seção I, p. 23-24.

________. Constituição da República Federativa do Brasil, de 1988. Título VIII, Da ordem social. Capítulo III, Da educação, da cultura e do desporto. Seção II, Da cultura. Art. 215, IV; art. 216, III. **Diário Oficial [da] União**, Poder Executivo, Brasília, DF, ano CXXVI, n. 191-A, 5 out. 1988. Seção I, p. 24.

________. Constituição da República Federativa do Brasil, de 1988. Título VIII, Da ordem social. Capítulo IV, Da ciência e tecnologia. Art. 218, §§ 2º-4º. **Diário Oficial [da] União**, Poder Executivo, Brasília, DF, ano CXXVI, n. 191-A, 5 out. 1988. Seção I, p. 24.

________. Constituição da República Federativa do Brasil, de 1988. Título VIII, Da ordem social. Capítulo V, Da comunicação social. Art. 220, § 3º, II. **Diário Oficial [da] União**, Poder Executivo, Brasília, DF, ano CXXVI, n. 191-A, 5 out. 1988. Seção I, p. 25.

________. Constituição da República Federativa do Brasil, de 1988. Título VII, Da ordem econômica e financeira. Capítulo VI, Do meio ambiente. Art. 225, § 1º, I, VI-VII; §§ 2º-3º, 5º-6º. **Diário Oficial [da] União**, Poder Executivo, Brasília, DF, ano CXXVI, n. 191-A, 5 out. 1988. Seção I, p. 25.

________. Constituição da República Federativa do Brasil, de 1988. Título VII, Da ordem econômica e financeira. Capítulo VII, Da família, da criança, do adolescente e do idoso. Art. 227, I. **Diário Oficial [da] União**, Poder Executivo, Brasília, DF, ano CXXVI, n. 191-A, 5 out. 1988. Seção I, p. 25.

________. Constituição da República Federativa do Brasil, de 1988. Título IX, Das disposições constitucionais gerais. Art. 238; art. 239, §§ 1º, 4º. **Diário Oficial [da] União**, Poder Executivo, Brasília, DF, ano CXXVI, n. 191-A, 5 out. 1988. Seção I, p. 26.

__________. Constituição da República Federativa do Brasil, de 1988. Ato das Disposições Constitucionais Transitórias. Art. 34, § 2º, I; § 11; arts. 40-41; art. 47, § 6º; art. 50; art. 54. **Diário Oficial [da] União**, Poder Executivo, Brasília, DF, ano CXXVI, n. 191-A, 5 out. 1988. Seção I, p. 30-31.

MDB. **O homem e a liberdade**. 1º Simpósio Nacional. Instituto de Estudos Políticos Pedroso Horta, Aracaju, 17-18 jun. 1976a.

__________. **O homem e o problema social**. Simpósio Nacional. Instituto de Estudos Políticos Pedroso Horta, Aracaju, 17-18 set. 1976b.

__________. **MDB no rádio e televisão**. A luta pela democracia. Instituto de Estudos Políticos Pedroso Horta, Brasília, 17-18 jun. 1977a.

__________. **Manual da Constituinte**. MDB em ação. Diretório nacional do Movimento Democrático Brasileiro. Coleção "MDB" – Alberto Pasqualini, Brasília, v. XIV, 14 set. 1977b.

__________. **Constituinte com anistia**. Compromissos políticos, sociais e econômicos do MDB. Eleições de 15 de novembro de 1978 para senador, deputados federais e estaduais. Diretório nacional do Movimento Democrático Brasileiro. Coleção "MDB" – Alberto Pasqualini, Brasília, v. XV, 1978.

PMDB. Esperança e mudança: uma proposta de governo para o Brasil. **Revista do PMDB**, Rio de Janeiro, Fundação Pedroso Horta, ano II, n. 4, out./nov.1982.

FONTES SECUNDÁRIAS

ALCKMIN, G. Câmara dos Deputados. Ata da 5ª Reunião Ordinária da Comissão da Ordem Social. **Diário [da] Assembleia Nacional Constituinte** (Atas de Comissões), Poder Legislativo, Brasília, DF, 27 maio 1987.

ALMEIDA, O. Câmara dos Deputados. Ata da 7ª Reunião Ordinária da Comissão da Ordem Social. **Diário [da] Assembleia Nacional Constituinte** (Atas de Comissões), Poder Legislativo, Brasília, DF, 28 maio 1987.

ALVES, C. Câmara dos Deputados. Ata da 7ª Reunião Ordinária da Comissão da Ordem Social. **Diário [da] Assembleia Nacional Constituinte** (Atas de Comissões), Poder Legislativo, Brasília, DF, 28 maio 1987.

__________. Câmara dos Deputados. Ata da 21ª Reunião Ordinária. Subcomissão da Política Agrícola e Fundiária e da Reforma Agrária. **Diário [da] Assembleia Nacional Constituinte** (Atas de Comissões), Poder Legislativo, Brasília, DF, 23 maio 1987a.

__________. Câmara dos Deputados. Ata da 1ª Reunião (Instalação). Comissão da Ordem Econômica. **Diário [da] Assembleia Nacional Constituinte** (Suplemento), Poder Legislativo, Brasília, DF, 1 abr. 1987b.

ARANTES, A. S. Câmara dos Deputados. Ata da 21ª Reunião Ordinária. Subcomissão da Política Agrícola e Fundiária e da Reforma Agrária. **Diário [da] Assembleia Nacional Constituinte** (Atas de Comissões), Poder Legislativo, Brasília, DF, 23 maio 1987a.

__________. Câmara dos Deputados. Ata da 4ª Reunião Ordinária. Comissão da Ordem Econômica. **Diário [da] Assembleia Nacional Constituinte** (Suplemento), Poder Legislativo, Brasília, DF, 27 maio 1987b.

BAAKLINI, A. I. **O Congresso e o sistema político do Brasil**. Trad. Beatriz Lacerda. Rio de Janeiro: Paz e Terra, 1993.

BARBOSA, F. H. *et al.* **Plano cruzado**: inércia *x* inépcia. Rio de Janeiro: Globo, 1989.

BARBOSA, F. H. Câmara dos Deputados. Ata da 16ª Reunião Extraordinária. Comissão da Ordem Econômica. **Diário [da] Assembleia Nacional Constituinte** (Suplemento), Poder Legislativo, Brasília, DF, 15 jun. 1987.

BOGO, V. J. Câmara dos Deputados. Ata da 21ª Reunião Ordinária. Subcomissão da Política Agrícola e Fundiária e da Reforma Agrária. **Diário [da] Assembleia Nacional Constituinte** (Atas de Comissões), Poder Legislativo, Brasília, DF, 23 maio 1987.

BOTELHO, M. Câmara dos Deputados. Ata da 7ª Reunião Ordinária da Comissão da Ordem Social. **Diário [da] Assembleia Nacional Constituinte** (Atas de Comissões), Poder Legislativo, Brasília, DF, 28 maio 1987.

BRUNO, R. Revisitando a UDR: ação política, ideologia e representação. **Rev. Inst. Est. Bras.**, São Paulo, 1996.

CAMPOS, R. O. Câmara dos Deputados. Ata da 1ª Reunião (Instalação). Comissão da Ordem Econômica. **Diário [da] Assembleia Nacional Constituinte** (Suplemento), Poder Legislativo, Brasília, DF, 1 abr. 1987.

CANDIDO, R. Câmara dos Deputados. Ata da 14ª Reunião Ordinária. Comissão da Ordem Econômica. **Diário [da] Assembleia Nacional Constituinte** (Suplemento), Poder Legislativo, Brasília, DF, 12 jun. 1987a.

__________. Câmara dos Deputados. Ata da 5ª Reunião Ordinária da Comissão da Ordem Social. **Diário [da] Assembleia Nacional Constituinte** (Atas de Comissões), Poder Legislativo, Brasília, DF, 27 maio 1987b.

CAPIBERIBE, R. Câmara dos Deputados. Ata da 21ª Reunião Ordinária. Subcomissão da Política Agrícola e Fundiária e da Reforma Agrária. **Diário [da] Assembleia Nacional Constituinte** (Suplemento), Poder Legislativo, Brasília, DF, 23 maio 1987.

CARNEIRO, D. Câmara dos Deputados. Ata da 1ª Reunião Extraordinária da Subcomissão da Questão Urbana e Transporte. **Diário [da] Assembleia Nacional Constituinte** (Atas de Comissões), Poder Legislativo, Brasília, DF, 25 jul. 1987.

CARVALHO, A. Câmara dos Deputados. Ata da 7ª Reunião Ordinária da Comissão da Ordem Social. **Diário [da] Assembleia Nacional Constituinte** (Atas de Comissões), Poder Legislativo, Brasília, DF, 28 maio 1987.

CASTRO, M. Câmara dos Deputados. Ata da 1ª Reunião Extraordinária da Subcomissão da Questão Urbana e Transporte. **Diário [da] Assembleia Nacional Constituinte** (Atas de Comissões), Poder Legislativo, Brasília, DF, 25 jul. 1987.

COELHO, R. C. **Partidos políticos, maiorias parlamentares e tomada de decisão na Constituinte**. 1999. 285 f. Tese (Doutorado em Ciência Política) – Universidade de São Paulo, Departamento de Ciência Política da Faculdade de Filosofia, Letras e Ciências Humanas da Universidade de São Paulo, 1999.

COSTA, H. Câmara dos Deputados. Ata da 7ª Reunião Ordinária da Comissão da Ordem Social. **Diário [da] Assembleia Nacional Constituinte** (Atas de Comissões), Poder Legislativo, Brasília, DF, 28 maio 1987.

COVAS, M. Câmara dos Deputados. Ata da 1ª Reunião (Instalação). Comissão da Ordem Econômica. **Diário [da] Assembleia Nacional Constituinte** (Suplemento), Poder Legislativo, Brasília, DF, 1 abr. 1987.

CUNHA, J. Câmara dos Deputados. Ata da 6ª Reunião Ordinária da Comissão da Ordem Social. **Diário [da] Assembleia Nacional Constituinte** (Atas de Comissões), Poder Legislativo, Brasília, DF, 28 maio 1987.

DAL-PRÁ, D. Câmara dos Deputados. Ata da 8ª Reunião Ordinária da Comissão da Ordem Social. **Diário [da] Assembleia Nacional Constituinte** (Atas de Comissões), Poder Legislativo, Brasília, DF, 1 junho 1987.

DELGADO, T. **A história de um rebelde**. Brasília: Fundação Ulysses Guimarães, 2006.

DERZI, R. S. Câmara dos Deputados. Ata da 1ª Reunião (Instalação). Comissão da Ordem Econômica. **Diário [da] Assembleia Nacional Constituinte** (Suplemento), Poder Legislativo, Brasília, DF, 1 abr. 1987.

DINIZ, E; BOSCHI, R. A consolidação democrática no Brasil: atores políticos, processos sociais e intermediação de interesses *In:* DINIZ, E. *et al.* **Modernização e consolidação democrática no Brasil**: dilemas da Nova República. São Paulo: Vértice, 1989.

DOWNS, A. **An economic theory of democracy**. Nova Iorque, Harper & Row, 1957.

DUARTE, C. S. Direito Público Subjetivo e Políticas Educacionais, 18(2), 113-118, **Revista São Paulo em Perspectiva**, Fundação Sead, 2004.

DUQUE, H. Câmara dos Deputados. Ata da 14ª Reunião Ordinária. Comissão da Ordem Econômica. **Diário [da] Assembleia Nacional Constituinte** (Suplemento), Poder Legislativo, Brasília, DF, 12 jun. 1987.

ECHEVERRIA, R. **Sarney**: a biografia. São Paulo: Leya, 2010.

FAGNANI, E. **Política social no Brasil (1964-2002)**: entre a cidadania e a caridade. 2005. 601 f. Tese (Doutorado em Ciências Econômicas) – Universidade Estadual de Campinas, Instituto de Economia, Campinas, 2005.

FERREIRA, B. *et al.* Constituição vinte anos: caminhos e descaminhos da Reforma Agrária – Embates (permanentes), avanços (poucos) e derrotas (muitas). *In:* Políticas Sociais: acompanhamento e análise. Vinte anos da Constituição Federal. **Ipea** – Instituto de Pesquisa Econômica Aplicada, Brasília, v. 2, n. 17, 2008.

FLEISCHER, D. Os partidos políticos. *In:* AVELAR, L.; CINTRA, A. (Orgs.). O. **Sistema político brasileiro**: uma introdução. 2ª ed. rev. e ampl. São Paulo: Unesp; Fundação Konrad Adenauer, 2007.

FRANCO, A. P. Câmara dos Deputados. Ata da 2ª Reunião Ordinária da Comissão da Ordem Social. **Diário [da] Assembleia Nacional Constituinte** (Atas de Comissões), Poder Legislativo, Brasília, DF, 25 maio 1987.

FREIRE, R. J. P. Câmara dos Deputados. Ata da 21ª Reunião Ordinária. Subcomissão da Política Agrícola e Fundiária e da Reforma Agrária. **Diário [da] Assembleia Nacional Constituinte** (Atas de Comissões), Poder Legislativo, Brasília, DF, 23 maio 1987.

FREITAS, R. *et al.* Procurando o Centrão: direita e esquerda na Assembleia Nacional Constituinte 1987-88. **Concurso Anpocs-Fundação Ford**. Melhores trabalhos sobre a Constituição de 1988, 2009.

FRIEDRICH, N. Câmara dos Deputados. Ata da 1ª Reunião Extraordinária da Subcomissão da Questão Urbana e Transporte. **Diário [da] Assembleia Nacional Constituinte** (Atas de Comissões), Poder Legislativo, Brasília, DF, 25 jul. 1987.

GABRIEL, A. Câmara dos Deputados. Ata da 3ª Reunião Ordinária da Comissão da Ordem Social. **Diário [da] Assembleia Nacional Constituinte** (Atas de Comissões), Poder Legislativo, Brasília, DF, 26 maio 1987.

GALASSI, V. Câmara dos Deputados. Ata da 21ª Reunião Ordinária. Subcomissão da Política Agrícola e Fundiária e da Reforma Agrária. **Diário [da] Assembleia Nacional Constituinte** (Atas de Comissões), Poder Legislativo, Brasília, DF, 23 maio 1987.

GENOÍNO NETO, J. Câmara dos Deputados. Ata da 21ª Reunião Ordinária. Subcomissão da Política Agrícola e Fundiária e da Reforma Agrária. **Diário [da] Assembleia Nacional Constituinte** (Atas de Comissões), Poder Legislativo, Brasília, DF, 23 maio 1987a.

__________. Câmara dos Deputados. Ata da 4ª Reunião Ordinária. Comissão da Ordem Econômica. **Diário [da] Assembleia Nacional Constituinte** (Suplemento), Poder Legislativo, Brasília, DF, 27 maio 1987b.

GEORGIS, N. Câmara dos Deputados. Ata da 15ª Reunião Ordinária da Subcomissão da Questão Urbana e Transporte. **Diário [da] Assembleia Nacional Constituinte** (Atas de Comissões), Poder Legislativo, Brasília, DF, 23 jul. 1987.

GOMES, S. Câmara dos Deputados. Ata da 14ª Reunião Ordinária. Comissão da Ordem Econômica. **Diário [da] Assembleia Nacional Constituinte** (Suplemento), Poder Legislativo, Brasília, DF, 12 jun. 1987.

GRAU, E. R. **A ordem econômica na Constituição de 1988** (Interpretação e crítica). São Paulo: Malheiros Editores, 1990.

GUERRA, A. Câmara dos Deputados. Ata da 2ª Reunião Ordinária da Comissão da Ordem Social. **Diário [da] Assembleia Nacional Constituinte** (Atas de Comissões), Poder Legislativo, Brasília, DF, 25 maio 1987.

GUIMARÃES, V. Câmara dos Deputados. Ata da 21ª Reunião Ordinária. Subcomissão da Política Agrícola e Fundiária e da Reforma Agrária. **Diário [da] Assembleia Nacional Constituinte** (Atas de Comissões), Poder Legislativo, Brasília, DF, 23 maio 1987.

GUTEMBERG, L. **Moisés:** codinome Ulysses Guimarães: uma biografia. São Paulo: Companhia das Letras, 1994.

IZAR, R. Câmara dos Deputados. Ata da 1ª Reunião Extraordinária da Subcomissão da Questão Urbana e Transporte. **Diário [da] Assembleia Nacional Constituinte** (Atas de Comissões), Poder Legislativo, Brasília, DF, 25 jul. 1987.

JEFFERSON, R. Câmara dos Deputados. Ata da 14ª Reunião Ordinária. Comissão da Ordem Econômica. **Diário [da] Assembleia Nacional Constituinte** (Suplemento), Poder Legislativo, Brasília, DF, 12 jun. 1987.

JORGE, E. Câmara dos Deputados. Ata da 3ª Reunião Ordinária da Comissão da Ordem Social. **Diário [da] Assembleia Nacional Constituinte** (Atas de Comissões), Poder Legislativo, Brasília, DF, 26 maio 1987.

KINZO, M. D. G. **Oposição e autoritarismo**: gênese e trajetória do MDB (1966-1979). Coleção História Eleitoral do Brasil. São Paulo: Idesp/Vértice, 1988.

LAMOUNIER, B. Authoritarian Brazil revisado: o impacto das eleições na abertura política brasileira, 1974-1982. **Dados**, v. 29, n. 3, 1986, p. 283-317.

LAVAREDA, A. **A democracia nas urnas**: o processo eleitoral brasileiro 1945-1964. Rio de Janeiro: Iuperj/Revan, 1999.

LAVOR, M. de. Câmara dos Deputados. Ata da 6ª Reunião Ordinária da Comissão da Ordem Social. **Diário [da] Assembleia Nacional Constituinte** (Atas de Comissões), Poder Legislativo, Brasília, DF, 28 maio 1987.

LEÃO, E. **Do MDB ao PMDB**. Brasília: Fundação Ulysses Guimarães, 2004.

LEÃO, M. Câmara dos Deputados. Ata da 7ª Reunião Ordinária da Comissão da Ordem Social. **Diário [da] Assembleia Nacional Constituinte** (Atas de Comissões), Poder Legislativo, Brasília, DF, 28 maio 1987.

LEONELLI, D. Câmara dos Deputados. Ata da 21ª Reunião Ordinária. Subcomissão da Política Agrícola e Fundiária e da Reforma Agrária. **Diário [da] Assembleia Nacional Constituinte** (Atas de Comissões), Poder Legislativo, Brasília, DF, 23 maio 1987a.

_________. Câmara dos Deputados. Ata da 3ª Reunião Ordinária da Comissão da Ordem Social. **Diário [da] Assembleia Nacional Constituinte** (Atas de Comissões), Poder Legislativo, Brasília, DF, 26 maio 1987b.

LIMA, H. Câmara dos Deputados. Ata da 4ª Reunião Ordinária. Comissão da Ordem Econômica. **Diário [da] Assembleia Nacional Constituinte** (Suplemento), Poder Legislativo, Brasília, DF, 27 maio 1987.

LIMA, M. Câmara dos Deputados. Ata da 3ª Reunião Ordinária da Comissão da Ordem Social. **Diário [da] Assembleia Nacional Constituinte** (Atas de Comissões), Poder Legislativo, Brasília, DF, 26 maio 1987.

LIMA, P. C. R. Assembleia Nacional Constituinte. Subcomissão de Princípios Gerais, Intervenção do Estado, Regime da Propriedade do Subsolo e da Atividade Econômica. **Nota Técnica**, Câmara dos Deputados, Consultoria Legislativa, Brasília-DF, dez. 2008.

LIMA FILHO, O. C. C. Câmara dos Deputados. Ata da 21ª Reunião Ordinária. Subcomissão da Política Agrícola e Fundiária e da Reforma Agrária. **Diário [da] Assembleia Nacional Constituinte** (Atas de Comissões), Poder Legislativo, Brasília, DF, 23 maio 1987a.

__________. Câmara dos Deputados. Ata da 4ª Reunião Ordinária. Comissão da Ordem Econômica. **Diário [da] Assembleia Nacional Constituinte** (Suplemento), Poder Legislativo, Brasília, DF, 27 maio 1987b.

LOBÃO, E. Câmara dos Deputados. Ata da 21ª Reunião Ordinária. Subcomissão da Política Agrícola e Fundiária e da Reforma Agrária. **Diário [da] Assembleia Nacional Constituinte** (Atas de Comissões), Poder Legislativo, Brasília, DF, 23 maio 1987.

LOURENÇO, J. Câmara dos Deputados. Ata da 7ª Reunião Ordinária da Comissão da Ordem Social. **Diário [da] Assembleia Nacional Constituinte** (Atas de Comissões), Poder Legislativo, Brasília, DF, 28 maio 1987.

MAIA, W. Câmara dos Deputados. Ata da 6ª Reunião Ordinária da Comissão da Ordem Social. **Diário [da] Assembleia Nacional Constituinte** (Atas de Comissões), Poder Legislativo, Brasília, DF, 28 maio 1987.

MAINWARING, S. P.; LIÑAN, A. P. Disciplina partidária: o caso da Constituinte. **Lua Nova**, São Paulo, n. 44, 1998.

MARTINS, J. S. Reforma agrária – o impossível diálogo sobre a História possível. **Tempo Social**, Revista de Sociologia da USP, São Paulo, out. 1999.

MEDEIROS, D. B. **Organizando maiorias, agregando preferências**: a Assembleia Nacional Constituinte de 1987-88. 2013. 111 f. Dissertação (Mestrado em Ciência Política) – Faculdade de Filosofia, Letras e Ciências Humanas da Universidade de São Paulo, São Paulo, 2013.

MEDEIROS, L. S. **Reforma Agrária no Brasil**: história e atualidade da luta pela terra. São Paulo: Editora Fundação Perseu Abramo, 2003.

MEDICI, A. C. 1995. Saúde: modelos de gestão descentralizada. Alternativas para o Brasil. *In:* VELLOSO, J. P. R.; ALBUQUERQUE, R. C.; KNOOP, J. (Coords.). Políticas sociais no Brasil: descentralização, eficiência e equidade. Rio de Janeiro: Instituto Nacional de Altos Estudos – Instituto Latino-Americano de Desenvolvimento Econômico e Social. *In:* COSTA, R. C. R. da. Descentralização, financiamento e regulação: a reforma do sistema público de saúde no Brasil durante a década de 1990. Universidade Federal Fluminense. **Revista de Sociologia e Política**, n. 18, p. 49-71, jun. 2002.

MEDINA, R. **Apresentação de Emendas**. Assembleia Nacional Constituinte. Sessão de Documentação Parlamentar, Constituinte Fase B, Emendas ao Anteprojeto do Relator da Subcomissão, 6A0242-5, v. 166, 18 maio 1987.

MONTEIRO, B. Câmara dos Deputados. Ata da 16ª Reunião Extraordinária. Comissão da Ordem Econômica. **Diário [da] Assembleia Nacional Constituinte** (Suplemento), Poder Legislativo, Brasília, DF, 15 jun. 1987.

MOSCONI, C. Câmara dos Deputados. Ata da 6ª Reunião Ordinária da Comissão da Ordem Social. **Diário [da] Assembleia Nacional Constituinte** (Atas de Comissões), Poder Legislativo, Brasília, DF, 28 maio 1987.

MOTTA, A. Câmara dos Deputados. Ata da 7ª Reunião Ordinária da Comissão da Ordem Social. **Diário [da] Assembleia Nacional Constituinte** (Atas de Comissões), Poder Legislativo, Brasília, DF, 28 maio 1987.

MOURA, C. Câmara dos Deputados. Ata da 2ª Reunião Ordinária da Comissão da Ordem Social. **Diário [da] Assembleia Nacional Constituinte** (Atas de Comissões), Poder Legislativo, Brasília, DF, 25 maio 1987.

MOURA, F.; MONTERO, P. **Retrato de grupo**: 40 anos do Cebrap. São Paulo: Cosac Naify, 2009.

MULLER, A. Câmara dos Deputados. Ata da 16ª Reunião Extraordinária. Comissão da Ordem Econômica. **Diário [da] Assembleia Nacional Constituinte** (Suplemento), Poder Legislativo, Brasília, DF, 15 jun. 1987.

MUNIZ, P. S. Câmara dos Deputados. Ata da 16ª Reunião Ordinária da Subcomissão de Princípios Gerais, Intervenção do Estado, Regime da Propriedade do Subsolo e da Atividade Econômica. **Diário [da] Assembleia Nacional Constituinte** (Atas de Comissões), Poder Legislativo, Brasília, DF, 24 maio 1987a.

__________. Câmara dos Deputados. Ata da 21ª Reunião Ordinária. Subcomissão da Política Agrícola e Fundiária e da Reforma Agrária. **Diário [da] Assembleia Nacional Constituinte** (Atas de Comissões), Poder Legislativo, Brasília, DF, 23 maio 1987b.

_________. Câmara dos Deputados. Ata da 4ª Reunião Ordinária. Comissão da Ordem Econômica. **Diário [da] Assembleia Nacional Constituinte** (Suplemento), Poder Legislativo, Brasília, DF, 27 maio 1987c.

MURAD, J. E. Câmara dos Deputados. Ata da 3ª Reunião Ordinária da Comissão da Ordem Social. **Diário [da] Assembleia Nacional Constituinte** (Atas de Comissões), Poder Legislativo, Brasília, DF, 26 maio 1987.

NADER, A. B. **Autênticos do MDB**: história oral de vida política. São Paulo: Paz e Terra, 1998.

NAYA, S. A. Câmara dos Deputados. Ata da 4ª Reunião Ordinária. Comissão da Ordem Econômica. **Diário [da] Assembleia Nacional Constituinte** (Suplemento), Poder Legislativo, Brasília, DF, 27 maio 1987.

NEDEL, R. Câmara dos Deputados. Ata da 5ª Reunião Ordinária da Comissão da Ordem Social. **Diário [da] Assembleia Nacional Constituinte** (Atas de Comissões), Poder Legislativo, Brasília, DF, 27 maio 1987.

NEVES, T. A. (1985). **Tancredo Neves**: pensamentos e fatos. Porto Alegre: Fundação Ulysses Guimarães, 2011.

NOGUEIRA NETO, P. Câmara dos Deputados. Ata da 2ª Reunião Ordinária da Comissão da Ordem Social. **Diário [da] Assembleia Nacional Constituinte** (Atas de Comissões), Poder Legislativo, Brasília, DF, 25 maio 1987.

OLIVEIRA, B. K.V. **Da transição democrática ao Governo Lula**: a trajetória e o papel político do PMDB. 133 f. Dissertação (Mestrado em Sociologia) – Universidade Federal do Ceará, Departamento de Ciências Sociais, Ceará, 2012.

OLIVEIRA, J. U. Câmara dos Deputados. Ata da 16ª Reunião Ordinária da Subcomissão da Questão Urbana e Transporte. **Diário [da] Assembleia Nacional Constituinte** (Atas de Comissões), Poder Legislativo, Brasília, DF, 12 jul. 1987.

PAIM, P. Câmara dos Deputados. Ata da 5ª Reunião Ordinária da Comissão da Ordem Social. **Diário [da] Assembleia Nacional Constituinte** (Atas de Comissões), Poder Legislativo, Brasília, DF, 27 maio 1987.

PALMEIRA, V. Câmara dos Deputados. Ata da 4ª Reunião Ordinária. Comissão da Ordem Econômica. **Diário [da] Assembleia Nacional Constituinte** (Suplemento), Poder Legislativo, Brasília, DF, 27 maio 1987.

PALOS, A. G. C. A Constituição de 1988 e o pacto federativo fiscal. **Consultoria Legislativa da Câmara dos Deputados**, Brasília – DF, mar. 2011.

PASSONI, I. R. Câmara dos Deputados. Ata da 4ª Reunião Ordinária. Comissão da Ordem Econômica. **Diário [da] Assembleia Nacional Constituinte** (Suplemento), Poder Legislativo, Brasília, DF, 27 maio 1987a.

__________. Câmara dos Deputados. Ata da 21ª Reunião Ordinária. Subcomissão da Política Agrícola e Fundiária e da Reforma Agrária. **Diário [da] Assembleia Nacional Constituinte** (Atas de Comissões), Poder Legislativo, Brasília, DF, 23 maio 1987b.

PAULINELLI, A. Câmara dos Deputados. Ata da 4ª Reunião Ordinária. Comissão da Ordem Econômica. **Diário [da] Assembleia Nacional Constituinte** (Suplemento), Poder Legislativo, Brasília, DF, 27 maio 1987.

PEREIRA, V. Câmara dos Deputados. Ata da 16ª Reunião Extraordinária. Comissão da Ordem Econômica. **Diário [da] Assembleia Nacional Constituinte** (Suplemento), Poder Legislativo, Brasília, DF, 15 jun. 1987.

PONTE, L. R. A. Câmara dos Deputados. Ata da 3ª Reunião Ordinária da Comissão da Ordem Social. **Diário [da] Assembleia Nacional Constituinte** (Atas de Comissões), Poder Legislativo, Brasília, DF, 26 maio 1987.

PORTELLA, M. Câmara dos Deputados. Ata da 1ª Reunião Extraordinária da Subcomissão da Questão Urbana e Transporte. **Diário [da] Assembleia Nacional Constituinte** (Atas de Comissões), Poder Legislativo, Brasília, DF, 25 jul. 1987.

REIS, F. W. **Mercado e utopia**. São Paulo: Edusp, 2000.

REZENDE, U. R. Câmara dos Deputados. Ata da 2ª Reunião Ordinária da Comissão da Ordem Social. **Diário [da] Assembleia Nacional Constituinte** (Atas de Comissões), Poder Legislativo, Brasília, DF, 25 maio 1987.

"RICOS" vão para Comissão econômica; "pobres" para social, Folha de S.Paulo, São Paulo, 5 abr. 1987, *In:* COELHO, R. C. **Partidos políticos, maiorias parlamentares e tomada de decisão na Constituinte**. 1999. 285 f. Tese (Doutorado em Ciência Política) – Universidade de São Paulo, Departamento de Ciência Política da Faculdade de Filosofia, Letras e Ciências Humanas da Universidade de São Paulo, 1999.

ROCHA, A. S. C. Genealogia da Constituinte: do autoritarismo à redemocratização. **Lua Nova**, São Paulo, n. 88.

RODRIGUES, L. A. Câmara dos Deputados. Ata da 2ª Reunião Ordinária. Comissão da Ordem Econômica. **Diário [da] Assembleia Nacional Constituinte** (Suplemento), Poder Legislativo, Brasília, DF, 13 abr. 1987.

RODRIGUES, L. M. **Partidos e sindicatos**: escritos da Sociologia Política. São Paulo: Ática, 1990.

RODRIGUES NETO, E. Câmara dos Deputados. Ata da 2ª Reunião Ordinária da Comissão da Ordem Social. **Diário [da] Assembleia Nacional Constituinte** (Atas de Comissões), Poder Legislativo, Brasília, DF, 25 maio 1987.

SABÓIA, J. C. Câmara dos Deputados. Ata da 7ª Reunião Ordinária da Comissão da Ordem Social. **Diário [da] Assembleia Nacional Constituinte** (Atas de Comissões), Poder Legislativo, Brasília, DF, 28 maio 1987.

SALOMÃO, L. A. Câmara dos Deputados. Ata da 4ª Reunião Ordinária. Comissão da Ordem Econômica. **Diário [da] Assembleia Nacional Constituinte** (Suplemento), Poder Legislativo, Brasília, DF, 27 maio 1987.

SAMUELS, D. As bases do petismo. **Opinião Pública**, Campinas, v. 10, n. 2, p. 221-241, 2004.

SANT'ANNA, F. R. Câmara dos Deputados. Ata da 4ª Reunião Ordinária. Comissão da Ordem Econômica. **Diário [da] Assembleia Nacional Constituinte** (Suplemento), Poder Legislativo, Brasília, DF, 27 maio 1987.

SANTILLI, M. **Diário [do] Congresso Nacional**, Poder Legislativo, Brasília, DF, 27 abr. 1984.

SANTOS, M. Câmara dos Deputados. Ata da 15ª Reunião Ordinária da Subcomissão da Questão Urbana e Transporte. **Diário [da] Assembleia Nacional Constituinte** (Atas de Comissões), Poder Legislativo, Brasília, DF, 23 jul. 1987.

SANTOS, W. G. (1978). Poder e política: crônica do autoritarismo brasileiro. *In:* ROCHA, A. S. Genealogia da Constituinte: do autoritarismo à redemocratização. **Lua Nova**, São Paulo, n. 88, p. 29-87, 2013.

SCHMITT, R. **As eleições no Brasil**. São Paulo: Publifolha, 2000.

SEIXAS, N. Câmara dos Deputados. Ata da 8ª Reunião Ordinária da Comissão da Ordem Social. **Diário [da] Assembleia Nacional Constituinte** (Atas de Comissões), Poder Legislativo, Brasília, DF, 1 junho 1987.

SILVA, J. G. **Buraco negro**: a Reforma Agrária na Constituinte. Rio de Janeiro: Paz e Terra, 1989.

__________. **A nova dinâmica da agricultura brasileira**. Campinas: Unicamp – Instituto de Economia, 1996.

SILVEIRA, L. H. **Diário [do] Congresso Nacional**, Poder Legislativo, Brasília, DF, 16 maio 1984.

SOARES, O. Câmara dos Deputados. Ata da 8ª Reunião Ordinária da Comissão da Ordem Social. **Diário [da] Assembleia Nacional Constituinte** (Atas de Comissões), Poder Legislativo, Brasília, DF, 1 junho 1987.

SORJ, B. Reforma Agrária em tempos de democracia e globalização. **Novos Estudos**, Cebrap, São Paulo, 1998.

SOUZA, M. C. C. A Nova República brasileira: sob a espada de Dâmocles. *In:* **Democratizando o Brasil**. Rio de Janeiro: Paz e Terra, 1988.

STEDILE, J. P.; FERNANDES, B. M. **Brava Gente** – A trajetória do MST e a luta pela terra no Brasil. São Paulo, Fundação Perseu Abramo, 1999.

THAME, M. Câmara dos Deputados. Ata da 3ª Reunião Ordinária da Comissão da Ordem Social. **Diário [da] Assembleia Nacional Constituinte** (Atas de Comissões), Poder Legislativo, Brasília, DF, 26 maio 1987.

TITO, R. Câmara dos Deputados. Ata da 6ª Reunião Ordinária da Comissão da Ordem Social. **Diário [da] Assembleia Nacional Constituinte** (Atas de Comissões), Poder Legislativo, Brasília, DF, 28 maio 1987.

UEQUED, J. Câmara dos Deputados. Ata da 5ª Reunião Ordinária da Comissão da Ordem Social. **Diário [da] Assembleia Nacional Constituinte** (Atas de Comissões), Poder Legislativo, Brasília, DF, 27 maio 1987.

VALENTIM, E. Câmara dos Deputados. Ata da 5ª Reunião Ordinária da Comissão da Ordem Social. **Diário [da] Assembleia Nacional Constituinte** (Atas de Comissões), Poder Legislativo, Brasília, DF, 27 maio 1987.

VARGAS, O. Câmara dos Deputados. Ata da 2ª Reunião Ordinária da Comissão da Ordem Social. **Diário [da] Assembleia Nacional Constituinte** (Atas de Comissões), Poder Legislativo, Brasília, DF, 25 maio 1987.

VIANNA, J. Câmara dos Deputados. Ata da 4ª Reunião Ordinária. Comissão da Ordem Econômica. **Diário [da] Assembleia Nacional Constituinte** (Suplemento), Poder Legislativo, Brasília, DF, 27 maio 1987.

WANDERLEY, I. Câmara dos Deputados. Ata da 16ª Reunião Extraordinária. Comissão da Ordem Econômica. **Diário [da] Assembleia Nacional Constituinte** (Suplemento), Poder Legislativo, Brasília, DF, 15 jun. 1987.

REFERÊNCIAS DE INTERNET

ALA articula agora votos da Comissão. **O Globo**, Rio de Janeiro, 26 maio 1987. O País, p. 6. Disponível em: http://www2.senado.leg.br/bdsf/bitstream/handle/id/130207/maio87%20-%200687.pdf?sequence=1. Acesso em: 2 jul. 2016.

BENEVIDES, M. V. Ai que saudade do MDB! **Lua Nova**, São Paulo, v. 3, n. 1, jun. 1986. Disponível em: http://www.scielo.br/scielo.php?script=sci_arttext&pid=S0102-64451986000200006. Acesso em: 1 mar. 2016.

BRASIL. Ato Institucional nº 2, de 27 de outubro de 1965. Art. 18. **Diário Oficial [da] União**, Poder Executivo, Brasília, DF, 27 out. 1965. Disponível em: http://www.planalto.gov.br/ccivil_03/AIT/ait-02-65.htm. Acesso em: 25 maio 2017.

__________. **Mensagem nº 48**, de 28 de junho de 1985-CN (nº 330/85, na origem). Poder Executivo, Brasília, (1985a). Disponível em: http://www.senado.leg.br/publicacoes/anais/constituinte/emenda.pdf. Acesso em: 1 ago. 2016.

__________. **Proposta de Emenda à Constituição nº 43**, de 1985. Poder Executivo, Brasília, (1985b). Disponível em: http://www.senado.leg.br/publicacoes/anais/constituinte/emenda.pdf. Acesso em: 1 ago. 2016.

__________. **Emenda Constitucional nº 26**, de 27 de novembro de 1985. Poder Legislativo, Brasília, (1985c). Disponível em: http://www.planalto.gov.br/ccivil_03/Constituicao/Emendas/Emc_anterior1988/emc26-85.htm. Acesso em: 5 ago. 2016.

CARDOSO, F. H. Constituição leva à greve selvagem. **O Estado de São Paulo**, Brasília, 1 maio 1988, p. 9. Disponível em: file:///C:/Users/W7/Desktop/1988_01%20a%2005%20de%20Maio_%20028.pdf. Acesso em: 31 jan. 2017.

CARREIRÃO, Y. de S.; KINZO, M. D. Partidos políticos, preferência partidária e decisão eleitoral no Brasil (1989/2002). **Dados** – Revista de Ciências Sociais, Rio de Janeiro, v. 47, n. 1, p. 131-168, 2004. Disponível em: http://www.scielo.br/pdf/dados/v47n1/a04v47n1.pdf. Acesso em: 20 fev. 2016.

CONSERVADORES festejam em sessão sem a presença dos "progressistas". **O Globo**, Rio de Janeiro, 26 maio 1987. O País, p. 6. Disponível em: http://www2.senado.leg.br/bdsf/bitstream/handle/id/130207/maio87%20-%200687.pdf?sequence=1. Acesso em: 2 jul. 2016.

CONSERVADORES vencem primeira etapa da Constituinte. **Folha de S.Paulo**, São Paulo, Sucursal de Brasília, 26 maio 1987. Política, p. 6. Disponível em: file:///C:/Users/W7/Desktop/maio87%20-%200689.pdf. Acesso em: 10 ago. 2016.

FERNANDES, B. M. **A territorialização do MST** – Movimento dos Trabalhadores Rurais Sem-Terra-Brasil. [S.l.: s.n.], [199-?]. Disponível em:.http://www.reformaagrariaemdados.org.br/sites/default/files/1495-4357-1-PB.PDF. Acesso em: 2 mar. 2016.

OLIVEIRA, M. M. **Fontes de informações sobre a Assembléia Nacional Constituinte de 1987**: quais são, onde buscá-las e como usá-las. Brasília: Senado Federal, 1993. Disponível em: https://www2.camara.leg.br/atividade-legislativa/legislacao/Constituicoes_Brasileiras/constituicao-cidada/publicacoes/panorama_anc. Acesso em: 2 abr. 2016.

PELA livre-iniciativa, subcomissão muda relatório. **O Globo**, Rio de Janeiro, 26 maio 1987. O País, p. 6. Disponível em: http://www2.senado.leg.br/bdsf/bitstream/handle/id/130207/maio87%20-%200687.pdf?sequence=1. Acesso em: 2 jul. 2016.

PLANALTO já começa a usar o "jogo bruto". **Folha de S.Paulo**, São Paulo, Da Sucursal de Brasília, 26 maio 1987. Política, p. 6. Disponível em: file:///C:/Users/W7/Desktop/maio87%20-%200689.pdf. Acesso em: 10 ago. 2016.

REFORMA Agrária na Constituinte. Diário da Constituinte. Produção: TV Senado. Brasília, 3 out. 2013. Internet (YouTube) (13:26 min). Disponível em: https://www.youtube.com/watch?v=jEalus0RbV4. Acesso em: 1 ago. 2016.

RODRIGUES, L. M. Constituição leva à greve selvagem. **O Estado de S.Paulo**, Brasília, 1 maio 1988, p. 9. Disponível em: file:///C:/Users/W7/Desktop/1988_01%20a%2005%20de%20Maio_%20028.pdf. Acesso em: 31 jan. 2017.

SESSÃO tumultuada impede entrega de proposta. Reforma Agrária. **Folha de S.Paulo**, São Paulo, Sucursal de Brasília, 25 maio 1987. Política, Economia, A – p. 5. Disponível em: http://acervo.folha.uol.com.br/fsp/1987/05/25/2#. Acesso em: 1 ago. 2016.

SÜSSEKIND, A. **Convenções da OIT**. 2ª ed. São Paulo: LTR, 1998. 338p. Disponível em: http://www.oitbrasil.org.br/content/liberdade-sindical-e-prote%C3%A7%C3%A3o-ao-direito-de-sindicaliza%C3%A7%C3%A3o. Acesso em: 31 jan. 2017.

VEJA. Jogo de trocas: esquerda do PMDB ganha os cargos de Relator. *In:* MEDEIROS, D. B. **Organizando maiorias, agregando preferências**: a Assembleia Nacional Constituinte de 1987-88. 2013. 111 f. Dissertação (Mestre em Ciência Política) – Faculdade de Filosofia, Letras e Ciências Humanas da Universidade de São Paulo, São Paulo, 2013.

PERIÓDICOS

ULYSSES faz sua a festa da promulgação. **Folha de S.Paulo**, São Paulo, 6 out. 1988, ano 68, n. 21.736, A-1.

ULYSSES Guimarães. O Senhor Constituição. O que há de bom na nova Carta. **Veja**, São Paulo: Abril, ed. 1044, 7 set. 1988.

George Melão (coordenador)

TEMAS DE DIREITO ELEITORAL EM HOMENAGEM AO CENTENÁRIO DO PROFESSOR DOUTOR TITO COSTA

AUTORES: Allan Frazatti Silva • Anderson Pomini • André Chaves • André Eduardo Silva • Diogo Telles Akashi • George Melão • Guilherme Santinho • José Antonio Dias Toffoli • Lília Maria da Cunha Fernandes • Marcelo Vieira de Campos • Marcelo Winch Schmidt • Marcus Vasconcellos • Maria do Socorro Melão Monteiro Pereira • Mônica de Faria Franco • Paulo Fernando dos Santos • Paulo Hamilton Siqueira Jr. • Renato Ribeiro de Almeida • Rubens Beçak • Ricardo Vita Porto • Vânia Siciliano Aieta

PREFÁCIO: Márcio Cammarosano

LETRAS Jurídicas

TITO COSTA
10ª Edição
RECURSOS EM MATÉRIA
ELEITORAL
Atualizado de acordo com o Novo CPC
Revista, atualizada e ampliada
LETRAS Jurídicas

TITO COSTA
6ª Edição
RESPONSABILIDADE DE
PREFEITOS E VEREADORES
Atualizado de acordo com o Novo CPC
Revista, atualizada e ampliada
LETRAS Jurídicas

O VOTO
OBRIGATÓRIO NO
ESTADO DEMOCRÁTICO
BRASILEIRO
GEORGE MELÃO
Prefácio:
Aloisio Sérgio Rezende Silveira
LETRAS Jurídicas